非遗传承传播方法教程

■ 谷 虹 编著

WONDER
OF
WONDER

暨南大学出版社
JINAN UNIVERSITY PRESS
中国·广州

图书在版编目（CIP）数据

非遗传承传播方法教程/谷虹编著 . —广州：暨南大学出版社，2024.4
ISBN 978 - 7 - 5668 - 3869 - 8

Ⅰ . ①非…　Ⅱ . ①谷…　Ⅲ . ①非物质文化遗产—文化传播—中国—教材　Ⅳ . ①G122

中国国家版本馆 CIP 数据核字（2023）第 248976 号

非遗传承传播方法教程
FEIYI CHUANCHENG CHUANBO FANGFA JIAOCHENG
编著者：谷　虹
··

出 版 人：阳　翼
责任编辑：武艳飞　林玉翠　王辰月
责任校对：刘舜怡　陈皓琳　潘舒凡
责任印制：周一丹　郑玉婷

出版发行：暨南大学出版社（511434）
电　　话：总编室（8620）31105261
　　　　　营销部（8620）37331682　37331689
传　　真：（8620）31105289（办公室）　37331684（营销部）
网　　址：http://www.jnupress.com
排　　版：广州良弓广告有限公司
印　　刷：广州市友盛彩印有限公司
开　　本：787mm×1092mm　1/16
印　　张：12.75
字　　数：265 千
版　　次：2024 年 4 月第 1 版
印　　次：2024 年 4 月第 1 次
定　　价：58.00 元

目 录
CONTENTS

第一章

非物质文化遗产概述

第一节　非物质文化遗产的基本理论

一、非物质文化遗产的概念与规范

（一）概念的提出和深化

1. 非物质文化遗产的提出源于保护的需要

在社会发展和历史进步的过程中，人类创造了丰富的文化遗产。它们是人类创造力、想象力、智慧和劳动的结晶，是人类文化多样性的生动展示。从历史的角度和非物质文化遗产的存在形态来看，非物质文化遗产包含了许多随时代迁延而容易湮没的文化记忆，应加以珍视。留住记忆，保护和传承非物质文化遗产已成为人类社会持续发展的重要课题之一。

联合国教科文组织 1972 年在巴黎通过了《保护世界文化和自然遗产公约》（以下简称《公约》），它是适应当时整个世界范围内文化与自然遗产保护面临日趋严峻的形势和日益迫切的需要而诞生的。《公约》明确指出它所保护的对象是自然遗产与文化遗产。其中"自然遗产"属于物质类的遗产自不待言，这里所谓的"文化遗产"根据实际条例也仅指文物、建筑群和遗址这一类物质形态的文化遗产。

在《公约》公布以后，人类文化遗产中的另一种重要形态——无法用文物、建筑群和遗址等物质类文化遗产概括的——面临更为严峻的被破坏与快速消亡的局面，这种现象日益引起《公约》各缔约国的关注，并最终被提上联合国教科文组织的议事日程。该组织开始对文化遗产做出了"物质遗产"与"非物质遗产"的区分。后来，该组织又用"有形遗产"与"无形遗产"替换"物质遗产"与"非物质遗产"的概念。可以说，此举正是为了弥补《公约》对非物质文化遗产保护的遗漏，联合国教科文组织才提出了"非物质遗产"的崭新概念和"保护非物质文化遗产"的问题。

2. 非物质文化遗产概念提出的过程与时间节点

联合国教科文组织在保护非物质文化遗产方面跨越了四个重要阶段：第一个阶段，提出关于保护传统和民间文化建议案；第二个阶段，建立"活的文化财产制度"；第三个阶段，建立"人类口头和非物质遗产代表作"公告制度；第四个阶段，通过《公约》。[①]

---

① 王文章：《非物质文化遗产概论》，北京：文化艺术出版社 2006 年版，第 37 页。

1987 年，联合国教科文组织在原来世界自然遗产和文化遗产的基础上，确定把非物质文化遗产作为保护对象。之后，联合国教科文组织把这一决策进一步细化，并通过专门的立法明确地确定了对非物质文化遗产的保护，这就是 1989 年 11 月联合国教科文组织在第 25 届巴黎大会上通过的关于保护民间传统文化的建议书《保护民间创作建议案》（以下简称《建议案》）。《建议案》并没有使用"非物质文化遗产"的概念，而是以"民间传统文化"来指代"非物质文化遗产"的称谓。其中对民间传统文化的定义是："来自某一文化社区的全部创作，这些创作以传统为依据、由某一群体或一些个体所表达并被认为是符合传统和民间文化社区期望的作为其文化和社会特性的表达形式；准则和价值通过模仿或其他方式口头相传。它的形式包括：语言、文学、音乐、舞蹈、游戏、神话、礼仪、习俗、手工艺、建筑术及其他艺术。"① 事实上，《建议案》对"民间传统文化"内容的界定就是非物质文化遗产。

1997 年 11 月，联合国教科文组织第 29 次全体会议通过了《人类口头和非物质遗产代表作申报书编写指南》（*Proclamation of Masterpieces of the Oral and Intangible Heritage of Humanity*），界定了"人类口头和非物质遗产"的含义，基本上沿用了对"民间传统文化"的定义。

2001 年，联合国教科文组织第 31 届大会在巴黎总部通过的《世界文化多样性宣言》指出："文化多样性对人类来讲，就像生物多样性对维持生物平衡那样必不可少，从这个意义上说，文化多样性是人类的共同遗产，应当从当代人和子孙后代的利益予以承认和肯定。"② 其基本精神也为世界范围内的非物质文化遗产的保护奠定了良好的基础。此外，在联合国教科文组织的主导下，2001 年进行了第一次世界范围内的人类口头和非物质遗产代表作的申报工作，包括中国昆曲艺术在内的 19 项代表作获得了联合国教科文组织的认定。

2003 年 10 月 17 日，联合国教科文组织第 32 届大会通过了《保护非物质文化遗产公约》（*the Convention for the Safeguarding of the Intangible Cultural Heritage*），该公约使用规范的"非物质文化遗产"的概念，详细界定了非物质文化遗产的概念及其包括的范围，并为联合国各成员国提供了可操作的申报细则，标志着联合国教科文组织主导的、世界各国参与的非物质文化遗产保护工作已经达到了新的水平和阶段。特别应该提及的是，中国作为缔约国之一，不仅坚决地支持和执行该公约的相关规定，而且还积极地参与了该公约的起

---

① 邹启山：《〈保护非物质文化遗产公约〉解读》，http：//www.npc.gov.cn/zgrdw/huiyi/lfzt/fwzwhycbhf/2008 - 12/05/content_1461025.htm，2008 年 12 月 5 日。

② 《世界文化多样性宣言》，https：//baike.baidu.com/item/% E4% B8% 96% E7% 95% 8C% E6% 96% 87% E5% 8C% 96% E5% A4% 9A% E6% A0% B7% E6% 80% A7% E5% AE% A3% E8% A8% 80？fromModule = lemma_search - box。

草和修订，为推进世界范围内的非物质文化遗产的保护工作发挥了重要的作用。

联合国教科文组织和世界各国对非物质文化遗产的认识是一个逐渐深入的过程，也是一个逐步完善的过程。随着认识的深化，联合国教科文组织也加强了立法建设，并团结各国，与各国一道群策群力、求同存异，共同制定出了反映大多数国家意愿的保护非物质文化遗产的原则、规定，为各国的申报工作奠定了良好的基础。同时，在具体的非物质文化遗产代表作的申报工作中，联合国教科文组织也积极吸纳各方面的意见建议和经验，制定出了可供操作的各种具体的实施细则，促进了申报工作的开展，也为以后这项工作的进一步开展做好了铺垫。

3. 非物质文化遗产在《保护非物质文化遗产公约》中的概念阐述

在 2003 年 10 月 17 日颁布的《保护非物质文化遗产公约》中，联合国教科文组织是这样界定非物质文化遗产的："所谓非物质文化遗产，是指那些被各地人民群众或某些个人视为其文化财富重要组成部分的各种社会活动、讲述艺术、表演艺术、生产生活经验，各种手工艺技能以及在讲述、表演、实施这些技艺与技能的过程中所使用的各种工具、实物、制成品以及相关场所。"2003 年，中国政府在启动中国民族民间文化保护工程，对"非物质文化遗产"，作最初表述时，也沿用了这一定义。《中国民族民间文化保护工程普查工作手册》认为：所谓非物质文化遗产，"是指各民族人民世代相承的、与群众生活密切相关的各种传统文化表现形式（如民俗活动、表演艺术、传统知识和技能，以及与之相关的器具、实物、手工制品等）和文化空间（即定期举行传统文化活动或集中展现传统文化表现形式的场所，兼具时间性和空间性)"。

上述定义已经触及非物质文化遗产的核心内容，但在表述形式上仍有不尽完备之处，因此国内学者对其进行了进一步的补充、修正和发展："所谓非物质文化遗产，就是指人类在历史上创造，并以活态形式传承至今的，具有重要历史价值、艺术价值、文化价值、科学价值与社会价值，足以代表一方文化，并为当地社会所认可的，具有'普世'价值的知识类、技术类与技能类传统文化事项。"①

（二）概念释义

1. 对与非物质文化遗产相关的几个概念的理解

解释和辨析相关概念，是加深对"非物质文化遗产"概念理解的必然要求。

（1）文化遗产。

从词源的角度讲，"遗产"的英语对应词为 Heritage，源于拉丁语，意为"父亲留下

---

① 苑利、顾军：《非物质文化遗产学》，北京：高等教育出版社 2009 年版，第 12 页。

来的财产"。20 世纪下半叶，它的含义则发展为"祖先留下来的财产"，其外延也由一般的物质财富发展成为看得见的"有形文化遗产"和看不见的"无形文化遗产"及充满生命力的"自然遗产"。① 法国历史学家皮埃尔·诺拉对此有很好的解释："在过去的大约 20 年间，'遗产'的概念已经扩大——抑或爆炸——到如此程度，致使概念都发生了变化。较老的词典把此词主要定义为父母传给子女的财物，而新近的词典还把该词定义为历史的证据……整体上被认为是当今社会的继承物。"② 国内有的学者将文化遗产的特征概括为历史性（它在帮助我们还原历史的过程中具有独特的认识价值）、艺术性、科学性、纪念性（文化遗产所具有的纪念性价值），这个概括基本上总结出了文化遗产的特征。③

（2）有形文化与无形文化。

这一组概念是由日本首先开始使用的。1950 年，日本《文化财保护法》规定，要保护无形文化财和地下文物。1954 年的修订稿又明确规定可以指定无形财。经过 1974 年的修改后，最终形成了 1975 年的新版《文化财保护法》。该法将民俗资料分为有形文化财和无形文化财，并予以保护。新版《文化财保护法》规定，有形文化财指的是具有较高历史价值与艺术价值的建筑物、绘画、雕刻、工艺品、书法作品、典籍、古代文书、考古资料及有较高价值的历史资料等有形文化载体；无形文化财指的是具有较高历史价值与艺术价值的传统戏剧、音乐、工艺技术及其他无形文化载体，而且，也把表演艺术家、工艺美术家等无形文化财的传承人包含在内。民俗文化财也分为有形文化财和无形文化财，前者指与衣食住、生产习俗、信仰等有关的民俗事项；后者指在无形文化财中所使用的服饰、生活器具、生产工具、家具和民居等。

对比日本和联合国教科文组织的用法，从其内容上看，"有形文化遗产"就是"物质文化遗产"，更为注重保护静态的、成形的文化产品；"无形文化遗产"就是"非物质文化遗产"，更为注重保护动态的、使文化产品成形的因素。从联合国的称谓上看，联合国教科文组织审定的无形文化遗产和非物质文化遗产所对应的英文都是"Intangible Cultural Heritage"；而"世界遗产"（World Heritage）指的则是有形文化遗产，"世界无形文化遗产"指的是"非物质遗产"，其英文对应词为"Intangible Heritage"。

（3）文化空间。

"文化空间"是国际非物质文化遗产保护工作中频繁出现的语汇，也有不少中国学者运用过这个概念，并结合中国的具体情况进行过详细阐发。联合国教科文组织北京办事处

① 苑利：《文化遗产与文化遗产学解读》，《江西社会科学》2005 年第 3 期，第 127 – 135 页。
② 皮埃尔·诺拉：《一种正当其时的思想——法国对遗产的认识过程》，转引自苑利：《文化遗产与文化遗产学解读》，《江西社会科学》2005 年第 3 期，第 127 – 135 页。
③ 苑利：《文化遗产与文化遗产学解读》，《江西社会科学》2005 年第 3 期，第 127 – 135 页。

文化项目官员埃德蒙·木卡拉有详细的解释：文化空间是一个文化人类学概念，是指"传统的或民间的文化表达形式规律性地进行的地方或一系列地方"，它不同于某一具体的地点，"从文化遗产的角度看，地点是指可以找到人类智慧创造出来的物质存留，像有纪念物或遗址之类的地方"。具体来说，文化空间就是指"某个民间或传统文化活动集中的地区，或某种特定的、定期的文化事件所选定的时间"①。"文化空间"这个概念也被权威的《中国民族民间文化保护工程普查工作手册》所运用和界定："定期举行传统文化活动或集中展现传统文化表现形式的场所，兼具空间性和时间性。"②

（4）物质与非物质。

这里的"物质"与"非物质"主要是指载体上的不同形态：是否有固定的、静态化的形态；是否需要依赖活态的传承人予以传承等。"非物质文化遗产"概念中的"非物质"并不是说与物质绝缘，没有物质因素，而是指重点保护的是物质因素所承载的非物质的、精神的因素。实际上，多数非物质文化遗产以物质为依托，通过物质的媒介或载体反映出其精神、价值、意义。因此，物质文化遗产与非物质文化遗产的主要区别是：物质文化遗产强调了遗产的物质存在形态、静态性、不可再生和不可传承性，保护也主要着眼于对其损坏的修复和现状的维护；非物质文化遗产是活态的遗产，注重的是可传承性（特别是技能、技术和知识的传承），突出了人的因素、人的创造性和人的主体地位。非物质文化遗产蕴藏着传统文化的基因和最深的根源，一个民族或群体思维和行为方式的特性隐寓其中。非物质文化遗产是物质的、有形的因素与非物质的、无形的精神因素的复杂结合体。

2. 国内外学术界对非物质文化遗产概念的解释

理解以上几个概念，有助于我们理解"非物质文化遗产"的概念。从目前国内外对"非物质文化遗产"概念的理解来看，界定这个概念的主体主要是国际上的相关机构、中国政府机构、学术团体或学者个人；这些解释分别出自国际公约、官方文件、团体宣言、学术专著和学术论文。从联合国教科文组织公开发布的文件中可以看到，仅仅对概念的称谓就更改过多次，使用过诸如"无形文化遗产""民间传统文化""口头和非物质遗产""非物质文化遗产"等概念。这个现象一方面说明了这个问题本身的复杂性和把握的难度；另一方面也说明了非物质文化遗产问题的实践性很强，随着各国保护工作的深入展开，新的问题和认识就会出现，然后修订原来的看法，并在相应的文件中表现出来。

---

① 埃德蒙·木卡拉：《口头和非物质遗产代表作概要》，人类口头和非物质遗产抢救与保护国际学术研讨会，2002 年。

② 出自原中国艺术研究院中国民族民间文化保护国家中心（现为中国艺术研究院中国非物质文化遗产保护中心）编写的《中国民族民间文化保护工程普查工作手册》（修订版书名已改为《中国非物质文化遗产普查手册》），北京：文化艺术出版社 2005 年版，第 3 页。

从国内学术界对非物质文化遗产概念的理解来看，主要有两种意见：主流的意见是，基本上认可联合国教科文组织制定的《保护非物质文化遗产公约》中对非物质文化遗产的界定，但要根据中国的实际情况做出补充和修改，才可以为我所用，可以主要依据联合国教科文组织对非物质文化遗产的界定来进行我们的理论研究和实践工作；另一种意见是，联合国教科文组织通过的定义主要吸收了国外（特别是发达国家）的意见，依据的是国外的文化传统、文化遗产及其保护实践，而这些意见和依据都与中国实际的国情有较大的差距，因此，要立足于中国文化遗产保护的实际情况，并吸收联合国教科文组织界定这个概念的经验，以利于中国的理论研究和保护实践工作，而不能照搬联合国教科文组织的定义。

学术界的这些探讨从不同的方面丰富、深化了对非物质文化遗产的认识。这些不同的意见与建议也有助于认识中国的非物质文化遗产的复杂性和特殊性。随着保护工作实践的不断深化，非物质文化遗产保护的理论概括也应不断深化。

3. 概念使用的规范性问题

在联合国教科文组织通过的文件中，曾经使用过"人类口头和非物质遗产""民间传统文化""无形文化遗产"等概念。但近年来，联合国的法律、文件基本上不再使用这些概念，而是使用"非物质文化遗产"的概念。事实上，国际上曾经用 Nonphysical Cultural Heritage 来表述"非物质文化遗产"，但发现这个表述并不周延，就使用了日本用来指称"无形文化财"的对译术语 Intangible Cultural Heritage。后来在联合国教科文组织的官方网站和相关文件中，基本使用后者。有两个细节值得强调，一是《保护非物质文化遗产公约》在补充条款的第三十一条规定，将联合国教科文组织在该公约生效前宣布为"人类口头和非物质遗产代表作"的遗产纳入人类口头和非物质遗产代表作名录，并且声明，在该公约生效后，将不再宣布其他任何人类口头和非物质遗产。二是《保护非物质文化遗产公约》分别用英文、阿拉伯文、中文、西班牙文等六种语言拟定，这六种文本具有同等效力，而中文文本就使用了"非物质文化遗产"的概念。这两个细节说明了联合国教科文组织已经认同"非物质文化遗产"这个概念，也意味着对原来用法的修正。

中国的情况也基本如此，中国曾经使用过"无形文化遗产""传统民族民间文化""民间传统文化""人类口述与非物质遗产""人类口头和非物质遗产""非物质文化遗产"等概念。虽然这些概念之间有细微的差别，但使用时基本上都是指"非物质文化遗产"。这种同义多词的现象在一定程度上造成了人们认识的混淆，对宣传普及、科学研究和文化遗产的保护实践都引发了一些不必要的混乱。现在"非物质文化遗产"的称谓正逐步走向规范，今后，随着对同一概念称谓的规范化和人们对非物质文化遗产概念认识的不断深化，"非物质文化遗产"的称谓将会在非物质文化遗产保护的共同工作准则及社会性语言规范中得到确认，这对非物质文化遗产保护工作是有利的。

二、非物质文化遗产的特征与价值

（一）基本特点

非物质文化遗产种类繁多、内容复杂，以下特点是针对各种具体非物质文化遗产项目提出的，但通常不会同时呈现所有这些特点，而是各有其侧重之处。

1. **独特性**

非物质文化遗产一般是作为艺术或文化的表达形式而存在的，体现了特定民族、国家或地域内的人民独特的创造力，或表现为物质的成果，或表现为具体的行为方式、礼仪、习俗，这些都具有各自的独特性、唯一性和不可再生性。而且，它们间接体现出来的思想、情感、意识、价值观也都有其独特性，是难以被模仿和再生的。此外，这种独特性还必须与独一无二的创造力相联系。例如，南京云锦艺术是为宫廷制造的丝织服装的工艺，也是中国极少的仍不能用机器替代的织造工艺。云锦的制作工艺能够反映出当时的生产力发展水平、科学技术水平和人们的工艺创造能力。今天的南京云锦仍然可以为后人研究历史提供第一手材料，它也为以后织造工艺的创新提供了参照的基础。

2. **活态性**

非物质文化遗产重视人的价值，重视活的、动态的、精神的因素，重视技术、技能的高超、精湛和独创性，重视人的创造力，以及通过非物质文化遗产反映出来的该民族的情感及表达方式、传统文化的根源、智慧、思维方式和世界观、价值观、审美观等这些意义和价值的因素。非物质文化遗产虽然有物质的因素、物质的载体，但其价值并非主要通过物质形态体现出来，它属于人类行为活动的范畴，有的需要借助行动才能展示出来；有的需要通过某种高超、精湛的技艺才能被呈现和传承下来。非物质文化遗产的表现传承都需要语言和行为，都是动态的过程。

3. **传承性**

从历时性来看，非物质文化遗产的传承主要依靠世代相传保留下来，而且其形式往往是口传心授，一旦停止了传承活动，也就意味着消亡，有着鲜明的民族、家族烙印。在一个家族内，传承人的选择和确定主要着眼于其与被选择者的亲密关系和对其保密性的认可程度。通常，上一代以语言教育、亲自传授等方式，使这些技能、技艺、技巧由前辈那里流传到下一代。正是这种传承使非物质文化遗产的保存和延续有了可能，而这些非物质文化遗产也成为历史的活的见证。假使没有了这些传承活动，就不存在这些动态的表现活动，也就更谈不上非物质文化遗产了。

4. 流变性

从共时性来看，非物质文化遗产或通过一方有意识地学习、另一方悉心传授，或通过老百姓之间自发地相互学习等方式得以流传到其他民族、国家和区域，这就形成了非物质文化遗产的传播。这种传播呈现出活态流变的性质，使非物质文化遗产的共有共享成为可能，而且这也是它与物质文化遗产的重要区别之一。通常而言，物质文化遗产的传播通过复制就可以获得，依据设计图纸和建造方案进行复制就可以了。但非物质文化遗产的传播是一种活态流变，是继承与变异、一致与差异的辩证结合。在它的传播过程中，常常与当地的历史、文化和民族特色相互融合，从而呈现出继承和发展并存的状况。应该看到，非物质文化遗产的传播虽然有变化和发展，但仍然存在恒定性或基本的一致性，如果完全不同，也就失去了其特质。

5. 综合性

非物质文化遗产是各个时代生活的有机组成部分，它是一定时代、环境文化和时代精神的产物，必然与当时的社会生活有着千丝万缕的关系。而且由于它基本上是集体的创造，从而与局限于专业或专家的文化拉开了距离，这就导致了它的综合性，有许多非物质文化遗产常常是与物质文化遗产联系在一起的。其综合性表现在：从其构成因素来讲，非物质文化遗产往往是各种表现形式的综合，如作为非物质文化遗产的戏曲就蕴含了文学、舞蹈、音乐、美术等多种表现方式；从功能来看，非物质文化遗产往往具有认识、欣赏、历史、娱乐、消遣、教育、科学等多种作用。

6. 民族性

民族性是指为某一民族独有，深深地打上了该民族的烙印，体现了特定民族的独特的思维方式、智慧、世界观、价值观、审美意识、情感表达等因素。有时，随着文化交流的深入，某种非物质文化遗产流传到了其他地方，但不同民族仍然会为其打上不同民族文化的烙印。特定民族的特性表现在从形式到内容的各个方面。从民族的形式特征方面看，民族的人种（包括肤色形体等）、服饰（尤其是该民族创建期有显著特色的服饰）、饮食、生产方式、语言、风俗等，这些大都是自然而然地形成的，受自然生态的影响很大，有的还是遗传的结果；从更深层的民族特性来看，世界观、信仰、思维方式、宗教观、价值观、民族文化——心理结构、审美趣味、生活方式、民族认同等，这些因素是长期以来形成的，表现在日常生活和行为的方方面面，有很强的稳定性，不太容易改变。实际上，民族特性的表现形式和内容都会在非物质文化遗产形态上有很鲜明的表现。2001年，中国的昆曲艺术入选联合国教科文组织认定的"人类口头和非物质遗产代表作"，而民族性就是其重要价值之一。

7. 地域性

就一个民族来说，每一个民族大都有自己特定的生活和活动区域，该地域的自然环境对该民族有很大的影响，进而会在此基础上形成该民族的文化特征。通常，非物质文化遗产都是在一定的地域产生的，与该地域的环境息息相关，该地域独特的自然生态环境、文化传统、宗教、信仰、生产、生活水平，以及人们的日常生活习惯、习俗都从各个方面决定了其特点和传承。既典型地代表了该地域的特色，是该地域的产物，也与该地域息息相关，离开了该地域，便失去了其赖以生存的土壤和条件，也就是谈不上保护和传承。地域性既体现又进一步强化了非物质文化遗产的民族性。

（二）基本价值

非物质文化遗产是一个民族传统文化的精髓，作为人类社会的一笔宝贵财富，非物质文化遗产具有重要的历史价值、文化价值、艺术价值、科学价值与社会价值。这些价值虽然未必会在所有遗产上一一体现，但应该成为非物质文化遗产所具有的普遍价值，也是判定一个非物质的传统文化事项是否具有非物质文化遗产资质的重要标志。

1. 历史价值

非物质文化遗产的历史价值是指非物质文化遗产在帮助人类认识自身历史过程中所体现出来的独特价值，大体可分为三个方面：

（1）证史价值。

非物质文化遗产的证史价值，是指人类利用各种产生于各个历史时期并以活态形式传承至今的非物质文化遗产事项（如戏、钻木取火、版筑技术等），去印证往昔历史过程中所呈现出来的某些独特价值。例如，中国上古史的复原，除利用出土文物予以解读外，基本上都是通过民间传说、神话故事、史诗古歌等非物质文化遗产事项来加以印证的。

（2）正史价值。

非物质文化遗产的正史价值，是指非物质文化遗产在纠正历史偏谬过程中所呈现出的某种独特价值。人类自进入文字社会以来，一直都是以文字记录的方式来转述自己的历史。但由于统治阶层对于文字的垄断以及录史者本身的局限，史书与史实之间难免会出现较大误差。即便录史过程充满科学精神，人们在转述这些史料时，也会因转述者个人素质的不同，造成历史文献的失实。这时就可以通过历史上传承下来的传说、故事、史诗、神话等各种非物质文化遗产事项，纠正录史者的偏颇，还历史以本来面目。

（3）补史价值。

非物质文化遗产的补史价值，是指非物质文化遗产在补充、丰富历史文献的过程中所呈现出的某种独特价值。中国自春秋以来即有一套完整的录史传统。二十四史将中国数千年历史连续不断地记录了下来，这在世界上也不多见。但是，由于录史权主要掌握在统治阶级手中，因此，流传至今的史料也主要以记录帝王史、政治史、经济史为主，而广大民间社会，特别是他们的文化生活，很少得到记录，从而造成民间文化史记录的缺失。这也是迄今为止中国农业史、畜牧史、科技史、工艺史、体育史、艺术史、建筑史等诸多与非物质文化遗产有关之专门史不够发达的主要原因。国外经验已经证明：只要深入发掘，非物质文化遗产完全可以在历史重构，特别是在文化史重构过程中发挥重要作用。

2. 文化价值

非物质文化遗产的文化价值，是指非物质文化遗产在帮助人们认识某一民族文化时所呈现出来的独有价值。这里所说的"文化"，主要是指人类在漫长的历史发展过程中，为适应各种自然环境与人文环境所创造出的各种生产方式与生活方式以及衍生出来的精神信仰。由于生活环境不同，人们的生产方式、生活方式和精神信仰——他们的传统文化，也会呈现出较大差别，从而形成人类文化的多样性与地域文化的独特性。而传统文化中这些出类拔萃的传统知识与经验，以及一些人与人、人与自然和谐相处的观念正是一个民族非物质文化遗产的结晶。它们就像一个民族的文化基因一样，在帮助后人认识本民族文化传统的同时，也为人类新文化的发展保留下更多的种源。

3. 艺术价值

非物质文化遗产的艺术价值，是指非物质文化遗产在帮助人类认识不同历史时期以及不同地域间审美生成规律与演变规律过程中所呈现出来的独特价值。艺术价值不一定为所有非物质文化遗产所共有，但在通常情况下，绝大多数非物质文化遗产——如传统建筑装饰技术、绘画艺术、雕刻艺术、书法艺术、戏曲艺术、音乐艺术、民间舞蹈、民间文学、民间说唱等，均具有高超的艺术价值。

4. 科学价值

非物质文化遗产的科学价值，是指非物质文化遗产在帮助我们解读人类历史上所得的各种科技成就，并利用这些成就来创造新科技的过程中所呈现出来的独特认识价值与借鉴价值。在人类文明发展历程中，超凡脱俗的艺术精品往往也代表着该时代或该地域的最高科技水平。许多艺术精品之所以价值连城，不仅仅是因为原料的珍贵，更为重要的是加工技术与加工工艺的高超。透过它们，我们不但可以清晰地了解到各个时代、各个地域的审美情趣，还可以从中了解到当时当地人类社会的科技发展水平和工艺加工水平。

5. 社会价值

非物质文化遗产的社会价值，是指非物质文化遗产在推动社会发展、调节人际关系过程中所体现出的某种特殊价值。该价值集中体现在以下几个方面：

第一，非物质文化遗产是一个民族传统文化的精华，是民族精神的集中体现。它在增强民族自尊心、自信心，重建民族精神等方面一直发挥着重要作用。

第二，非物质文化遗产也是一个民族集体认同的产物。它的存在不但可以有效地促进不同社会集团的文化认同，同时还是增强民族凝聚力、向心力的重要手段。从古至今，非物质文化遗产在整合族群关系、建立和谐社会的过程中，一直都在发挥着重要作用。

第三，非物质文化遗产在维系社会秩序、建立公共道德等方面一直发挥着重要作用。中国是人类历史上的四大文明古国之一，素有"礼仪之邦"的美称。历史上中国人所培养起来的各种美德，许多都是通过各种传统节日、仪式，各种文学、艺术等传承至今，并影响到当代中国人的政治、经济、文化、礼仪等方方面面。可以说，非物质文化遗产在维持社会秩序、维系社会公德以及融洽族群关系等方面所发挥的作用不可小觑。

第四，非物质文化遗产是中国当代社会道德建设的重要源泉。非物质文化遗产是一个民族传统道德的重要载体。保护非物质文化遗产，不仅仅是保护一种知识、技术或技能，同时也是在保护中华民族千百年传承下来的具有"普世"价值的传统道德理念。在经历了近百年的外来文化冲击后，中国人要想重建自己的新的道德体系与价值认知体系，就必须从传统道德体系中汲取营养。而作为人类文明重要组成部分的非物质文化遗产，也应该成为中国当代精神文明建设的重要参照物。

三、非物质文化遗产的具体分类

（一）联合国教科文组织的分类方法

1.《保护非物质文化遗产公约》的五大分类

作为国际非物质文化遗产保护领域迄今为止最权威、影响最大并且最具法律效力的联合国教科文组织文件，《保护非物质文化遗产公约》总结和概括了此前有关传统民间创作和口头与非物质遗产的研究成果，同时对 1998 年的《人类口头和非物质遗产代表作条例》中有关"口头和非物质遗产"的定义做了修正，并在其新的定义中对"人类非物质文化遗产"进行了新的分类。这一分类便是目前在各国广泛使用的把人类非物质文化遗产划分为五大类的分类方法：

（1）口头传统和表现形式，包括作为非物质文化遗产媒介的语言；

（2）传统表演艺术；

（3）社会实践、仪式、节庆活动；

（4）有关自然界和宇宙的知识和实践；

（5）传统手工艺。

2."文化空间"分类的加入

《保护非物质文化遗产公约》关于非物质文化遗产的定义中，有一个重要的概念即

"文化场所"。这里所谓的"文化场所"（the Cultural Space），其实便是"文化空间"，它们是同一个词语的不同译法。"文化空间"作为一种十分重要的非物质文化遗产现象，并没有出现在《保护非物质文化遗产公约》的五大类别的范围中。但无论是该公约的"定义"的规定，还是联合国认定和公布世界非物质文化遗产代表作项目的具体操作实践，都已把某些作为传统文化表现形式的非物质文化遗产存在和展示的"文化空间"作为非物质文化遗产中一个十分重要的类别来对待了。所以，根据《保护非物质文化遗产公约》的精神实质，它所初步建立的非物质文化遗产的分类体系实际上除了上述 5 种非物质文化遗产类别之外，还包括了第 6 种——与前述 5 种非物质文化遗产表现形式相关的"文化空间"。

3. 对于上述分类方法的分析

上述分类并非尽善尽美。学者王文章认为，《保护非物质文化遗产公约》中的分类方法"没有一个统一的分类标准"，"不是自上而下的、合乎逻辑的演绎的类型划分，而是根据各国保护的实践和保护的需要，依据各自的重要性、迫切性、濒危性等因素，自下而上地、归纳地、非逻辑地划分的结果"，"是不完全的划分，而不是像某些演绎的、逻辑的分类方法"，"明显地存在着这样的问题：某些类别的划分并不十分严格，此种类与彼种类之间的界限往往并不那么清晰，存在着交叉的现象或跨类别的现象"。因此，"我们不应停留在《保护非物质文化遗产公约》所进行的非物质文化遗产分类体系面前止步不前，无所作为，而应根据现实的发展，根据保护实践的需要，积极探索更科学合理全面的非物质文化遗产的分类方法和分类体系"[①]。

（二）中国的分类方法

1. 国家级非物质文化遗产名录的十种分类

联合国教科文组织《保护非物质文化遗产公约》对非物质文化遗产的划分体系是一种立足于整个世界范围内的保护非物质文化遗产的需要、适用于各国各地区各民族的、一般的、普遍的分类方法。它对于各国调查、研究、抢救和保护非物质文化遗产的实践，无疑具有广泛的指导意义和参照的价值。然而，基于中国的实际情况，经过"非物质文化遗产普查分类代码表"[②] 等实践后，中国于 2006 年公布的《第一批国家级非物质文化遗产名录》将中国非物质文化遗产划分为十大类，即民间文学、民间音乐、民间舞蹈、传统戏剧、曲艺、杂技与竞技、民间美术、传统手工技艺、传统医药、民俗。

---

① 王文章：《非物质文化遗产概论》，北京：文化艺术出版社 2006 年版，第 253 页。

② 出自原中国艺术研究院中国民族民间文化保护国家中心（现为中国艺术研究院中国非物质文化遗产保护中心）编写的《中国民族民间文化保护工程普查工作手册》（修订版书名已改为《中国非物质文化遗产普查手册》），北京：文化艺术出版社 2005 年版，第 13 页。

2008 年，中国公布了《第二批国家级非物质文化遗产名录》；2011 年中国公布了《第三批国家级非物质文化遗产名录》。第二、第三批名录沿用了《第一批国家级非物质文化遗产名录》所制定的上述十大分类法，只是将第一批名录中的"民间音乐""民间舞蹈""民间美术"分别修改为"传统音乐""传统舞蹈""传统美术"；将第一批名录中的"杂技与竞技"和"传统手工技艺"分别修改为"传统体育、游艺与杂技"和"传统技艺"。后两批《国家级非物质文化遗产名录》与第一批名录相比，虽然在一些具体类别的名称上做了些修正、调整，但十大分类法及其基本结构、排列次序等都基本保持统一，形成了国家级非物质文化遗产名录特有的分类方法与分类体系。

2. 对于国家级非物质文化遗产名录十大分类方法的分析

已公布的三批《国家级非物质文化遗产名录》所体现的非物质文化遗产十大类的划分方法，可以说是目前中国非物质文化遗产研究领域对非物质文化遗产分类研究成果的一个具体实践。它的形成，凝聚了众多非物质文化遗产、民族民间文化艺术研究领域的专家、学者和政府有关机构共同的经验和智慧，吸收借鉴了国际、国内该领域的研究成果中的合理成分，特别照顾到中国非物质文化遗产的实际存在系统的具体情况和当前保护非物质文化遗产的现实状况与实践需求，是非物质文化遗产分类研究上理论联系实际、一般与特殊相结合的一个成功范例。由于它是由中国向全社会公布的国家级名录，因而带有一定的示范性和权威性。同时，这也是目前在中国影响最大、应用范围最为广泛的一种非物质文化遗产分类方法。

但《国家级非物质文化遗产名录》所体现的非物质文化遗产十大类的划分方法仍不完善，其只是从工作需要出发所做的实践和尝试，需要根据非物质文化遗产普查、保护、利用和科学研究的新的实践的发展，不断地予以修正和完善。

四、非物质文化遗产的关联理论与概念

（一）文明与文化

"文明"与"文化"常被作为同义词使用，历史上的学者对是否区分使用进行过长久的讨论和探索，以下仅从释义做出简单区分：

在"文明"被用作"野蛮"的反义词，指称人类社会发展进步的高级状态时，指的是社会整体的发展与复杂程度较高，且具有较高的文化表现状态，如"文明社会"。文明有一定的衡量标准，主要以社会的组织化水平、对人类社会自身及自然环境的控制能力、书写系统的发展水平等为标志。文明既可整体性地用以标志人类社会发展的状态，也可作

为复数概念，更具体地指称某一国家或地区的生活方式。

"文化"广义上指的是人类在社会发展过程中所创造和生产的一切物质成果、精神成果的总和，以及创造和生产这些成果的智慧、技能及其实践活动，通常文化会与社会经济以及政治制度并列被人讨论。狭义上则专指人类所创造的精神成果及其精神创造能力，包括一切社会意识形式，如政治、思想、法律、道德、文学、艺术、宗教、哲学和其他社会科学等。"文化"有时又特指教育、科学、文学、艺术等方面的知识。

（二）传统文化与中华优秀传统文化

传统文化指的是历史上沿袭传承下来的思想观念、道德、法律、制度、组织、风俗习惯、宗教信仰、文学艺术和器物等要素的总称。与现代文化相对而言，传统文化是人类文化发展历史上存在过的，今天能被沿袭或记忆的生存方式和情感活动。从广义上讲，所有的文化都是传统文化，具有历史的延续性，是过去若干代文化的积累；从狭义上说，专指工业社会以前的文化，是文化中较为古老的部分，如民风、民俗、民德。

中华优秀传统文化是中华民族在数千年的文明创造发展中，在适应环境、与自然和社会互动中，在构建核心思想理念和道德规范进程中形成的世代相传、丰富多彩、特点鲜明、极富创造力和生命力的物质财富和精神财富的总和。中华优秀传统文化积淀着中华民族最深层的精神，追求代表着中华民族独特的精神标识，是中华民族生生不息、发展壮大的文化沃土和丰厚滋养，对延续和发展中华文明、促进人类文明进步，发挥着重要作用。

（三）民族文化、民间文化（民俗文化）与地域文化

民族文化指的是各民族在社会历史实践过程中，不断创造、积累、传承的，体现该民族智慧、带有该民族特点、反映该民族历史与社会生活的物质文化和精神文化。

民间文化与民俗文化的含义基本相同，指的是民众在社会历史实践过程中，不断创造、积累、传承的，体现民众智慧和创造力的物质文化和精神文化。民间文化（民俗文化）成为一种文化形态的根本依据，在于其文化主体是社会内部处于下层的普通劳动大众。

地域文化指的是形成、积累和传承于特定聚居区域，并具有显著地域性特征的物质文化和精神文化。地域文化是一个指涉文化空间分布及其特征的相对概念，其含义受到更具广延性或普遍性的文化共同体的限定，譬如"人类文化"概念下的"中国文化""欧洲文化"，"中国文化"概念下的"北方文化""燕赵文化""北京文化""宣南文化"等，都是不同意义和层面的地域性文化。

（四）农业遗产与工业遗产

农业遗产指的是人类在历史上创造并传承至今的农业生产方式、技术和经验，营造的农业景观，以及与其相伴生的生活文化等。农业文化遗产内涵丰富，体系完整，至少包括以下内容：①土地开发与使用；②农具研制与使用；③畜力及机动设备使用；④农作物的培育、收获存储和加工食用等方式；⑤水资源利用与水利设施的铺设；⑥生产协作组织、规约；⑦为求丰产、庆丰收而举行的祭祀仪式、酬神等信仰习俗；⑧农业聚落与农业景观；⑨农业遗址；⑩农书等相关文献。农业生产是人们在对自然环境的依赖和适应的基础上所从事的创造性活动，具有顺应自然时序、因地制宜等特点。农业遗产既包括这一活动本身，也包括其成果。

工业遗产指的是伴随着工业化发展形成的工业文化遗存，包括有形工业遗产和无形工业遗产。有形工业遗产主要包括能够体现工业历史和文化价值的建筑物、机械设备、生产工具、工业取材地等；无形工业遗产主要包括工业技术知识体系、工业生产经验、工业组织、工业管理体系等。

（五）传统节日、传统仪式、传统街区与传统村落

节日是人们因特定事项进行社会实践或举行仪式，是相对日常而言的特殊时间节点或范围，一般以年度时间为周期。传统节日具有历史性、周期性、空间性、主旨性、传承性、实践性、仪式性、民俗性等特点，交汇人们行为文化和精神文化。中华民族在漫长的文化创造和实践过程中，形成了丰富完整的传统节日文化体系。

传统仪式是由文化传统所规定的具有象征性、表演性和程式化的一整套行为方式。既可以是特殊场合或情境下庄严神圣的典礼，也可以是世俗功利性的礼仪、做法。民间传统的婚丧嫁娶、贺生祝寿等人生礼仪中，传统节日的庆典、祭祀等习俗中，都离不开约定俗成的仪式操演。与仪式行为同时进行的，往往还有一些规范性的口头或文本的吟诵，如祭祀仪式上吟诵祭文等。传统仪式作为一整套行为方式，本身蕴含了大量的文化信息，从中可以窥见民众传承久远的信念乃至宗教信仰等观念意识。人们借助传统仪式，实现具有象征意义的文化建构。

传统街区是指城市中文物古迹相对集中，或能较完整地体现出某一历史时期传统风貌和民族地方特色的街区，是历史文化名城的重要组成部分。街区是城市规划的要素之一，主要以街道为划分依据，是城市结构的基本组成单位，其所在地段和街道布局，民居与商用建筑、公共设施的分布、建筑风格及周边绿化等因素，以及市民的衣食住行习惯、娱乐休闲偏好、信仰习俗等都是构成传统街区特色文化的重要元素。传统街区与传统村落相对应，分别作为城市和乡村各具代表性的历史文化空间。

传统村落是形成较早，拥有较丰富的自然与人文资源，具有一定的历史、艺术、科学、社会和经济等价值，应该予以保护的村落。村落即村庄聚落，是大的聚落或多个聚落构成的相对稳定的群体空间。

（六）中华老字号

中华老字号指的是拥有悠久历史、世代传承的产品、技艺或服务，具有鲜明的中华民族传统文化背景和深厚的文化底蕴，取得社会广泛认同，形成良好信誉的品牌。由中华人民共和国商务部牵头设立的中华老字号振兴发展委员会全面负责中华老字号的认定和相关工作。认定的条件有：①拥有商标所有权或使用权；②品牌创立于1956年（含）以前；③传承独特的产品、技艺或服务；④有传承中华民族优秀传统的企业文化；⑤具有中华民族特色和鲜明的地域文化特征，具有历史价值和文化价值；⑥具有良好信誉，得到广泛的社会认同和赞誉；⑦大陆资本及港澳台地区资本相对控股，经营状况良好，且具有较强的可持续发展能力。

第二节　非物质文化遗产的发展概况

一、非物质文化遗产的发展环境

（一）法律法规

1. 国际通用公约

联合国教科文组织对非物质文化遗产的保护始于20世纪70年代。为了达到介入国际社会的目的，作为文化遗产保护先进国，日本以此为突破口开始介入联合国教科文组织的文化遗产保护工作。那些尚不为世人所熟知的非物质文化遗产保护理念，也在日本的推动下，渐渐受到联合国教科文组织的重视，并成为此后工作的一个重要生长点。1977年，联合国教科文组织在制定《联合国教科文组织第一个中期计划》（1977—1983）时，首次提及"非物质文化遗产"一词，5年后的1984年，联合国教科文组织在制定《联合国教科文组织第二个中期计划》时，将非物质文化遗产作为人类两大遗产之一，列入其中。[1]

---

① 河野靖：《文化遗产的保存与国际协力》，东京：风响社1995年版。转引自复旦大学文物与博物馆学编：《文化遗产研究集刊》（2），上海：上海古籍出版社2001年版，第15页。

联合国教科文组织对非物质文化遗产的保护实践始于 20 世纪 90 年代。由于它并不是国家实体，没有颁布法令的权力，只能通过颁布国际公约、宪章建议案以及举行各种全球性评选活动等形式来传达自己的理念。当时颁布的几部重要文件分别是：1989 年颁布的《保护民间创作建议案》，1998 年颁布的《人类口头和非物质文化遗产代表作条例》，2001 年 11 月 2 日颁布的《世界文化多样性宣言》，2002 年颁布的《伊斯坦布尔宣言》，2002 年颁布的《上海宪章》，2003 年颁布的《保护非物质文化遗产公约》等。这一系列公约、条例、宣言以及建议案的颁布，标志着人类非物质文化遗产保护运动已经进入一个崭新的历史时期。

2. 中国法律法规

近年来，中国政府和社会各方面对抢救与保护非物质文化遗产做了大量卓有成效的工作，投入大量的人力、物力和财力，采取许多积极有效的保护措施。这些努力使非物质文化遗产保护工作不断得到加强和改进，取得了重要的成绩和宝贵的经验。

20 世纪 90 年代，云南、贵州、福建、广西等省、自治区颁布了民族民间传统文化保护条例，宁夏、江苏也制定了保护民间美术和民间艺术的地方性法规。1997 年 5 月 20 日，国务院颁布《传统工艺美术保护条例》，明确提出"国家对传统工艺美术品种和技艺实行保护、发展、提高的方针"；确定传统工艺美术的保护标准，"是指百年以上，历史悠久，技艺精湛，世代相传，有完整的工艺流程，采用天然原材料制作，具有鲜明的民族风格和地方特色，在国内外享有盛誉的手工艺品种和技艺"。中国制定传统工艺美术的保护标准，采取积极有效的保护措施，建立评定机构，评选"中国工艺美术大师"，这是妥善保护已处于濒危失传状态的传统工艺美术的一项重要举措。

自 1998 年以来，全国人大教科文卫委员会做了大量的立法调研工作，并于 2003 年 11 月组织起草了《中华人民共和国民族民间传统文化保护法（草案）》，提交全国人大常委会审议。这部法律草案主要涉及民族民间文化传承人的保护、民族民间文化遗产的保护和相关的精神权利、经济权利等问题，明确规定民族民间文化遗产在中国社会文化生活中的法律地位，从而为处于濒危状态的民族民间传统文化的保护提供法律依据。为借鉴联合国教科文组织《保护非物质文化遗产公约》的基本精神，进一步与国际接轨，2004 年 8 月，全国人大把法律草案的名称改为《中华人民共和国非物质文化遗产保护法》并列入全国人大立法规划。2007 年，国务院法制办和文化部专门赴云南、福建就非物质文化遗产保护立法工作展开专题调研，为制定非物质文化遗产保护法进行论证。经国务院常务会议审核通过，2010 年 8 月 23 日《中华人民共和国非物质文化遗产保护法（草案）》提交全国人大常委会审议。2011 年 2 月 25 日，第十一届全国人大常委会第十九次会议表决通过了《中华人民共和国非物质文化遗产法》，并于 6 月 1 日起正式施行。这部法律的出台，对继承和弘扬中华优秀传统文化，进一步加强非物质文化遗产保护工作，产生了重大而深远的影响。

2005年3月26日，国务院办公厅颁发了《关于加强我国非物质文化遗产保护工作的意见》（以下简称《意见》），明确提出非物质文化遗产保护工作的重要意义、工作目标和指导方针，要求建立国家级和省、市、县级非物质文化遗产代表作名录体系，逐步建立起比较完备的、有中国特色的非物质文化遗产保护制度。2005年12月22日，国务院发出了《关于加强文化遗产保护工作的通知》（以下简称《通知》），确定中国文化遗产保护的指导思想、基本方针和总体目标，要求建立完备的文化遗产保护制度，形成完善的文化遗产保护体系，使文化遗产得到全面有效的保护；并要求积极推进非物质文化遗产保护，制定非物质文化遗产保护规划。国务院办公厅颁发的《意见》和国务院颁发的《通知》的贯彻落实，提高了全社会保护非物质文化遗产的意识，有利于推动非物质文化遗产保护立法工作的进程。

目前，中国已有云南、贵州、福建、广西、江苏、浙江、宁夏等10多个省、自治区人民代表大会分别审议通过了当地的非物质文化遗产保护条例。这标志着当地非物质文化遗产保护进入了有法可依、依法保护和实施的新阶段。地方性非物质文化遗产保护法规和政策措施，不仅为加强非物质文化遗产保护的有效进行提供了有力的法律保障，也进一步推动了国家非物质文化遗产保护立法工作的进程，中国正逐步构建有中国特色的非物质文化遗产保护制度。

（二）相关政策

1. 国际政策

除理念的强调外，联合国教科文组织还对各国政府的工作给予了科学的指导，其认为在保护非物质文化遗产方面，各国政府的工作应主要集中在以下几个方面：建立相关机构，编制国家级非物质文化遗产保护名录，统一非物质文化遗产分类体系，建立非物质文化遗产登录制度，制定非物质文化遗产普查指南，建立非物质文化遗产保护基金，加强非物质文化遗产的理论研究与社会宣传，将遗产保护纳入国家主流教育，加强专业人员的业务培训以及加强必要的国际交流与合作等。2003年颁布的《保护非物质文化遗产公约》也表达了同样看法。这些建议的中心思想便是政府应该从宏观角度推进非物质文化遗产保护事业的健康发展，但不要亲自参与或干预非物质文化遗产的自主传承。此外，联合国教科文组织还在非物质文化遗产保护方面取得了相当夺目的成绩。1998年，联合国教科文组织颁布了《人类口头和非物质文化遗产代表作条例》，该条例明确规定了非物质文化遗产的评选标准。通过非物质文化遗产代表作评选，有力地调动了各国政府参与保护本国遗产的积极性，取得了相当好的效果。

2. 中国政策

（1）保护政策。

中国通过立法、制定政策和法规，加强对非遗的保护。例如，《中华人民共和国非物质文化遗产法》确立了非遗保护的法律地位，明确了非遗传承人的权益，强调保护、传承和发展非遗的责任和义务。

（2）认定政策。

中国设立了"国家级非物质文化遗产代表性项目名录"，认定具有代表性的非遗项目，以促进其保护和传承。同时，中国也鼓励地方政府制定自己的非遗名录，加强对地方非遗的认定和保护。

（3）经济政策。

中国鼓励非遗项目传承人、传承机构和企业开展与非遗相关的经济活动，促进非遗产业的发展。政府提供财政支持、优惠政策和培训等扶持措施，并鼓励非遗项目与旅游、文化创意等产业融合发展。

（4）教育政策。

中国加强非遗教育，推动非遗传承人培养和非遗知识传授。在学校教育中，加强非遗教育内容的融入，培养广大学生对非遗的认知和理解。同时中国也鼓励非遗传承人开展非遗技艺传授和培训，推动非遗技艺的传承与发展。

总体来说，中国的非遗政策主要以保护、传承和发展为核心，旨在保护非物质文化遗产的多样性和独特性，促进非遗的传承与发展，并使非遗产业成为文化经济的重要支柱。

二、非物质文化遗产的主体

（一）传承主体

非物质文化遗产与物质文化遗产虽是人类社会的共同财富，但其表现形态并不相同——前者是以无形状态存在的，而后者是以有形状态存在的。如何将"看不见""摸不着"的非物质文化遗产变成"看得见""摸得着"的具有可操作性的保护对象，便成了人们试图攻破非物质文化遗产保护瓶颈的关键。人们在实践中注意到，非物质文化遗产虽然"无形"，但它说到底存在于非物质文化遗产传承人这个活态传承载体的头脑中。只要保护好传承人，客观上也就等于保护了非物质文化遗产。

1. 传承主体的定义

所谓"非物质文化遗产传承人"，是指那些直接参与了非物质文化遗产表演、制作等传承工作，并愿意将自己所知道的相关知识与技能传授给后人的某些自然人或群体。由于传承人所传承的非物质文化遗产项目，是人类社会在历史上创造并以活态形式传承至今的，具有重要历史价值、艺术价值、文化价值、科学价值与社会价值，足以代表一方文化并为当地民众所认可的，且具有"普世价值"的传统文化事项，所以，传承人或传承群体往往被视为一个国家、一个民族或是一个地区优秀基因的活态载体。而他们所传承的传统文化是否具有重要历史价值、艺术价值、文化价值、科学价值与社会价值，也就成了人们衡量其能否成为非物质文化遗产传承人的重要尺度。

需要补充的是，非物质文化遗产传承人有时指个人，即有些传承项目是以个体传承的形式出现的，它们的传承人是纯粹的"自然人"，如某些手工艺人、说唱艺人等。而有些传承项目，如皮影戏、木偶戏、侗族大歌、苗族舞蹈等，则是以群体传承的形式出现的。这些项目的传承人是复数。为确保遗产项目的唯一性，按国际惯例，在非物质文化遗产代表作评选过程中，遗产传承人和遗产项目必须同时指定，这种盯人防守式的双指定模式，既避免了无人传承的"空壳"项目的出现，也确保了非物质文化遗产的真正传承。当然，作为一种制度，项目与传承人的联动机制也会影响到遗产项目的除名。譬如，如果某传承人因故无法传承，而该遗产又后继乏人，则该遗产只能从名录中除名。与这种以个体方式传承的遗产项目相比，以群体方式传承的遗产项目情形要好得多。在指定这类遗产时，尽管也需要同时指定一名责任人，但从总体上说这类项目是由人数众多的社会群体加以传承的，濒危概率也要小得多，所以，这类遗产也比较容易避免因某个传承个体的去世而使整个遗产被除名的厄运。

2. 传承主体的职能

（1）传承民族历史知识的职能。

在人类历史上，历史知识的传递主要是通过文字与口述这两种完全不同的方式完成的。在有文字民族中，文字记录是他们传递历史知识最主要的方式，而且，这种传递主要由官方来完成。由于这种记录具有确定性和稳定性，所以，文字记录一直被视为文字民族记录本民族历史的主要方式。而随着文字记录的出现，这些民族的口述史反倒渐渐退出历史舞台。即便偶有出现，也很难为主流社会所认同。而当这种社会舆论反作用于讲述者后，也很容易迫使他们放弃对历史知识的传承，而将传说融入更多的附会成分。在无文字民族中，由于没有文字，口述史是他们记录历史最主要的方式。这种方式尽管具有一定的普遍性，但真正的历史知识的传递者，主要是历史上巫师、酋长一类的人。作为非物质文化遗产传承人，这类人在民族历史知识的传递过程中，发挥了重要作用。这种传递尽管不乏附会和艺术加工，但其主体内容通常是真实可信的，应该成为研究无文字民族历史的重要参考。

（2）传承传统工艺技术的职能。

在人类历史上，非物质文化遗产传承人还常常扮演着一个民族科技成果创造者与传承者的重要角色。历史上，各种风车、水车等机械设备的制作技术，各种瓷器陶器的烧制技术，各种织物的织造印染技术，各种美酒的酿制技术，各种药材的炮制技术等，都是通过各地能工巧匠——老郎中、老艺人、老匠人或是老把式们创造并传承下来的。作为传统科技的创造者与传承者，他们为民族传统科学技术的发展做出了杰出贡献。没有他们的努力，历史上的中国就不可能创造出如此灿烂的物质文明与精神文明。保护非物质文化遗产的一个重要目的，就是要将历史上产生并以活态形式传承至今的、具有较高科技含量的非物质文化遗产事项发掘出来，为当代科技进步提供更多的资源。与其他非物质文化遗产事项不同，科技类遗产的传承人基本上代表了这类遗产的核心技术，也是非物质文化遗产传承人的传承重点。

（3）传承传统文学艺术的职能。

在传承民族文化遗产的过程中，非物质文化遗产传承人同时还扮演着一个民族文学艺术创作者、表演者与传播者的重要角色。民间艺人对传统文学艺术的传承，主要体现在以下两个方面：一是对本民族表演艺术的传承，二是对本民族传统工艺技术的传承。两者虽然都根植于民间，但表现方式完全不同。前者强调的是通过口头及肢体语言表达民间审美，后者强调的是通过色彩、线条以及造型表达民间审美，分属于两个完全不同的行当。他们的艺术创造，对于丰富本民族口述文学、表演艺术以及传统手工技艺，发挥了重要作用。

（4）传承民族精神与传统道德的职能。

非物质文化遗产传承人在传承一个民族物质文明的过程中，也在不知不觉中传承着一个民族的精神文明。例如，他们在讲述一则则故事，吟唱一部部史诗，裁剪一幅幅剪纸，雕刻一尊尊石刻，让人们产生审美愉悦的同时，也将正直、善良、团结、互助、机智、勇敢、谦恭、忍让、助人为乐、舍己救人等美好品质，灌输给了每一个人。而非物质文化遗产传承人也由此获得了民族精神与传统道德忠诚捍卫者这样一种特殊身份。与官方教育不同，民间教育很少通过文本完成。教育对象的文化水平，决定了这种大众化教育只能通过民间文学、表演艺术、民间工艺等艺术形式来完成。寓教于乐是民间教育的主要范式。

（二）保护主体

1. 保护主体的定义

在非物质文化遗产传世过程中，事实上存在着这样两个与非物质文化遗产传承息息相关的主体：除艺人、匠人等传承主体外，还存在着一个以政府为主导的非物质文化遗产保护主体。

所谓"非物质文化遗产保护主体",是指那些处于传承圈之外,虽与传承无直接关系但对非物质文化遗产传承起着重要推动作用的外部力量。这一群体包括政府职能部门、学术界、商界以及新闻媒体等。

2. 保护主体的构成与职能

(1)政府职能部门。

在人类历史上,并不是只有传承人才重视民间歌舞及各种民间文学艺术的,历朝历代的统治阶层,在保护民间歌舞及文学艺术的过程中,也都发挥过重要作用。近代以来在中国大地上展开的对民歌、民间小戏、民间舞蹈、民间美术、民间传说故事以及民间谚语等的收集、整理工作,更是在中国政府的直接领导下举全国之力共同完成的。随着人类遗产保护意识的增强,有责任感的政府都会对本民族的非物质文化遗产给予越来越多的关注。作为非物质文化遗产保护主体,政府的作用不容低估。目前,负责中国非物质文化遗产保护工作的决策机构,是中国设立的非物质文化遗产保护工作部际联席会议。根据《国务院办公厅关于同意调整完善非物质文化遗产保护工作部际联席会议制度的函》(国办函〔2022〕13号),联席会议以文化和旅游部为牵头单位,由文化和旅游部、中央统战部、中央网信办、国家发展改革委、教育部、科技部、工业和信息化部、国家民委等20个部门组成。联席会议可根据工作需要调整成员单位。

负责中国非物质文化遗产保护工作的行政主管机构是文化和旅游部。2006年12月在社会文化司下设非物质文化遗产处。2007年6月,文化部社会文化司加挂"非物质文化遗产司"。具体行政领导工作由上述部门负责。地方非物质文化遗产保护工作则由当地文化行政主管部门的社会文化处负责。中国非物质文化遗产保护执行机构是2006年成立的中国非物质文化遗产保护中心。该中心成立后,中国的31个省、自治区、直辖市几乎都成立了各自的保护中心。这些中心的工作一直下延到各县市,是中国各省、自治区、直辖市非物质文化遗产保护体制的核心工作机构。

在非物质文化遗产保护过程中,政府部门的职能主要体现在以下四个方面:建立健全完善的组织管理体系、建立健全完善的政策保护体系、建立健全完善的资金运作体系、建立健全完善的法律保障体系。

(2)学术界。

尽管历史上许多国家政府都在关注非物质文化遗产,但并非具体工作都由政府完成。在这个方面,作为"先知先觉者"的学术界似乎发挥了更大的作用。在日本和韩国,他们的非物质文化遗产保护工程的启动,几乎都是在这些被称为"有识之士"的学术精英的呼吁下进行的。在中国,学术界也一直秉持着自古以来便形成的保护本国遗产的传统。如发起于"五四"时期的中国近代歌谣学运动,20世纪80年代的《中国民族民间十部文艺集成志书》搜集编撰工作，都是在学术界的积极参与下完成的。在 2003 年启动的中国民族民间文化保护工程中，中国学术界的理论研究不但很好地指导了中国非物质文化遗产保护实践，由学者参与的各级非物质文化遗产专家保护工作委员会的建立也为政府的决策提供了重要咨询意见。

在非物质文化遗产保护工作中，学术界的职能主要表现在以下三个方面：

一是通过深入研究，发现非物质文化遗产保护及传承规律，并用以指导当前的非物质文化遗产保护实践。从理论的高度弄清什么是非物质文化遗产、为什么保护非物质文化遗产以及怎样保护非物质文化遗产，并用自己的研究成果来影响整个社会。

二是介绍国外经验，用以指导本国非物质文化遗产保护实践。作为非物质文化遗产保护后起国，我们要想迎头赶上非物质文化遗产保护先进国并跨入世界非物质文化遗产保护先进国的行列，就要放下"遗产大国"的架子，虚心向国外学习，并将他们的先进理念、先进做法介绍进来，用以指导本国的非物质文化遗产保护实践。

三是建立咨询制度，辅助政府决策工作。非物质文化遗产保护具有很强的专业性，仅凭政府行政之力是很难保护好这些遗产的。因此，组建一支专家队伍，以解决非物质文化遗产保护过程中所出现的问题，是国际社会的普遍做法。

（3）商界。

在非物质文化遗产传承过程中，不管赞成与否，商界的参与都将是一个不争的事实。但对于非物质文化遗产保护来说，这一话题无论如何都是极其敏感的。因为这股力量如果参与得当，将会通过市场这只"看不见的手"，对非物质文化遗产的传承，特别是对那些比较容易进入市场的非物质文化遗产的传承，起到积极的推动作用；如果参与不当将会带来致命伤害。

在非物质文化遗产开发过程中，商界的介入主要表现在参与非物质文化遗产的商业性经营及参与非物质文化遗产的产业化开发两个方面。

（4）新闻媒体。

在经济全球化的今天，特别是在非物质文化遗产面临巨大冲击之时，没有媒体的积极参与，很难唤起人们保护本国遗产的意识。因此，在非物质文化遗产保护队伍中，新闻媒体显然应该占据重要一席。新闻媒体的工作除充分调动非物质文化遗产传承人的积极性外，还要进一步调动起整个社会的积极性，并让他们主动地参与到非物质文化遗产保护中来，同时使非物质文化遗产保护变成全民族的自觉行动。

在非物质文化遗产保护工作中，新闻媒体的职责首先就是通过媒体告诉全体公民什么是非物质文化遗产；各地域标志性的非物质文化遗产在当地具有怎样的分布情况，在地区经济、社会及文化发展过程中，究竟扮演着怎样的角色；让全体国民对本民族非物质文化遗产的特点、存量、分布、品质，做到心中有数。其次就是通过媒体告知每一位公民为什么要保护非物质文化遗产。非物质文化遗产是一个民族传统文化的精华，具有重要的历史价值、艺术价值、文化价值、科学价值与社会价值，是了解当地社会历史、文化、艺术、经济、政治的重要窗口，理应受到社会各界的高度重视。这就需要新闻媒体进行广泛的社会宣传，将非物质文化遗产的价值，特别是各地非物质文化遗产的独特价值，告诉每一位社会公民，从而使非物质文化遗产保护变成全民族的自觉行动。最后就是通过媒体告知每一位公民怎样保护非物质文化遗产。普及保护知识，传播保护经验，同样是新闻媒体的一项重要工作。要通过各种渠道，将非物质文化遗产的各种保护理念、知识、经验与方法，告诉每一位社会公民，使他们在正确理念的引导下保护好祖先传承下来的每一种非物质文化遗产。

三、非物质文化遗产发展实践活动

（一）国际开展的实践活动

《世界遗产名录》（*The World Heritage List*）是联合国教科文组织根据《公约》在 1976 年世界遗产委员会成立时建立的。该名录旨在保护世界文化和自然遗产，所收录的遗产分为"世界文化遗产""世界自然遗产""世界文化和自然混合遗产"三大类。

为解决非物质文化遗产即将消亡的危机，1997 年 11 月召开的第 29 届联合国教科文组织成员国大会正式通过的 23 号决议，列明世界遗产的界限，确定创立"人类口头和非物质遗产代表作"公告制度。这一公告制度强调其目的是："鼓励各国政府、各非政府组织和各地方社区开展鉴别、保护和利用其口头和非物质遗产的活动，因为这种遗产是各国人民集体记忆的保管者，只有它能够确保文化特性永存。"2000 年联合国教科文组织启动"人类口头和非物质遗产代表作"（以下简称"代表作"）的具体申报工作。按照评审标准列入的"代表作"应具有文化价值的杰出性、存续状况的濒危性、保护措施的有效性。另外，教科文组织还提出了双数年申报、单数年宣布，每一次申报，各个成员国只能独立申报一个项目的工作日程和具体要求。

2001—2005 年，联合国教科文组织先后宣布了三批共 90 项"代表作"。为了使跨越国境存续的非物质文化遗产也能够得到较为全面的保护，联合国教科文组织鼓励两国或多国将其共享的非物质文化遗产表现形式联合申报列入"代表作"，联合申报项目的数量不受限制。中国申报的昆曲、古琴艺术、新疆维吾尔木卡姆艺术和蒙古族长调民歌（与蒙古国联合申报）先后于 2001 年、2003 年和 2005 年入选"代表作"。

截至 2022 年 12 月 1 日，教科文组织 2003 年《保护非物质文化遗产公约》名录共收录遗产项目（含优秀保护实践）676 项，对应 140 个国家。其中，急需保护名录 76 项，对应 40 个国家；代表作名录 567 项，对应 136 个国家；优秀实践名册 33 项，对应 31 个国家。

（二）中国开展的实践活动

中华民族历来有保护非物质文化遗产的优良传统，从中国古代《诗经》的采集、整理、传承到 20 世纪初兴起的民族、民间、民俗文化的收集、保存，特别是民俗学建设的成就，都为丰富中华文明延续的灵魂——不竭的文化传统和文化精神做出了贡献。新中国成立特别是改革开放新时期以来，中国在保护非物质文化遗产方面做了大量的工作，进行了积极的探索，积累了有益的经验。中国以"保护为主、抢救第一、合理利用、传承发展"为保护工作的指导方针，以"政府主导、社会参与，明确职责、形成合力；长远规划、分步实施，点面结合、讲求实效"为保护工作的原则，进行了一系列的非遗保护与发展实践，我们将会在下一节详细介绍。

第三节　中国非物质文化遗产的保护传承

一、非物质文化遗产的保护

（一）非物质文化遗产的保护方法

在抢救与保护非物质文化遗产的实践中，要坚持正确的保护理念和原则，这是保护工作的前提条件。为保证保护工作落到实处、取得成效，必须采用政府主导与社会共同参与相结合的格局，同时要有合理、高效的保护方法与措施，依据前人在文化遗产保护方面所积累的经验，结合中国非物质文化遗产的现状。从整体上看，社会各界对中国非物质文化遗产应该采取如下办法与措施进行抢救性保护。

1. 开展非物质文化遗产大普查

开展非物质文化遗产大普查活动，是为了全面推进习近平新时代中国特色社会主义伟大事业和党的建设的战略部署。做好这项工作需要在政府领导下制订好计划，并将其贯穿到各项工作中去，从而确保普查结果得到有效实施。

政府有责任进行全面普查，以达到拉网式的目的。对于那些在历史价值和艺术价值等方面有一定代表性的文化遗产，政府会采取一些保护措施。然而，对于何种等级的遗产需要进行打捞，必须进行具体问题的深入分析，并通过一系列规范的制定来体现。对于不同等级和类型的遗产，进行全面细致的调查是一项漫长而艰苦的任务。

2. 建立非物质文化遗产四级名录体系

基于普查工作的基础，在确立非物质文化遗产保护名录之前，必须确立一套可行的非物质文化遗产代表评估机制。首先，需明确何为非物质文化遗产；其次，需根据非物质文化遗产的卓越程度、原生程度、濒危程度，以及时间上的跨越程度等因素，对其进行定量分析，进而将非物质文化遗产分为世界级非物质文化遗产、国家级非物质文化遗产、省级非物质文化遗产以及县级非物质文化遗产四个等级，并实施差异化的保护措施。

随着各国非物质文化遗产申报工作的不断推进，四级名录体系已被广泛建立，并将逐步完善。

3. 制定非物质文化遗产传承人登记制度

由于非物质文化遗产项目传承人的多样性，可将其归为三大类：以个人名义传承的"个体传承项目"、以团体名义传承的"团体传承项目"以及以群体名义传承的"群体传承项目"。

（1）以个人名义传承的"个体传承项目"。

"个体传承项目"多出现在传统工艺技术类、民间文学类及部分以个体名义出现的表演艺术类非物质文化遗产中。传承者和学习者之间建立了一种师徒关系。传承者通过亲自指导、示范和传授技能，帮助学习者逐步掌握相关的知识和技能。这种传承方式强调实践和亲身经验，通过实际操作和互动来传递技艺和知识。

（2）以团体名义传承的"团体传承项目"。

"团体传承项目"是指以团体或组织的名义进行的传承活动。这类项目多出现在表演艺术、传统手工技艺、传统生产知识及传统生活知识中。非物质文化遗产的传承通常依靠团体的力量。例如，侗族大歌、苗族舞蹈和汉族戏剧等项目都是由团体来传承的，这反映了公众参与在传承过程中的重要性。在保护这些遗产时，我们需要充分考虑到传承团体的作用。过于强调个体而忽视团体的意见和做法会对遗产的传承产生负面影响。

（3）以群体名义传承的"群体传承项目"。

"群体传承项目"指的是以群体名义传承的非物质文化遗产。"和以团体名义传承的非物质文化遗产项目相比，两者的传承人都具有明显的复数特征。所不同的是，团体传承项目只需要一个团体，而群体项目则需要多个团体共同完成。"①

4. 建立传统文化生态保护区

设立传统文化生态保护区最初的目的就是希望通过对一定区域内自然环境、人文环境、物质文化遗产以及非物质文化遗产等进行全面保护，让区域内的优秀传统能够得到延续以及继承，同时让这些区域内人们之间以及人与自然之间的关系更加融洽。

5. 加大财政投入与扶持力度

长期以来，由于缺乏充足的经济支持，许多重要的非物质文化遗产未能得到及时的抢救和必要的保护，从而陷入了濒临灭绝的危机之中。为了全面推进非物质文化遗产的抢救和保护工程，中国必须投入充足的资金并给予一定的物质保障。因此，中国有必要设立专项基金，以资助非物质文化遗产的普查、采录、保存、保护、教学、研究、传播、出版和传承人培养等方面的工作。

6. 重视宣传教育与培训

非物质文化遗产是中国文化的重要组成部分，宣传教育与培训工作有助于增强国民的文化自信心，提升民族自豪感和认同感。同时，向国外传播非物质文化遗产，可以增强中国在国际文化交流中的话语权和影响力。中国举办了大量的非物质文化遗产宣传活动，包括展览、演出、比赛、论坛等。这些活动通过展示非物质文化遗产的魅力和价值，吸引公众的关注和参与，提高对非遗的认知度和理解。同时，应在学校教育和职业培训中加大非物质文化遗产教育内容和培训项目的比重。学校开设相关课程，向学生传授非遗知识和技能，培养非遗传承人和从业人员。此外，举办各类培训班和研讨会，提供专业知识和技能培训，有利于促进非遗传承和创新发展。

（二）非物质文化遗产的保护原则

1. 以人为本原则

在非物质文化遗产的保护、传承和发展过程中，以人为本的原则体现了对人的关注和尊重，包括对人的权益、需求和参与的重视。实践证明，若能妥善保护文化遗产的传承人，非物质文化遗产将得以永久保存；如果忽视了这一点，就不能有效地保护、传承和开发出有价值的非物质文化遗产。只需激发这些非物质文化遗产传承人的内在动力，他们就将不断追求卓越，产品也将精益求精；只需持续激励这些非物质文化遗产的传承人不断招收学习者并传授知识，非物质文化遗产便会源源不断地传承下去。

2. 整体性保护原则

整体性保护是指对部分传统文化积淀深厚，非物质文化遗产项目相对集中且具有鲜明

---

① 苑利、顾军：《非物质文化遗产学》，北京：高等教育出版社2022年版，第52页。

特点，形式与内涵保留完好，自然生态环境得到较好维护的具体地域，建立文化生态保护实验区，确立非物质文化遗产整体保护思路与概念。"所谓整体性就是要保护文化遗产所拥有的全部内容和形式，也包括传承人和生态环境。这就是说要从整体上对非物质文化遗产加以关注并进行多方面的综合保护。"①

（1）全面保护非物质文化遗产本身。

任何非物质文化遗产都包括各种技能、技艺或过程。无视其他技能、技艺或者工序，仅仅对其中一种或者几种进行保护，是无法使该技术得到有效传承的。

（2）全面保护非物质文化遗产的生存环境。

在对非物质文化遗产进行保护时，仅仅保护非物质文化遗产本身还远远不够。由于任何遗产都是在特定环境中产生的特定产物，为了对这些非物质文化遗产进行有效保护，我们应该从保护环境入手，营造更合适的非物质文化遗产传承空间。

（3）活态保护原则。

保护非物质文化遗产的关键在于采取活态保护措施，而非采用固态保护方式。我们应该把非物质文化遗产作为一种遗产来对待，而不仅仅是一个文化概念。在保护非物质文化遗产的过程中，仅仅建造几座博物馆以收藏那些杰出的文物是不够的，我们必须将那些古老的技术和技艺传承下去，以确保其原汁原味。因此，判断一个民族或国家的传统文化并不在于文物的数量，而在于其历史上创造的那些技术和技艺能否以活态的方式完整地传承下去。所以，我们需要建立一系列制度，来保障人们能够有效地传承和发展这些珍贵而又濒危的遗产。

3．民间事民间办原则

在传承非物质文化遗产的过程中，真正的传承主体并非政府、学术界、商界或新闻媒体，而是那些深深扎根于民间社会的非物质文化遗产传承者。他们是民间文化传承的核心力量，是民间大众与外界交流和沟通的主要媒介，是非物质文化遗产得以延续发展的根本保障。因此，民间事务和民间社会的合作原则可以最大限度地激发民间社会的积极性，从而节省政府部门的行政开支，并在民间文化传承的过程中最大限度地保护文化遗产的原始本质。

4．原生性保护原则

根据文化所呈现出的某些生存形态，可将它们区分为"原生文化"与"次生文化"这两个大类。② 原生文化是指历史上创造出来的，活态地流传下来的传统文化，没有经过任何有意干预和修改；次生文化就是原生状态已遭到破坏或以原生文化为基础而产生的新型

① 李荣启：《非物质文化遗产研究保护文集》，北京：文化艺术出版社2016年版，第250页。
② 苑利、顾军：《非物质文化遗产学》，北京：高等教育出版社2022年版，第62页。

文化。非物质文化遗产保护项目需要保护的并非已丧失原生状态或者当代艺术家创造的次生文化，而是没有经过任何干预和改造的原生文化。非物质文化遗产保护项目强调保护客体的原生性是由于其保留了丰富的历史信息和文化信息，对新文化、新艺术和新科技的创造起着诸多次生文化不可替代的作用。

5. 独特性保护原则

中国作为一个由多个民族组成的国家，其独特的民族文化和地域文化之间的差异性与独特性为中华民族的多元文化创造提供了坚实的基础。各少数民族地区有着独特的地理条件和人文环境，其地理环境决定着该民族的生存方式和生活习俗，并影响到该民族语言的产生、发展以及使用情况。因为每个民族的历史传承和生存环境的多样性，他们所创造的各种文化也呈现出明显的差异，从而形成了文化多样性和地域文化独特性。因此，在保护非物质文化遗产的过程中，除了保护其原产地文化外，我们还需要关注那些由于流动和变异而形成的各种亚文化类型，特别是那些已经呈现出明显差异的亚文化类型。

6. 就地保护原则

在保护、传承和发展非物质文化遗产的过程中，应当注重保护其地域特色和根源性，以实现与当地文化环境和社区生活的有机融合，从而保持其独特的地方特色和文化价值。从中国非物质文化遗产发展现状看，各地都在努力探索行之有效的保护办法和措施，以保证其得以有效保存与传播。因此，就非物质文化遗产的活态传承来说，坚持就地保护方式，可以更好地发挥非物质文化遗产的价值，是一种更为适宜的方式。

7. 濒危遗产优先保护原则

作为非物质文化遗产保护的基本准则，择优保护是人们永恒的追求。但是根据现有的国力，我们尚不能同时保存全部的遗产。这就要求我们分清保护过程中的主次，并集中人力、物力、财力对濒临灭绝与消逝的非遗项目与传统知识进行重点保护，为人类未来创造新文化留存更多的信息。当前，很多国家已认识到濒危遗产优先保护的重要性，"保护为主，抢救第一"已经成为许多国家遗产保护者们的共识。

二、非物质文化遗产的传承

（一）传承人的认定标准与程序

传承人作为非物质文化遗产的重要承载者，其认定的准确性与公正性对于有效保护和传承非物质文化遗产至关重要。

评估一个人是否有资格继承非物质文化遗产，需要考虑多个因素。首先要考虑的是，他所继承的传统文化事项是否具备重要的历史、艺术、文化、科学和社会价值。若符合上述条件，且能够代表某一特定文化，并得到当地民间社会的认可，则该个体具备成为非物质文化遗产传承人的资格。其次，要考察其是否直接参与了非物质文化遗产的传承。如果非物质文化遗产的传承者没有直接接触过传统技艺或知识，那么，他就不能够将其所掌握的技术与技能传授给下一代。唯有亲身参与，才能确保他所熟知的非物质文化遗产得以传承。最后，需考察其是否原汁原味地继承了非物质文化遗产的精髓。非物质文化遗产最核心的价值不在于创新而在于留存。留存的数量和留存的质量是评估和衡量非物质文化遗产项目的首要尺度。非物质文化遗产最大的价值在于其历史认识价值。如果有新元素不断介入，遗产的认识价值就会随着新元素的不断介入而不断遗失。因此，传承人的首要职责在于通过不懈的努力，将人类在历史长河中创造并以生动的方式传承下来的卓越文化遗产予以保护和传承。

除了传承人的认定标准重要外，传承人的认定程序也同样起着关键作用。

首先，为了保证认定程序的公正与权威性，国家必须成立一个由非物质文化遗产领域的专家、学者、从业者和社区代表组成的鉴定委员会。鉴定委员会的成员应具备相关领域的知识和经验，并拥有独立的判断与决策能力。接着，传承人或其代表可以向鉴定委员会提交认定申请。鉴定委员会对申请进行初步审查，检查申请中所提供的传承技能与知识、经验与实践等材料的真实性与完整性。随后，鉴定委员会需要收集并整理与传承人相关的文件资料，包括照片、音频、视频、文字文献等，以及针对口述遗产的采访和记录。这些资料将作为认定的重要依据，以验证传承人的承载能力和相关知识。然后，鉴定委员会将进行实地考察与调研，深入了解传承人所在地的环境、社区和相关传统习俗。通过对传承人的考察，委员会可以直观地了解其传承活动的情况，并对其地位和影响力进行评估。最后，在充分了解传承人的情况后，鉴定委员会进行最终审议和评估。根据事实和论证，委员会将达成最终的认定结果。

（二）传承人的培养与传授方式

中国的非物质文化遗产的传习活动一般分为三类：一是师徒传承；二是学校教育传承；三是培训班传承。

师徒传承是主流传承方式之一。师徒传承通常是师傅将自己的技艺和知识传授给徒弟，徒弟则通过观摩、模仿和实践来学习和掌握非遗项目的技艺。除技艺与技能教学外，师傅还教授非遗项目背后的故事、文化内涵与传统价值观，让徒弟对非遗项目有更加全面的认识与了解。此外，师傅和徒弟之间的传承过程，不仅仅是技艺的传授，还有人际互动和情感的传承。师傅会传授自己的人生经验和智慧，培养徒弟的品德和修养，形成师徒之间的深厚情感和师道关系。通过师徒传承，非遗项目的传统知识和技艺可以得到有效的保存和传承，同时也能够培养出更多的传承人，确保非遗项目的延续和发展。

学校教育是传承人才培养方式的一种转型,各地文化部门均可通过专家学者以及传承人对在校生进行培训和辅导。民族文化传承创新只有通过科学与文化相结合,技术与艺术相结合,信息技术、数字技术、艺术手段并用的方式,充分发挥作用,才能最大限度地使中华民族传统文化得以保护与开发、传承与创新,实现民族文化传承创新职业人才培养与非物质文化遗产传承对接,促进职业教育与民族文化双向互动、协同发展。职业教育在民族文化传承创新中具有基础作用、服务作用和促进作用。①

培训班则是培养社会上的传承人的主要途径。公益培训以"宣传—发扬—继承—复兴"为主线进行传承,并通过向社会开放传习馆和其他公共设施,给社会公众提供良好的学习交流环境。

(三) 传承人的激励措施与评估机制

为了激励非遗传承人的发展和传承,政府需设置相关措施。首先,政府授予非遗传承人荣誉称号、表彰证书和其他奖励,以表彰他们在非物质文化遗产传承中所取得的卓越成就。其次,政府和相关机构为非遗传承人提供经费支持,成立非物质文化遗产传承人基金,以资助传承人的培训、研究、展示和推广等活动。最后,政府强化对非物质文化遗产相关知识产权的保护力度,并建立相应的赔偿机制,以确保传承人的合法权益得到充分维护。

对于非物质文化遗产的传承者,鉴定委员会也将进行综合评估。首先,对传承人的技艺水平、创新能力以及传承传统的程度等方面进行评估,以评价其传承工作所取得的成效。其次,鉴定委员会将根据传承人在不同时期所获得的社会地位及相关政策而决定其未来发展方向。不仅如此,鉴定委员会也需要对传承人在社区和地区的影响力和贡献程度进行全面评估,包括但不限于传统文化的广泛传播和社区参与度等多个方面。最后,对于传承人所制订的传承计划和实施情况,以及传承成果的保存和传播情况,鉴定委员会将进行全面的评估。

三、非物质文化遗产的发展

(一) 非物质文化遗产的发展困境

在非物质文化遗产的演进过程中面临着重重困境,其中有些核心问题亟待解决。

---

① 刘正宏:《非物质文化遗产数字化应用与教育化传承研究》,北京:中国轻工业出版社 2018 年版,第 69 页。

1. 现代化进程对传统文化的冲击

随着社会的变迁和价值观的多元化发展，一些非物质文化遗产项目可能面临着与现代社会价值观的冲突。这会导致一些非遗项目的传承受到质疑、抵制或忽视，传承人难以在变化的社会环境中维持其传统价值，传统非物质文化遗产也许会不能满足现代社会的需要与追求，造成传统文化的没落与遗忘。加之现代社会的快餐文化使得非遗传统文化难以被深刻理解与耐心感受，非遗项目传承更是要符合通俗易懂的文化消费需求。随着社会生活方式的现代化和经济发展的影响，年轻人对传统文化的态度变得相对冷漠。如何保护和发展具有民族特征、地域特色与地方特色的文化遗产成为一个重要问题。

2. 人才流失与老龄化

人才流失现象使得非遗遭受到了严重的威胁。随着城镇化的不断发展，越来越多的年轻人涌入"北上广深"等一线城市，因为他们觉得手工艺品受众市场太窄，无利可图，更乐意于投身城市工厂之中，可以获得更多的报酬。这导致了非遗的传承链条中断，技艺得不到有效延续，人才流失成为非遗保护与传承的重要挑战。非物质文化遗产的传承通常依赖长期的学习和实践，而随着时间的推移，传承人逐渐老去或因其他原因无法继续传承。这导致了人才流失和老龄化问题，有些非遗项目甚至面临传承断代的风险。

（二）非物质文化遗产的创新探索

1. 现代技术与传统艺术相结合

通过运用虚拟现实技术（VR）和增强现实（AR）技术，我们能够沉浸式地体验非遗项目，产生身临其境的感受。比如，将传统剪纸制作过程进行虚拟仿真处理，参观者能更好地感受剪纸工艺所体现出的美学价值。利用 VR 和 AR 技术，人们得以在真实场景中"亲身"体验非物质文化遗产的技艺，从而深刻理解其所蕴含的文化内涵，吸引年轻人的关注与参与。

通过建立在线平台和数字化传播渠道，将非物质文化遗产的艺术形式呈现在互联网上，实现了非遗文化的数字化传播。利用多种媒介形式，如视频、音频、图片等，向全球观众传递非遗文化和技艺，提升其知名度和影响力。在线平台为非遗艺术的教学和交流提供了便利，也为传统与现代艺术的融合注入了新动力。

2. 全国青年非遗传承人扶持计划

"全国青年非遗传承人扶持计划"为非物质文化遗产在新时代传承注入青春力量。"全国青年非遗传承人扶持计划"由中国非物质文化遗产保护协会于 2022 年发起。在得到文化和旅游部非物质文化遗产司的大力支持后，中国非物质文化遗产保护协会与中国光彩事业基金会携手发起了首期项目。该计划以弘扬优秀传统文化为核心目标，面向广大青少年群体开展传承创新活动。该计划旨在促进社会力量参与非遗传承人才梯队建设，推动非遗融入现代生活并实现代际传承，从而为乡村振兴和区域发展提供有力支持。该计划面向全社会征集符合申报条件且具有代表性的优秀青少年传承人，计划五年内扶持100位45周岁以下的优秀青年非遗传承人，每年遴选扶持20人。

第四节　中国非物质文化遗产的创新创造

一、非物质文化遗产创新创造的时代背景与理论机理

（一）中国注重非物质文化遗产创新创造的原因

非物质文化遗产是中华优秀传统文化的重要组成部分，是连接民族感情、维护国家统一的重要基石。"非遗'双创'既是继承性和创造性的统一，又是新颖性和时代性的统一，既是基于正确认知和扬弃继承基础上的转化，又是以守正创新和融入时代为目标的发展。这一切与非遗保护应遵循的真实性、整体性和传承性原则并不矛盾，相反，对非遗的创造性转化和创新性发展，有助于非遗融入当代社会文化环境，对非遗的传承和保护起到积极的促进作用。"[1] 中国注重非物质文化遗产的创新创造有以下几个原因。

一是保护与传承非遗文化。非物质文化遗产是一个国家、一个民族的独特文化符号和精神财富，具有重要的历史、文化和社会意义。在新时代，中国坚持以人民为中心的工作导向，推动文化产业高质量发展。为了确保非物质文化遗产的传承和保护，中国致力于创新和创造，以适应现代社会的需求和发展。二是建立文化自信。习近平总书记指出，文化自信，是更基础、更广泛、更深厚的自信。坚持推动非遗"双创"，能够为繁荣中国特色社会主义文化贡献更基本、更深沉、更持久的力量。[2] 创新可以促进文化繁荣，推动文化产业健康快速地发展。创新可以使中国传统文化焕发出新的生机与活力，也有利于提高中国的文化软实力。通过对非物质文化遗产进行创新和创造，彰显中国传统文化的生命力和创造力，提升国家和民族的文化自信水平。三是创造经济价值。在全球化背景下，非物质文化遗产具有很强的国际竞争力，其本身就是一种巨大的经济资源。通过将非物质文化遗产与现代产业相结合，可以推动相关产业的发展，促进经济增长和就业。四是促进文化交

① 李智：《坚持文化"双创"　助力非遗传承发展》，《贺州学院学报》2021年第2期，第100–103页。
② 雒树刚：《坚持创造性转化、创新性发展》，《毛泽东研究》2018年第3期，第4–11页。

流与对外传播。随着全球化进程的加快，各国之间的交往更加频繁，人们越来越注重交流与沟通。而非物质文化遗产则是人类智慧的结晶，在文化产业中加入非物质文化遗产元素是一种新的尝试。通过创新的手段，可以提升非物质文化遗产的吸引力和竞争力，吸引更多来自国内外的游客和观众，促进文化交流和国际传播。五是推动文化创意产业的发展。对于文化创意产业的蓬勃发展而言，非物质文化遗产的创新创造是一项至关重要的任务。将非物质文化遗产与设计、艺术、手工艺等领域相互融合，可以孕育出更多具有独特吸引力和市场价值的文化产品和创意作品。

总之，中国致力于创新非物质文化遗产，以保护和传承传统文化、展示文化自信、创造经济价值、促进文化交流与对外传播，并推动文化创意产业的蓬勃发展。因此，在非物质文化遗产的继承过程中要不断探索新方法，通过各种途径来实现创新创造，以适应时代要求，并满足人们对精神生活日益增长的需求。通过创新创造，非物质文化遗产得以与现代社会深度融合，焕发出全新的生命力，从而在当代社会获得更为广泛的传承和发展。

（二）中国支持非物质文化遗产创新创造的政策举措

中国政府为扶持非物质文化遗产的创新与创造，出台了一系列政策与举措。一是出台了创新创造扶持计划。政府建立非物质文化遗产创新与创造扶持计划，对非遗项目创新与创造给予财政支持，推动非遗传承人创新与发展。二是打造创新实践基地。政府鼓励在非物质文化遗产中建立创新与实践基地，提供传统工艺、技艺等创新场所与支撑。这些基地发挥着创新孵化器的作用，为创意工作室、实验室和展示场所提供资源，并协助非遗传承人与创作者开展创新创造项目与实践活动。三是举办创意设计赛事。政府组织和支持非物质文化遗产的创意设计赛事和奖励机制，以鼓励和表彰优秀的创新成果。这些赛事和奖励活动旨在提高民众对非遗创新的认可度和影响力，激发传承人和年轻创作者的积极性和创造力。四是技术创新与数字化传承。政府支持非物质文化遗产的技术创新和数字化传承。通过引入现代科技手段，如虚拟现实、互联网、智能手机应用等，将非遗项目进行数字化记录、展示和传播，创造出新的传承方式和创作形式。

推动中华优秀传统文化创造性转化、创新性发展，要坚持以满足人民日益增长的美好生活需要为出发点和落脚点，不断赋予中华优秀传统文化新的时代内涵和现代表达形式。

（三）中国非物质文化遗产创新创造的理论机理

中国的非物质文化遗产之所以具有创新和创造的潜力，主要源于多种复杂因素的相互作用。首先，中国拥有悠久的历史和丰富的非物质文化遗产资源，包括传统工艺、音乐舞蹈、民俗传统等。这些资源承载着丰富的文化智慧和传统知识，为创新创造提供了源源不断的灵感和素材。其次，中国地域辽阔，民族众多，各地的非物质文化遗产各具特色，具有多样性和丰富性。这为创新创造提供了广泛的文化基础和表现形式，人们可以借鉴和吸取不同地域、不同民族的传统文化元素，赋予其新的创意和表达方式。最后，中国的非遗传承人和相关机构借助现代科技手段，探索数字化传承，将传统文化与现代技术相结合，创造出新的艺术形式，拓展了非遗的表现和传播方式。此外，中国也积极与国际社会开展文化交流与合作，吸收外部文化的积极因素，融入创新创造的思维和理念。这种跨文化的交流与互动为中国的非遗传承带来了新的视野和发展机遇。

总的来说，中国的非物质文化遗产蕴含着丰富的资源和多样的文化传统，科技与时代的结合和外部影响的作用等因素，为中国的非遗传承和创新创造提供了广阔的发展空间和可能性。这种创新创造的努力有助于将传统文化与现代社会相融合，使非遗绽放新的光芒，同时保持其独特的传统。

二、非物质文化遗产的创造性转化

（一）非物质文化遗产与旅游产业相结合

中国非物质文化遗产与旅游产业有着密切的联系。一是因为中国非物质文化遗产丰富多样，包括传统技艺、艺术表演、传统节日等。这些独具特色的文化元素，以其独特的魅力和吸引力，吸引着来自世界各地的游客前来体验和感受。因此，许多国家都将发展非遗和旅游结合作为促进经济增长和保护遗产的重要途径。通过参观、学习和参与非遗活动，游客得以深入领略中国传统文化的博大精深，从而提升旅游的文化内涵。二是因为中国非遗项目分布广泛，涵盖各个地域、民族和行业。每个地方都有独特的非遗项目，共同形成了丰富多样的旅游资源。例如，陶瓷制作、丝绸织造、舞蹈表演等非遗项目各具特色，能够吸引游客前往对应的地方进行游览和体验。三是因为地方经济的繁荣离不开非物质文化遗产与旅游产业的深度融合，这种有机结合为经济发展注入了积极的推动力。

由此可见，非物质文化遗产蕴涵着巨大的经济价值，通过现代数字化设计手段，对传统工艺品进行重新设计包装，使其成为旅游商品。旅游者购买当地的旅游商品，可对当地产生巨大的经济效益，从而拉动经济增长。地方区域旅游地通过真实地展演民间艺术和对民俗文化虚拟展示的旅游开发，能更好地提高旅游地的知名度。与此同时，联合行业或企业，加大优质资源市场推广力度，扩大资源应用范围。① 因此，在旅游业蓬勃发展的背景下，非遗保护与旅游开发之间存在着良好的互动关系。

总而言之，将非物质文化遗产与旅游融合发展已成为文化事业发展的热点和难点，其重要性在于提升非物质文化遗产的传承价值和旅游吸引力，从而推动旅游业和文化产业的协同发展。近年来，中国许多地区在探索非遗与旅游的深度结合方面进行了有益尝试，并取得一定成效。青岛市"大珠山国家森林公园＋文化旅游"项目将大珠山自然风光与齐鲁文化结合起来，推出"探寻大珠山的文化旅程"专题旅游产品，使游客在观赏美景的同时，对当地历史文化有深刻的认识，促进传统文化的发展；湖南凤凰古城以其特有的土家与苗族文化及建筑风格为基础，创立旅游品牌"云游凤凰"，并举办民族服装展示、乡土戏曲表演等系列凤凰文化活动吸引大批游客。

然而，将非物质文化遗产与旅游产业相融合所面临的挑战也不容忽视，其具体表现在以下两个方面：

1. 商业化倾向

为了满足游客的需求和追求商业利益，一些非物质文化遗产可能会被过度商业化，导致其丧失文化内涵和独特性。过度的商业化可能会导致非物质文化遗产的传统技艺和价值被削弱或扭曲，甚至可能引发文化上的盗用问题。因此，在平衡非遗的传承与利用之间，需要寻求一个恰当的平衡点，以确保非遗的真实性和传统性得以维护。

2. 文化冲突与适应

将非物质文化遗产与旅游产业相融合，可能会引发文化冲突和适应问题。为了保护传承民族优秀的传统文化，促进旅游业可持续发展，我们必须正确处理两者之间的关系。随着旅游业的蓬勃发展，不同文化之间的相互渗透和碰撞不可避免，这或许会对传统文化造成冲击。随着旅游业需求和市场的变化，非物质文化遗产的传统和独特之处也需要相应地进行调整和适应。

总的来看，将非物质文化遗产与旅游产业相结合所面临的挑战包括商业化倾向的加剧及文化冲突和适应的挑战。在当前全球化背景下要应对这些挑战，需要政府、企业和社会各界通力合作，通过制定相关政策、加强文化教育和培训、加强国际交流与合作等多种方式，促进非遗与旅游产业之间的良性互动，推动地方经济的繁荣和非遗的传承。

（二）非物质文化遗产与文化创意产业相结合

非物质文化遗产丰富多彩，涵盖了传统技艺、音乐舞蹈、非遗节庆等多个领域，为我

---

① 刘正宏：《非物质文化遗产数字化应用与教育化传承研究》，北京：中国轻工业出版社 2018 年版，第 30 页。

们提供了丰富的文化遗产。其中有很多是需要经过创造性思维进行开发和利用的元素。因此，在文化创意产业背景下，非遗可成为品牌营销的重要切入点之一。文化创意产业所注重的品牌建设和产品推广，使得非物质文化遗产成为一种独特的文化符号，具有极高的品牌价值和独特的辨识度。将非物质文化遗产元素巧妙地融入品牌形象和产品设计之中，可以塑造出一种独特的文化内涵，从而打造出具有独特魅力的品牌。借助文化创意产业的渠道和平台，非物质文化遗产得以广泛传播，从而提升其知名度和影响力。

借助非遗资源，非遗文创以创意性和应用性设计为手段，成功打造出一系列文化性、知识性和实用性兼备的文创商品，其中包括非遗工坊、非遗博物馆、非遗文化产业园以及非遗主题景区等落地载体。贵州丹寨锦绣谷在此领域取得了相当显著的成就。它依托苗族传统文化，结合现代设计理念进行旅游开发。通过对乡镇合作社、村寨工坊进行系统的技能培训，该景区致力于保护和提升苗族、侗族、瑶族、水族等少数民族的传统刺绣、蜡染、织布、造纸等工艺，并通过实体店和电子商务的方式，专注于打造具有代表性的民族手工产品品牌影响力，从而成为中华民族文创领域的佼佼者。

然而，在将中国非物质文化遗产与文化创意产业相融合的过程中也面临着一系列的挑战，具体如下：

1. **传承与创新的平衡**

非物质文化遗产具有悠久的历史和独特的文化价值，但在与文化创意产业结合的过程中，需要平衡传承与创新。一方面，传承非遗需要保持传统技艺的原汁原味，但过度保守可能导致创意的缺失；另一方面，过度创新可能会破坏传统技艺的传承和独特性。因此，如何在传承的基础上进行创新，保持非遗的传统特色和时代价值是一个重要的挑战。

2. **商业化与保护的平衡**

非物质文化遗产的结合需要商业化的推动，但商业化过程中也需要保护非遗的独特性和传统价值。商业化可能会导致非遗项目过度商业化，追求经济利益而忽视文化传承的重要性。因此，在与文化创意产业结合的过程中，需要找到商业化与保护之间的平衡点，保持非遗的传统特色和文化内涵。

3. **市场认可和品牌建设**

非物质文化遗产与文化创意产业结合需要得到市场的认可和接受。在市场竞争激烈的环境下，非遗产品需要具备竞争力和市场价值，同时也需要建设品牌，提高非遗产品的知名度和美誉度。然而，由于非遗项目的特殊性和传统性，市场认可和品牌建设面临一定的困难和挑战。

4. **资金和资源问题**

非物质文化遗产的保护和传承需要投入大量的资金和资源，然而，由于非遗项目的特殊性，其商业化收益可能相对较低，很难吸引足够的资金和资源支持。如何解决资金和资源问题，提供持续的支持和保障，是一个重要的挑战。

为了迎接这些挑战，需要政府、企业和社会各界通力合作，共同探索应对之策。制定相关政策和法规、加强非遗保护与传承的宣传和教育、提供资金和资源支持，是政府为保护和传承非物质文化遗产所应承担的重要责任。企业可以建立文化创意产业园区，促进非遗项目的开发和利用。加强创新和品牌建设是企业提升非遗产品市场竞争力的必由之路。社会组织可以积极引导公众参与到非遗项目开发中来。加强对非遗传承的宣传和教育，以培养更多具备传承能力的人才，是社会各界应该努力追求的目标。要充分发挥政府、企业和社会组织等多元主体的作用，形成合力，共同推进非遗事业的可持续发展。唯有通过多方协作，方能促进非物质文化遗产与文化创意产业之间的良性互动，从而推动非遗的传承和繁荣。

（三）非物质文化遗产与艺术表演领域相结合

中国的非物质文化遗产与艺术表演领域相互交融，形成了一种紧密的相互依存关系。中国非物质文化遗产中有许多与艺术表演密切相关的项目，如京剧、评剧、豫剧等。这些传统艺术表演形式具有悠久的历史和丰富的文化内涵，通过与现代艺术表演形式相结合，传统艺术和现代艺术可以从对方的艺术语言中获取灵感，不仅为传统艺术注入新的活力，推动其传承和发展，更能实现艺术形式的创新和发展，创造出新颖独特的艺术作品。

将非物质文化遗产融入演艺领域早已常见，各式山水实景演出、文旅演艺以及歌舞类表演等，均在不断地对舞蹈、音乐、服装、节庆、风俗等非遗文化进行重新开发，为观众带来更加强烈的视觉盛宴。

非遗演艺不只是线下的创新，线上的创新同样存在。像《赤伶》《辞九门回忆》这样的流行歌曲，通过昆曲、侗戏、京剧、皮影戏、木偶戏、老调、滑稽戏等传统戏剧内容、热门故事与现代唱腔、创新表达方式相结合，呈现出"旧词新歌"，使更多年轻人热爱中国非遗文化，也推动了中国非遗文化与非遗产业的多元化。

互联网时代下，推动非遗演艺与时代相结合也很重要，网易游戏《逆水寒》邀请孔爱萍、施夏明、丛海燕、温珊珊、项李亚等众多顶尖戏曲艺术家联袂献声，通过动作捕捉技术以及音频制作技术1:1还原戏曲大师的表演，让玩家在游戏里透过戏台领略原汁原味的昆曲、越剧《牡丹亭》以及《梁祝》国粹表演。

沉浸式非遗演艺以全方位、多角度、个性化的参与感和自我满足感为基础，从而实现了非遗向文化认同、深度体验和商业消费等方面的转型。

三、非物质文化遗产的创新性发展

（一）引入创新型文化表达形式

中国非遗形式多样、技艺精巧，传统方法很难呈现其博大精深的文化内涵。因此，引入创新型文化表达形式就显得尤为重要。数字化的发展和应用，恰好为非遗的展示传播提供了理想路径，这必将开创新的文化传承空间、新的文化体验方式以及新的文化传播业态。

文化数字化是中华优秀传统文化"活起来""火起来"的重要途径。近年来，中国正在积极推动数字技术在非物质文化遗产保护中的广泛运用与推广。自2015年起，在原文化部（现文化和旅游部）的组织下，数字多媒体技术已被应用于记录上千名国家级非遗代表性传承人，并逐步促进了记录成果的研究和社会共享。此外，非遗数字化展示和网络媒介的强大传播功能，让更多的年轻人有机会零距离关注、了解、参与非遗。与此同时，"非遗+"等新兴业态正以惊人的速度发展，呈现出蓬勃的生机和活力。从传统的线下参观学习到如今的线上直播体验，非遗与互联网之间实现了深度融合，并形成了多种形态共存发展的局面。网络直播已经成为新的文化形式之一，它为人们分享非物质文化遗产故事和感受其生命力提供了重要平台。在新媒体时代下，各类优秀非遗资源通过线上展播、直播互动、话题讨论等多种方式，在网络平台上广泛传播，让广大人民群众在家中也能感受到非遗的独特魅力。运用现代数字技术将传统的非遗予以活态展现，通过多重连接和情景分享为受众营造身临其境之感，让非遗能够"听得见""带得走""学得来"，从而使之成为触手可及的生活方式。例如，在首届"数字中国"建设峰会数字非遗板块中，公众通过扫描AR卡片、AR电子书就能在手机上观看立体化的妈祖信俗、中国剪纸等非遗项目；只需要戴上VR眼镜，便可置身于传承人工作室中一同学习烙画、漆画等非遗技艺。[1] 将传统非遗文化技艺与数字科技相融合，为传统文化传承注入了新的时代元素和深远的意义。

然而，数字化发展的非遗保护和教育应当避免过分强调技术形式造成忽视文化内涵，应该跳脱唯技术论的思维模式，注重展示和传播非遗所蕴含的文化、艺术和社会价值。

（二）培养创新型非物质文化遗产项目

中国创新型非物质文化遗产项目的培育，可以通过多种途径实现。首先，可以通过对

---

[1] 杨红：《非物质文化遗产：从传承到传播》，北京：清华大学出版社2019年版，第48页。

传统文化资源进行系统调研和文化遗产调查，识别其独特之处，以确定其潜在价值。特定地域、民族或群体的传统艺术、工艺技术、节庆习俗等，皆可成为这些资源的来源。其次，可以融合传统文化资源与创新创意，探索全新的表达方式和应用领域，实现创新创意的完美融合。将现代设计理念、科技元素、环保材料等融入其中，注重将审美与功能完美融合。最后，建立具有创意和技术能力的设计师、艺术家和专业人才团队，与传统非遗传承者和老师紧密合作，共同推进项目的研发和实施，并提供学术支持。与大学、研究机构等合作，注重项目的理论研究和实践探索，这是学术界支持的重要方面。

推动非物质文化遗产项目的创新发展，激发人们的创造力和创新力，以培育创新型文化为目标。从"创新"出发进行非遗保护和传承是一种有益尝试。非物质文化遗产的传承者和艺术家可以通过引入新的元素、探索新的表达方式和技艺，拓展自己的想象空间和自由度，从而激发创造力和创新力，推动传统文化的创新和发展。同时，创新型非物质文化遗产项目也是一种创造性思维方式，能够帮助人们更加深入了解非物质文化的内涵。此外，引入创新型非物质文化遗产项目，可为传统文化注入全新的活力和吸引力，从而提升其在社会中的价值和认知度。创新型非物质文化遗产传承方式主要是利用现代传媒技术进行传播，使其更加符合现代人对精神层面上的要求，让人们能接受并喜爱这一优秀遗产。借助创新，非物质文化遗产项目得以更好地满足现代社会和观众的需求，吸引更多人积极参与和关注，从而提升非物质文化遗产在社会中的重要性和影响力。加之创新型非物质文化遗产是一种以现代技术为载体，并将传统艺术形式融入其中的新型艺术形态，它不仅能使人们获得审美体验，也有利于传承优秀民族文化。

创新型非物质文化遗产项目所具备的独特魅力和吸引力，足以吸引更多来自国内外的观众和文化爱好者积极参与。在当今多元文化背景下，只有不断增强非物质文化遗产项目的吸引力才是有效传承和保护非物质文化遗产的关键。这种吸引力有助于推动跨文化交流与对话，促进不同文化之间的相互理解和协作，从而增进彼此间的了解和合作。

第五节　中国非物质文化遗产的媒体传播

一、中国非物质文化遗产的传播历史与现状概述

中国非物质文化遗产的传播历史源远流长，经历了漫长而复杂的演变和变革。其中，口头传承是其主要形式。自古以来，非物质文化遗产一直通过口头传承和传统演艺等多种

方式在社区和家庭中广泛传播，以满足社会各个层面的文化需求。改革开放以后，由于经济条件改善、政策支持以及民众意识增强，非物质文化遗产得到了较快的传播与推广。然而，随着现代化进程的推进和全球化的影响，中国非物质文化遗产的传播正面临着全新的挑战和机遇，需要寻求更为创新和高效的传播方式。在这样的背景下，非物质文化遗产的传播价值日益凸显，成为人们关注的焦点之一。近年来，政府、文化机构和个人不遗余力地致力于保护和传承非物质文化遗产，通过多种媒介，如摄影展览、舞台演出、电视节目等，将其呈现给更广泛的受众。与此同时，非遗类电视节目、网络直播节目以及其他新兴传媒手段也开始进入人们视野并受到关注，这使得非遗得到了更好的宣传和推广。此外，互联网技术的迅猛发展为非物质文化遗产的传播提供了全新的平台，如社交媒体、在线教育等，从而推动了非遗传统与现代传播方式的深度交融。因此，在数字时代非物质文化遗产能够更好地实现其社会功能并得以保存。然而，非物质文化遗产的传承与保护面临着商业化、标准化和文化侵蚀等多重挑战，因此需要制定相应的政策和措施，加强力度，注重创新和适应现代化传播的需求，以保护和弘扬非物质文化遗产的独特价值和多元性。

二、传统媒体时代的非物质文化遗产传播

（一）电视与广播媒体的非物质文化遗产传播

电视，作为大众传播领域影响最大的传播媒介，作为当前最引人注目的文化载体，有责任、有能力积极倡导人文精神，以推动文化建设的不断深入，促进进步价值观的建立，从而为国家的强大和发展做出贡献。[①]无论是在城市还是农村地区，大众获取信息、娱乐和文化的主要途径都是通过电视和广播媒体。通过电视和广播媒体，人们得以获取来自世界各地的新闻、音乐、电影、体育比赛等丰富多彩的内容。

电视和广播媒体在传承和弘扬非物质文化遗产方面发挥着独特而重要的作用。非物质文化遗产通常是以口头传承为基础的传统文化表达形式，如民间音乐、舞蹈、戏剧、手工艺等，它们承载着丰富的文化内涵。由于历史原因以及现代社会经济发展水平较低，很多非遗项目濒临消亡或已经消失。然而，借助电视和广播媒体，这些非物质文化遗产得以打破时空和地域的限制，被更广泛的受众所认知和欣赏。因此，电视和广播能够对非物质文化遗产的展示起到重要作用。通过纪录片、综艺节目、访谈节目等多种形式，电视和广播媒体得以展现非物质文化遗产所蕴含的传统技艺、历史背景和文化内涵，从而推动非物质

---

① 张国涛：《传播文化：全球化与本土化》，北京：中国传媒大学出版社 2009 年版，第 42 页。

文化遗产的传承和保护。在这个过程中，电视和广播媒体还能够对文化进行创新，使其得到更好的传承和发扬。透过电视和广播媒体，人们得以领略多种文化表达和艺术形式，从而促进文化多样性。以下是一系列具体的实例：

电视纪录片作为一种重要的传媒形式，以影像和声音的融合为手段，生动地呈现了非物质文化遗产的传承和演进。纪录片在记录历史事件、弘扬优秀传统文化等方面具有独特作用。例如，《舌尖上的中国》系列纪录片以展示中国各地美食文化的传承与创新为主线，成为非物质文化遗产传播中的典范之一。它在制作过程中融入了大量音乐元素，并将其作为画面构成要素来表达主题内容。这部纪录片以引人入胜的叙事方式，生动展现了中国传统饮食的多样性和深厚的文化底蕴，为观众带来了一场别开生面的视觉盛宴。

此外，通过对传统技艺传承人进行深入采访和探讨，广播访谈节目能够全面了解非物质文化遗产背后的故事以及技艺传承所蕴含的价值。这对于保护非遗传承有着积极而重要的意义。中央人民广播电台制作的《中国之声》节目，曾多次推出有关非物质文化遗产的专题报道和深度访谈。

当然，电视音乐节目在传承和发展非物质文化遗产方面发挥了巨大的推动作用。电视综艺节目的吸引力不仅在于其娱乐性和互动性，更在于其能够传递非物质文化遗产，从而吸引观众的目光。通过演唱传统民歌和古典音乐，可以向观众展示中国音乐文化的多样性和传承，呈现出中国音乐文化的深厚底蕴。

总而言之，电视和广播媒体在塑造公众的意识和价值观方面扮演着至关重要的角色。电视和广播媒体所呈现的信息和内容，为人们提供了独特的视角和观点，在推广社会主义核心价值观、提升人们的文明素质等方面扮演着不可或缺的角色。电视和广播媒体以其独特的传播方式和手段，为非物质文化遗产的传承和发展注入了新的活力，也促进了文化多样性的交流和传承。

（二）印刷媒体的非物质文化遗产传播

印刷媒体在社会中扮演着至关重要的角色，作为传媒领域中最早发展起来的一种媒介形式，其历史悠久、受众广泛。在过去数个世纪中，印刷媒体一直是主要的传播途径之一，以报纸、杂志、书籍等多种形式向人们提供新闻、信息、知识和娱乐内容。

不仅如此，印刷媒体在传承非物质文化遗产方面也扮演着独特而重要的角色，这种作用并不局限于物质层面。印刷术是一种记录文化信息的媒介工具，它为人们提供了一个保存传统艺术遗产的机会。非物质文化遗产的知识和技艺，可以通过印刷媒体，如书籍、杂志和报纸等，被永久地记录下来，并传承给后代。通过出版相关的专著、学术期刊和研究报告等，印刷媒体得以将非物质文化遗产的研究成果广泛传播至学术界和公众，从而推动非物质文化遗产的保护和传承。

在中国，无论是作为文学载体还是艺术表现手段的印刷媒介，对民间艺术的创作与传播发挥着至关重要的作用。中国的木刻版画作为一项重要的非物质文化遗产，在印刷媒介的广泛传播下，得到了广泛的传承。木刻版画在中国有着悠久的历史，并随着社会的发展而不断地创新与演变。木刻版画以其独具匠心的艺术风格和表现形式，传递了丰富多彩的民间传说和文化内核。中国木刻版画的典型代表作品，包括宜宾木版年画和泰安木版年画等，在印刷媒体的广泛传播下得以流传。中国的传统戏曲是中国文化的重要组成部分，通过印刷媒体的广泛传播，戏曲剧本得以传承和发扬光大，为中国戏曲艺术的繁荣发展注入了源源不断的活力。通过印刷媒体的出版和发行，各种戏曲剧本如京剧、豫剧、评剧等得以广泛传播，让更多的人领略到中国传统戏曲的艺术魅力。中国传统医药在中国非物质文化遗产中占有重要地位，蕴藏着大量医药知识与技术。传统医药知识经由印刷媒体的刊布与传播而被记录下来并广为流传。《本草纲目》《黄帝内经》这类经典著作在印刷媒体上的刊刻与传播使这些珍贵医药知识广为流传。

总而言之，印刷媒体作为主要的传媒渠道，在社会中扮演着至关重要的角色，其广泛的影响力也是不容忽视的。印刷媒介不仅推动知识的广泛传播和普及，还能满足受众对精神文化产品的需求，丰富大众生活，提高人民群众的文化素质和审美情趣，有利于构建和谐社会。通过印刷媒体的出版和传播，木刻版画、传统书籍和经典文献、传统戏曲剧本以及传统医药知识和技艺等非物质文化遗产得以广泛传承和发展，从而在传承和发展方面发挥了重要作用。

三、新媒体时代的非物质文化遗产传播

（一）社交媒体的非物质文化遗产传播

社交媒体在社会中扮演着至关重要的角色，它不仅是传媒渠道的主导力量，更是传播非物质文化遗产的独特媒介。随着互联网技术的发展，社交媒体逐渐被应用于文化传播领域，并产生了新的变化和影响。社交媒体已成为人们获取信息、交流和互动的重要平台，其作为主要媒体渠道之一的地位不可忽视。随着社交网络技术的发展，社交媒体已从最初的人际传播方式演变为一种新的大众传媒形式，成为互联网上最流行的应用。在此背景下，社交媒体不仅能够实现与用户之间的直接沟通，还能为用户创造新的体验。社交媒体上的用户可以通过点赞、评论和分享等多种方式积极参与到内容的创作和传播中。社交媒体因而形成了一个开放、互动的社区，为用户提供了更多的参与机会。

实际上，社交媒体在推广非物质文化遗产方面具有独特而重要的功能。它不仅能够使受众从更广范围了解非物质文化遗产的内容，还能促进其与公众之间进行互动交流。非物质文化遗产是一个国家和民族所独有的，它涵盖了传统的艺术、音乐、舞蹈、手工艺、节日和习俗等多种元素。社交媒体以其强大的功能为公众提供了参与非物质文化遗产传承与发展的机会。非物质文化遗产在社交媒体上得以广泛传播和推广，为其注入了新的活力和价值。随着互联网技术的发展，社交媒体逐渐成为信息传递和交流的主要工具之一。传统文化的照片、视频、故事和知识可以通过社交媒体分享，从而让更多人了解和欣赏非物质文化遗产所蕴含的价值和魅力。社交媒体的使用改变了非物质文化遗产的传播方式，使之从一种被动接受转变为主动传播，从而推动着非物质文化遗产的发展。社交媒体作为一种媒介形式，为非物质文化遗产的传承和保护提供了广泛的平台和渠道。借助社交媒体平台，人们得以建立并参与相关社群和讨论组，以共同探讨和传承非物质文化遗产，从而推动其传统技艺和知识的传承。

借助视频分享平台，人们得以上传和分享与非物质文化遗产相关的视频内容，这些内容可以被广泛传播。这些视频内容包括了传统文化方面的内容，也包含了一些其他传统领域的信息，如传统音乐、传统绘画、传统手工技艺等。在视频分享平台上，使人们得以分享源远流长的传统舞蹈、手工艺制作过程以及传统音乐演奏等精彩内容。此外，在社交媒体平台上，存在大量专门用于分享文化知识的账户和页面，其中包括"中国非遗""中国传统文化"等。一些专业机构也推出了自己的微博或微信公众号，为大众提供非物质文化遗产相关信息。这些账户和页面以多种形式向公众传递非物质文化遗产的知识和故事，包括但不限于文章、图片和视频等。另外，一些用户还能够利用短视频平台进行自我宣传，使人们得以实时观赏和参与非物质文化遗产相关的活动和表演，为他们提供了一个难得的文化交流平台。在社交媒体平台上还有不少以传承为目的的非遗项目的直播活动。传统戏曲演出、传统技艺展示等，皆可在直播平台上呈现于观众眼前。此外，一些人还会在社交媒体平台上开专栏或讨论组来讨论非物质文化遗产。这些群组为人们提供了加入的机会，进而与其他爱好者共同交流和分享相关话题和经验。

社交媒体对当今社会起着不可或缺的作用，它所产生的影响与重要性是不可忽视的。社交媒体给我们带来了新的沟通平台，使得信息能够迅速流通并在宣传非物质文化遗产中起到了独特的重要作用，借助社交平台的广泛传播与宣传有利于推动非物质文化遗产传承与保护的开展。

（二）数字媒体的非物质文化遗产传播

数字媒体在当今社会中扮演着不可或缺的角色，其影响力和重要性不言而喻。"数字化传播的最大优势就是可以充分利用信息技术和数字技术，一改原先口头传播、文字传播、印刷传播乃至早先的电子传播点对点或点对面的单向传播模式，变成多对多、多对面、面对面的多向传播模式，使原先处于被动接受状态的受众变成主动的生产者、使用者和消费者。"① 数字媒体技术的出现，使人们能够从网络上获得关于非物质文化遗产的各种信息和知识，从而促进对其研究的不断深入。随着数字媒体技术的飞速发展和互联网技术的广泛应用，非物质文化遗产的传承和传播也迎来了全新的机遇。通过运用在线展览、VR、AR 等前沿技术，观众可以沉浸于非物质文化遗产所呈现的场景和表演之中，并获得与之互动的机会。这种数字化的体验方式能够以更加生动的方式传递非物质文化遗产的魅力和价值，从而吸引更多人的关注和积极参与。

数字档案和在线展览在当今社会中扮演着不可或缺的角色，它们的重要性和影响力已经超越了传统文化的范畴。随着计算机技术与互联网技术的发展，数字档案管理已经成为一种趋势。数字档案是一种高效的方式，它能够将大量珍贵的文化和历史资料转化为数字形式，方便人们获取和利用这些信息。传统的纸质档案只能记录特定事件的发展过程以及相关人物、地点等重要数据。此外，通过采用虚拟展览的形式，在线展览为观众提供了随时随地参观展览的机会，摆脱了时间和地域的限制。随着互联网技术的不断发展，越来越多的人开始关注并参与到非物质文化遗产的保护与传承之中。利用数字档案和在线展览，人们可以随时随地通过网络浏览器或移动设备，探索和领略非物质文化遗产的内涵。同时，非特质文化遗产在数字环境中进行展览时，也能够使观众身临其境地去感受传统艺术所蕴含的精神内涵。

在数字媒体技术下，可考察非遗从传承与传播到数字生存与发展，推进非遗数字化理论和实践研究。数字与信息网络技术的发展，促进了文化的生存与发展，催生了数字文化产业的新业态与新模式。② 如此一来，非物质文化遗产便可打破时间和地域的限制，被更广泛的人所认知和欣赏。

利用 VR 和 AR 技术，人们得以在虚拟环境中还原非物质文化遗产的场景和表演，从而让用户身临其境地感受到非物质文化遗产所散发出的迷人魅力。同时，非物质文化遗产也可以借助这种虚拟体验进行宣传推广。VR 技术为用户提供了参观历史古迹或传统节日的机会，而 AR 技术则为用户提供了在现实世界中欣赏传统表演的可能性。同时，用户还能与非物质文化遗产进行互动交流。由此非物质文化遗产得以以一种崭新的方式广泛传播和传承，从而吸引更多人的关注和了解。利用 VR 技术，学者和研究者得以再现历史场

---

① 谈国新、何琪敏：《中国非物质文化遗产数字化传播的研究现状、现实困境及发展路径》，《理论月刊》2021年第 9 期，第 87 - 94 页。

② 秦枫：《非物质文化遗产数字化保存与发展研究：以徽州区域为例》，合肥：中国科学技术大学出版社 2021 年版，第 3 页。

景，从而实现虚拟考古和实验的目的。此外，研究者也可将自己对实物的感受与想象结合起来，使其具有真实感和沉浸感。通过深入研究非物质文化遗产的历史和特征，人们能够更全面地理解和探究其内在价值和文化意义。利用 AR 技术，非物质文化遗产的展示得以更加生动，为观众带来更加丰富的文化体验。VR 技术将被广泛运用到博物馆、美术馆等场所。使用移动设备或 AR 眼镜，用户可以在现实世界中欣赏虚拟元素的叠加，与非物质文化遗产进行互动，从而获得身临其境的文化体验。通过展示非物质文化遗产，我们可以营造出更加生动有趣的氛围，吸引更多的观众和参与者，从而丰富非物质文化遗产的文化内涵。

数字技术向经济和社会各领域的普遍渗透正引起各方面深层次的变化，人类社会正全面步入数字时代，非遗也正因为数字技术的应用变得更具活力、更富生命力。通过先进数字媒体的应用，非物质文化遗产得以广泛传播，从而推动其传承和保护工作的深入开展。因此，"非遗数字化"是一个很好的发展方向。数字媒体的广泛应用不仅为非物质文化遗产的保护和研究提供了有力支持，同时也为相关领域的学者和研究者提供了更加丰富的资源和平台，从而促进了非物质文化遗产的传承和发展。

四、面向世界的非物质文化遗产传播

（一）中国非遗的国际传播策略

作为一个拥有丰厚非物质文化遗产的国度，中国积极向全球传递独特而珍贵的文化财富，旨在向全世界展现中国传统文化之博大精深，促进国际人文交流。值得一提的是，在对外传播优秀文化的同时，也需要注意一些传播的策略。

1. 传播主体：促成非遗研究专家与中西译者三方合作

中国非遗故事的传播需要高水平的译者作为主体，以确保向外讲述的内容得到充分的传达。为了在国际上获得广泛认可并提高对外传播的效果，翻译者需要与非遗研究专家进行深入交流和探讨，以挖掘中国非遗所蕴含的文化内涵。因此，促进中国非遗研究专家与中西译者三方合作具有重要意义，特别需要重视将外籍人士作为讲述新时代中国非遗故事的主体，提高中国非遗的语言规范性，促进中国非遗文化在国际上的传播。为了促进中国非遗的国际传播，政府部门应当与民间力量合作，共同开展非遗对外交流活动，让更多的非遗项目深入海外受众的生活中，发挥他们作为国际传播主体的作用。此外，非遗传承人也是中国文化走出去的重要传播主体，他们通过自己的传奇经历和故事，与国际受众建立起更紧密的心理联系，引发情感共鸣。[①]

2. 传播内容：优化主题，达成传统与现代的平衡

为了提升中国非物质文化遗产的全球影响力，必须对其主题进行系统化和优化，以满足国际受众的兴趣和需求，而不是简单地介绍个别非遗项目的概貌。为了更好地讲述中国非遗故事，我们应该根据国际受众对历史、文化等方面的偏好，优先选择那些知名度高、趣味性强、文化底蕴深的非遗项目，以及那些具有传奇色彩的非遗传承人的故事作为我们的题材。同时挖掘非遗文化内涵，将其融入各类地方文化、传统节庆活动中，不断吸引国际受众的关注。在考虑中国非遗的地域性和民族性的同时，必须兼顾当代国际受众的审美趣味以及他者文化的影响，用新鲜感带动传播对象进一步了解中国非遗文化。

3. 传播对象：重视和受众互动，建立传播反馈机制[②]

中国文化的国际知名度会因国际受众的文化差异、思维方式差异、价值观差异和风俗习惯差异等问题而受到影响，若忽视这些群体，将会大大降低中国文化的国际知名度。在向国际传播中国非遗故事的过程中，应当全面考虑传播对象的兴趣和需求，加强与国际受众之间的有效互动，而不是简单地讲述那些令我们惊叹的非遗故事。同时要考虑到不同国家和地区受众的差异性，有针对性地选择合适的传播载体和传播方式。通过阅读和交流等多种途径，传播主体能够主动了解并熟悉受众的文化背景，从而优化中国非遗故事的传播策略。

（二）中外文化遗产传播的交流与合作

中国与其他国家和地区之间在文化遗产领域进行的相互交流与合作，旨在促进不同文化之间的相互理解与交流，推动文化遗产的传播与保护。

中国非物质文化遗产的传播形式多种多样，而文化交流活动又是其核心内容。中国积极参加国际文化节，举办文化论坛、展览及表演。同时，中国还积极参加联合国教科文组织主办的非物质文化遗产大会。2018年，在巴黎举行的第13届非物质文化遗产代表大会上，中国代表团介绍了中国非遗的保护和传承经验，并与其他国家和地区的代表进行了交流和合作。另外，中国也参加了亚太展会国际展览。2019年，在韩国举办的亚太非物质文化遗产国际展览中，中国展示了京剧、传统民乐、剪纸等非遗项目，并与亚太地区其他国家和地区进行了交流与合作。不但如此，中国还主办非遗艺术节，邀请海内外非遗传承

---

① 刘炜：《传播学理论下的江西非物质文化遗产译介研究》，《南昌师范学院学报》2022年第5期，第69-73页。

② 刘炜：《传播学理论下的江西非物质文化遗产译介研究》，《南昌师范学院学报》2022年第5期，第69-73页。

者、艺术家参与进来。以山东为例，中国年会艺术节作为非遗文化盛会，吸引着全国非遗传承者及观众，同时也与世界各国非遗代表开展交流合作的平台。除此以外，中国还积极参加世界非物质文化遗产日庆典。每年 6 月，在中国各地区均有不同类型的展览、演出及座谈会等活动，为广大市民展现并宣传中国人特有的风采。

这些国际文化节、论坛，为中国非物质文化遗产的延续与保护提供了一个重要平台与契机。参加这些活动可以使中国非遗在国际上彰显出自己特有的文化价值，还能推动各国各地区的非遗交流与合作。对非物质文化遗产多样性与独特性的呈现，使世界各国受众切身感受到中国传统技艺与精神内涵。这一互动形式的扩散不仅使传统文化获得新的生机，而且也推动了文化多样性以及相互尊重价值观的扩散。

此外，非遗国际合作项目也为中国非物质文化遗产保护、传承与传播提供了一个广阔的平台。中国与世界各国合作开展非物质文化遗产保护项目，通过经验交流、技术合作、共同研究等方式，提升非遗保护水平和能力。如以国际组织为依托，共同开展非物质文化遗产工程研究、保护规划及培训活动等，以推动非物质文化遗产保护和可持续发展。这些合作项目促进了中国非物质文化遗产的国际传播，将中国非物质文化遗产特有的魅力展现在世人面前，加强了中国与其他国家和地区在非物质文化遗产保护与传承方面的合作。

中国非物质文化遗产同世界各国各地区的合作能够在世界范围内获得更加广泛的承认和重视，并对世界各国各地区非物质文化遗产的保护与传承有一定的参考和借鉴作用。这些工程的开展既促进了文化交流与互动，又有利于非物质文化遗产的可持续开发。

中国面对世界非物质文化遗产的传播不仅显示出自身传统文化的魅力和生机，而且对全球文化多样性发展起到积极的推动作用。通过谋求沟通和对话，人们对不同文化传统有了更多的理解和尊重，从而促进人类文明的发展和融合。今后，中国应不断加强非物质文化遗产保护、传承和传播，从新的形态和角度向世界展示中国非遗之美并促进世界文化交流。

本章思考题

1. 简述世界非物质文化遗产保护史的几个发展阶段。
2. 简述非物质文化遗产保护的必要性。
3. 保护非物质文化遗产常用的方法有哪些？
4. 简述保护非物质文化遗产的基本原则。
5. 简述中国重视非物质文化遗产创新创造的原因。

6. 简述中国非物质文化遗产如何实现创造性转化与创新性发展。

7. 分别简述传统媒体时代与新媒体时代是如何对非物质文化遗产进行传播的。

8. 非物质文化遗产在国际中传播的方式有哪些?

本章延伸阅读

［1］丁虹:《非物质文化遗产数字化研究》,昆明:云南美术出版社 2021 年版。

［2］李荣启:《非物质文化遗产保护研究文集》,北京:文化艺术出版社 2016 年版。

［3］刘正宏:《非物质文化遗产数字化应用与教育化传承研究》,北京:中国轻工业出版社 2018 年版。

［4］王文章:《非物质文化遗产概论》(修订版),北京:教育科学出版社 2013 年版。

［5］王文章:《非物质文化遗产保护国际学术研讨会(2004)论文集》,北京:文化艺术出版社 2005 年版。

［6］杨红:《非物质文化遗产:从传承到传播》,北京:清华大学出版社 2019 年版。

［7］余江:《中国世界级非物质文化遗产概览》,北京:中国三峡出版社 2021 年版。

［8］苑利、顾军:《非物质文化遗产学》,北京:高等教育出版社 2009 年版。

［9］张亮、刘昊昕、徐拥华:《非物质文化遗产与文化创意产业发展》,武汉:湖北人民出版社 2021 年版。

［10］周和平:《第一批国家级非物质文化遗产名录图典》,北京:文化艺术出版社 2007 年版。

［11］中国艺术研究院中国非物质文化遗产保护中心编:《中国非物质文化遗产普查手册》,北京:文化艺术出版社 2007 年版。

［12］马西莫·森帝尼著,阙一都译:《联合国教科文组织非物质文化遗产:实践和呈现》,北京:中国纺织出版社 2021 年版。

第二章

质化研究方法

质化研究又称质性研究，指的是研究者以自身作为研究工具，置身于研究情境中，运用观察、访谈、文献调查等方法接近被研究者、感知被研究者和理解被研究者，通过与研究对象的互动，力求从当事人的角度去解释其行为及建构意义，并运用归纳法等方式分析和形成理论的过程。质化研究具有研究情境的自然性、研究手法的描述性、研究取向的价值性、研究视野的整体性以及思维方法的归纳性等特质。

质化研究具有探索社会现象、阐释意义，以及发掘总体和深层社会文化结构等作用。它是一个跨学科而又超学科的领域，已被广泛应用于诸多与"精神科学"有关的学科，如人类学、社会学、教育学、历史学、心理学、护理学、政治学、管理学等。质化研究并非产生于一种哲学、一个社会理论或一种研究传统，而是受到很多不同的社会思潮、学术理论和研究方法的影响。近年来，质化研究在理论与实践上，对一些重大问题进行了较为系统和深入的梳理与探讨，但迄今为止，很多问题仍处于探索与争议之中。[①]

通常而言，质化研究主要有以下七种方法，本章将一一介绍。

（1）文献研究。

文献指的是通过文字、图像、符号、音频、视频等记录的人类知识的物质形态。而利用文献资料间接考察历史事件和社会现象的研究方式就被称为文献研究。文献研究的开展能够帮助人们了解过往的相关调研成果、知晓相关的理论与方法、探悉相关的政策与法律以及明了调查对象的历史与现状。

（2）田野调查。

田野调查指的是通过实地考察、交互访谈和参与观察等方式，收集和分析现象的数据，以深入了解人类活动、社会组织、文化传统等相关问题。田野调查具有计划性、真实性、互为主体性等特点，在人类学、社会学、民族学等学科中得到广泛应用，可以帮助研究者深入了解不同文化环境下的人类行为和社会现象。

（3）口述史。

口述史是具有鲜明跨学科特征的研究方法与学科领域，旨在收集、保存、解释和利用个人、团体与社群在过去事件中的声音、经历、记忆与观点。它以录音访谈与摄像记录为手段，搜集口传记忆以及具有历史意义的个人观点，其核心是能够被提取和保存的记忆，且具有能提供一般研究使用、能重新加以阐释、能接受鉴定的确认等特性。

（4）民族志。

民族志是一门研究人类社会和文化的学科，是人类学的一种研究方法与写作文本，是基于实地调查、建立在第一手观察和参与的关于文化的描述，并主张以此来揭示和理解社

---

① 安·格雷著，许梦云译：《文化研究：民族志方法与生活文化》，重庆：重庆大学出版社 2009 年版，第 1 页。

会现象、提出相关理论与见解。民族志研究关注不同民族、社群和文化群体的生活方式、价值观、社会组织以及他们与环境的互动，其目标是通过深入的田野调查和研究，了解和描述特定社群的文化特征和社会现象。

（5）深度访谈。

深度访谈指的是通过与被调查者进行深入的交谈，了解某一社会群体的生活方式和生活经历，探讨特定社会现象的形成过程，并提出解决社会问题的思路与方法。相较于普通的对谈，深度访谈对研究者的谈话、沟通和协调能力提出了更高要求，同时更加强调访谈的方向性与目的性，旨在通过信息交换的方式，深入洞察被访者的观点、情感或经历等信息，并试图揭示其背后的动机因素。

（6）个案研究。

个案研究又称个案调查，指的是对某一特定个体、现象或主题开展的研究。这类研究通过广泛收集有关资料，详细了解、整理和分析研究对象产生与发展的过程、内外因素及其相互关系，以形成对有关问题的深入而全面的认识与结论。个案研究的开展遵循综合性、灵活性、伦理性等原则，具有擅长获得事物丰富细致的图景及鼓励采用多种数据来源、使用多种方法的优势。

（7）扎根理论。

扎根理论不是实体的"理论"，而是一种方法论，旨在帮助研究者针对现象系统收集、归纳与分析资料，并通过科学的逻辑，归纳、对比、分析，螺旋式循环地逐渐提升概念及其关系的抽象层次，最终形成新的概念或理论。不同于检验理论或对问题提供描述性解释的研究方法，扎根理论是一种专门生产理论的方法。一般而言，研究者在研究开始前并无理论假设，而是从实地调研和直接观察入手，在系统收集资料的基础上，寻找反映社会现象的核心概念，并据此建构相关的社会理论，其所获得的研究成果是对现实的理论呈现。

第一节　文献研究

一、文献研究的基本概述

（一）文献与文献研究的基本概念

《论语·八佾》道："夏礼吾能言之，杞不足征也；殷礼吾能言之，宋不足征也。文献不足故也。足，则吾能征之也。"朱熹为之作注说："文，典籍也；献，贤也。"由此可见，文献原指典籍与宿贤。随着社会的发展进步，文献的内涵也有所变化。近代以来，人们把具有历史价值的图书资料与文物等称为文献；而到了现代，文献的内涵和外延进一步拓展，其释义延伸为通过文字、图像、符号、音频、视频等记录的人类知识的物质形态。

一般而言，文献须具备三个基本要素，即具有一定的知识内容、具有一定的物质载体，以及具有一定的记录手段。概言之，文献指包含研究者要加以研究的对象的信息的各种载体。

由此，利用文献资料间接考察历史事件和社会现象的研究方式就被称为文献研究，又称间接研究。它包括历史文献的考据、社会历史发展过程的比较、统计资料文献的整理与分析、理论文献的阐释以及对文字资料中的信息内容进行数量化分析等。文献研究是史学、哲学和早期社会科学最常用的方法，现在也仍是人文社会科学研究的重要方法和必要过程。[1]

（二）文献与文献研究的种类

1. 第一手文献与第二手文献

根据产生的根源，文献可以分为第一手文献与第二手文献。第一手文献即由曾经经历过特别事件或行为的人撰写的资料文献，它通常是个人或机关团体基于某种意图记录下来而形成的文字资料，包括日记、信件、自传等私人文件，机关团体的会议记录、文件、档案、统计资料以及调查报告和总结材料。第二手文献则是由那些不在现场的人所编写的，他们通过访问目击者或阅读第一手资料，获得了编制文献所必需的信息，并借此制成第二手文献，如书籍、报刊、文章等。[2]

2. 零次文献、一次文献、二次文献与三次文献

根据加工的深度与层次，文献可以分为零次文献、一次文献、二次文献与三次文献。零次文献是一种特殊形式的情报信息源，主要包括两方面的内容：一方面是形成一次文献以前的知识信息，即未经记录、未形成文字材料的口头交谈，它是非文献型的情报信息，是直接作用于人的感觉器官的；另一方面是指未公开于社会，即未经正式发表的原始文献，或未正式出版的各种书刊资料，如书信、手稿、记录、笔记，以及一些内部使用、通过公开正式的订购途径无法获得的书刊资料。

一次文献指作者以生产与科研工作成果为依据创作、撰写而成的文献，如期刊论文、

---

① 周璐：《社会研究方法实用教程》，上海：上海交通大学出版社 2009 年版，第 242 页。
② 林聚任、刘玉安：《社会科学研究方法》，济南：山东人民出版社 2004 年版，第 146 页。

科技报告、专利说明书等。二次文献指的是对一次文献进行加工、提炼、浓缩形成的工具性文献，它能够反映一次文献的外部特征、内容特征及查找线索，将分散、无序的文献信息有序化、系统化，是文献检索的工具。属于这类文献的有目录、索引、书目数据库等。三次文献即对一次文献和二次文献的内容进行综合分析、系统整理、高度浓缩等深度加工形成的文献，如综述、评述、词典等。①

3. 图书、期刊与特种文献

根据出版形式，文献可以分为图书、期刊与特种文献。图书是现代出版物中最普遍的一种，其出版形式正规，提供的内容较为全面、系统，观点成熟可靠，但不够新颖及时，主要有教科书、专著、论文集、丛书、工具书等类型。期刊也称杂志，是一种定期或不定期的连续出版物。每期的版式大致相同，每一种期刊均有一固定名称，有连续的年卷期号，反映的多是最新的科技成果，具有内容新颖、通报速度快、信息量大、形式多等特征，可分为学术、情报、综述、科普、政治新闻、资料、趣味消遣等类型。特种文献指的是除图书、期刊之外的各种资料，包括科技报告、专利文献、标准文献、会议文献、政府出版物、产品样本和说明书等，常为不定期出版，多数具有数量庞大、种类繁多、内容广泛、参考价值高等特点。

4. 理论性文献、学术性文献与材料性文献

根据作用，文献可以分为理论性文献、学术性文献与材料性文献。理论性文献指的是可以作为理论论据的、具有权威性的资料，如马列的经典文献、相关专业的经典论述等；学术性文献即著作与论文等；材料性文献即原作品和相关作者的原始资料、统计数据等。②

5. 核心文献、相关文献与边缘文献

根据相对利用率，文献可以分为核心文献、相关文献与边缘文献。核心文献通常是指与本学科发展水平和动向密切相关的一些文献；相关文献和边缘文献指所含内容与学科的关系相对疏远的文献。③

6. 书面文献、视听文献、网络文献

根据载体形式与记录技术，文献可以分为书面文献、视听文献、网络文献等。

书面文献也称印刷文献，是指将知识内容通过印刷等方式，记载于一定物质载体（主要是纸张）上的文献。这类文献可以直接阅读，也符合人们传统的阅读习惯。只要具备一定的知识水平，就可以对这类文献进行阅读与研究。但是，这类文献相对笨重，所占空间较大，且成本较高。如若大量查阅与使用这类文献，常常要花费大量人力、物力与财力。

---

① 祝方林：《民族学信息检索》，北京：世界图书出版公司 2013 年版，第 45 页。
② 康永征、辛申伟：《跨学科视阈下的社会科学研究方法》，北京：中国社会科学出版社 2012 年版，第 220 页。
③ 韩雪：《美术信息检索与利用》，沈阳：东北大学出版社 2017 年版，第 38 页。

视听文献指的是脱离文字形式，直接记录声音和图像信息的文献，例如唱片、录像带、磁带、电影、幻灯片和相片等，都属于视听文献。这类文献通过声音和图像传递信息，具有形象性的特征，使用这类文献往往更具有说服力。但这类文献的获得、保存与使用都需要特殊的器材与方法，也正因为如此，其数量与书面文献相比较少，使用上也受到较大限制。

网络文献是现代科技发展的产物，它通过编码程序，把承载有知识内容的文字和图像转换成二进制的数字代码，记录在磁带、磁盘、磁鼓和光盘等载体上。人们在阅读这类文献时，再通过电子计算机将其转换成文字或图像。网络文献与上述两类文献相比具有存储量大、存取速度快、处理效率高、便于形式转换等优点。从某种程度上来讲，网络文献是书面文献和视听文献的另外一种表现形式，但这种文献的使用需要基于特定的设备，即计算机和互联网，同时要求使用者掌握其操作方法，因而具有一定的使用限制。尽管如此，随着计算机科学技术的不断普及与发展，网络文献的利用率不断上升，普及面不断扩大，极大地提升了研究的便利性。

文献的分类方式主要有以上几种，而根据研究内容，文献研究可分为历史文献研究、统计资料文献研究与内容分析。

历史文献研究根据其资料的性质与来源，又可以分为个人文献研究和非个人文献研究。个人文献研究类似于参与观察法和个案研究，它利用个人的信件、日记、家族史、传记等材料，对个人生活史与家庭史进行深入、细致的分析。而非个人文献研究是一种历史/比较研究方法。许多社会学家曾使用这种方法对社会历史的演变进行宏观考察。历史文献研究多采用分类法、比较法和定性分析等方法。

统计资料文献研究一般利用官方与半官方统计资料进行研究，是社会研究的一种重要方法，属于定量分析。

内容分析指通过考察人们所创作的文章、书籍、日记、信件、影片、歌曲等，了解人们的行为、态度与特征，进而了解和说明社会结构和文化变迁。内容分析可划分为计词法、概念组分析、语义强度分析等类型，其研究程序通常由抽样和编录两部分组成。

（三）文献研究的原则

进行文献研究时，应遵循以下原则：

1. **系统性**

进行文献研究时，应采用系统性的方法，即明确研究目的与问题，制定明确的搜索策略，广泛收集相关文献，并对文献进行分类、整理与分析。

2. **全面性**

进行文献研究时，要尽可能地收集和涵盖相关的文献资料。不仅要关注主流和经典的文献，还应该考虑较新的研究成果和非传统的文献来源，这有助于获得更为全面和多样化的研究视角。

3. 可靠性

在选择文献时，应该注重其可靠性和学术价值，优先选择经过同行评审的学术期刊文章、学术出版物和权威机构发布的报告。避免过度依赖非学术来源和未经验证的信息。

4. 批判性

在进行文献研究时，应对所收集的文献进行批判性思考和分析。评估文献的质量、方法和数据，识别其中的优点与局限性。不仅要接受文献的结论，还要考虑其背后的论证与依据。

5. 综合性

在进行文献研究时，应将不同文献资料进行综合分析与评价，寻找文献之间的联系和相互作用，发现其中的模式、趋势和共同点，避免片面地依赖单一文献或观点。

6. 透明性

在文献研究中应保持透明性和可追溯性。记录文献的来源、引用和参考文献，确保研究过程的可复制性和学术诚信。

7. 更新性

在进行文献研究时，应随时关注最新的研究成果和文献资料。文献研究是一个不断发展和更新的过程，应及时了解和纳入最新的研究动态。

以上原则可以帮助研究者进行可靠而有效的文献研究，确保研究的科学性和学术价值。同时，研究者也应该根据具体研究领域和研究问题的特点，灵活运用这些原则，并结合实际情况进行调整与改进。

（四）文献与文献研究的作用

1. 了解相关的过往调研成果

任何调查研究都应该以前人的调研成果为基础。通过文献研究，了解前人已取得的成果和当前进行调研的现状，对于正确选择调查课题、确定调查研究的起点和重点、设计调查方案、开展对比研究等都具有重要的参考价值。实践证明，认真进行文献研究，是社会调查工作避免盲目性和重复研究，少走弯路或不走弯路的重要步骤。

2. 了解相关的理论与方法

通过文献研究，充分了解与调查课题有关的各种理论观点与方法，特别是着重了解已成为人们关注焦点的新观点、新意见，以及正在变化着的社会调查的主客观条件，可为提出研究假设、确定调查方法、设计调查方案、开展调查工作和研究工作以及撰写调查报告等提供必要的参考。

3. 了解相关的政策与法律

通过查阅文献，了解与调查课题有关的各种方针政策与法律法规，是端正调研工作指导思想、加强调研工作的政策性与法律性、保证调研工作顺利进行的必要条件。

4. 了解调查对象的历史与现状

通过查阅档案、登记表、通讯报道和其他资料等各种文献，了解调查对象的性别、年龄、文化程度、婚姻状况、职业职务职称、经济收入等个人情况，以及其所处环境的历史、地理、政治、经济、文化、风俗习惯等方面的资料，对于顺利开展调查研究工作具有重要的促进作用。[①]

（五）文献研究的适用范围

文献研究是一种通过阅读、分析和解释书面记录与文献资料进行研究的方法，它适用于广泛的学科领域和研究主题，包括但不限于下列范围：

1. 历史研究

文献研究在历史学中具有重要地位。研究者通过阅读和分析历史文献、档案资料、史书等，了解过去的事件、人物和社会变迁。文献研究可以揭示历史事件的背景、原因和影响，为历史学家提供重要的研究素材。

2. 文学研究

文献研究在文学领域也具有重要意义。研究者通过阅读和分析文学作品、批评文献、文学评论等，探讨作家的创作意图、文学风格、主题等方面的内容。文献研究可以帮助理解文学作品的内涵和价值，解释文学作品与社会、历史背景的关系。

3. 社会科学研究

文献研究在社会科学领域中也具有广泛的应用。研究者通过阅读和分析社会科学文献、调查报告、统计数据等资料，研究社会现象、人类行为、社会问题等。文献研究可以提供丰富的理论和实证资料，为社会科学研究提供支持和依据。

4. 文化研究

文献研究在文化研究中也具有重要作用。研究者通过阅读和分析文化文献、艺术作品、传统文化资料等，研究文化表达、符号意义、文化传承等。文献研究可以帮助理解和解释不同文化的特点和演变，揭示文化与社会的相互关系。

5. 教育研究

文献研究在教育领域中也应用广泛。研究者通过阅读和分析教育文献、教材、教学法

---

① 周璐：《社会研究方法实用教程》，上海：上海交通大学出版社 2009 年版，第 245 – 246 页。

等，研究教育理论、教育政策、教学方法等。文献研究可以为教育改革和教学实践提供参考和借鉴。

总之，文献研究的适用范围非常广泛，几乎涵盖了各个学科领域。通过阅读、分析和解释书面记录与文献资料，研究者可以获得丰富的信息和知识，为各个领域的研究提供支持和依据。

（六）文献研究的优势与局限

1. 文献研究的优势

（1）突破时空限制。

文献研究可以突破时空限制，对无法接触的对象开展研究。这使其得以拓宽研究的时间与空间范围，弥补其他研究方法无法开展的研究空缺。

（2）减少研究干扰。

在直接接触性的研究方法中，因为研究者与研究对象有着直接的接触，研究者易受调查情境的影响，研究对象的反应常常是这些因素相互作用的结果，这降低了所得资料的客观性。而文献研究法不直接接触研究对象，具有无反应性特征，这降低了对象与环境对调查产生的干扰性，从而在一定程度上提升了研究的客观性。

（3）降低研究费用。

文献研究所需要的费用主要取决于研究文献的种类、文献的分散程度以及获得文献的难易程度等因素。但是与其他研究方法相比，如进行一项大规模的调查、开展一个严格的实验或践行一场深入的实地研究，其所需费用无疑少之又少。文献往往集中储存于图书馆、报社资料室等地点，并且随着资料档案馆的建立以及网络技术的发展，各类文献资料的获取成本不断降低、便捷性不断提升。因此，文献研究法是最为经济的研究方法之一。

（4）提升研究效率。

文献研究在执行过程中所需的人力物力相对较少，研究人员无须亲身前往调查现场，也无须受到现场诸多因素的干扰，能够以较为方便快捷的方式完成研究，在研究效率上与其他研究方法相比无疑更胜一筹。

（5）提高保险系数。

相比于调查、实验、实地研究等，文献研究法对于现场环境还原度的要求较低，且受到的影响因素较少，弥补过失相对容易——只需对所用资料重新进行编码或统计处理，而无须推翻一切从头开始，从而极大地提高了研究的保险系数。

2. 文献研究的局限

虽然文献研究有着众多优势，但也不可避免地存在一些局限，主要表现在以下方面：

（1）倾向性。

许多文献，其撰写的目的与研究人员的目的并非一致。因此从某种意义上来讲，研究人员利用文献对研究对象进行研究是一种二次研究活动，他们是根据自己的研究目的对收集到的文献进行再次分析，得出自己的结论。但是最初文献撰写者的兴趣、立场、目的和意图会使文献带有各种各样的倾向性，这种倾向性常常会使文献部分偏离其描述和反映的事实，从而影响研究者对研究对象的考察。

（2）选择性。

文献的保存需要一定的条件、方法与技术，因此并不是所有的文献都能保存下来。一般而言，只有那些有关重要人物和事件的文献才能够得以较好地保存，而普通人所写的文献通常不是随着时间的流逝被损坏，就是已经不知置于何处，难以寻得。这种文献保存的选择性常常使得研究对象的范围具有很强的局限性。

（3）滞后性。

文献资料的一大特点即时间上的滞后性，由于文献资料或多或少地记载已发生或正在发生的事件，且其诞生需要写作、修正、印刷等必要步骤，因而不可避免地存在一定的滞后性，对于研究课题的参考价值在一定程度上有所削弱。因此，在使用文献研究时，应将此因素考虑在内，规避由之带来的信息误差，考辨由于时间流逝可能导致的信息虚假性，从而更好地发挥文献资料的作用。

（4）信息有限性。

由于研究者缺乏相关体验、知识，许多文献反映出来的信息对研究者而言是有限且不充分的。比如私人文献——日记、信件等就是如此。日记往往是个人心灵与生活历程的自我袒露，其读者即作者，其中包含的信息对研究者而言相对有限。而信件虽相对而言反映了更多的信息，但由于通信双方信件内容通常以大量的共识为基础，因此其反映的信息也是不完整的。

（5）资料难获取性。

由于许多文献是非公开或无法随意取得的，因此对于某些特定的社会研究而言，确定足够的文献资料是存在一定难度的。如属于个人隐私的日记、信件等一般不会公之于众。此外，某些政府机构、社会组织内部的保密性文献、决议、记录、统计数字等文献资料，研究者通常也难以取得。①

---

① 林聚任、刘玉安：《社会科学研究方法》，济南：山东人民出版社 2004 年版，第 148－149 页。

二、文献研究的一般过程与方法

(一)确定研究目的与主题

由于研究目的与主题的不同，文献收集、描述的范围必然不同，文献分析的重点也必然不同。所以，文献研究的首要工作就是确定研究目的与主题。与此同时，还应明确文献研究法在这项研究中所起的作用，即其在研究中是当作辅助性的研究方法，还是作为一种独立的研究方法来使用，这会直接影响文献收集、整理、解读以及分析的侧重点和方法。

(二)收集文献

在收集文献时，首先，要确定文献收集和描述的范围，即文献的内容范围、时间范围和类别。其次，要做好收集文献和描述文献的准备工作，包括取得与掌握有关文献的单位或个人的联系，设计文献的收集和描述大纲等。最后，根据已拟定的研究方案和目的，进行文献收集。而在收集过程中，应时刻注意知识上的有用性、内容上的丰富性、形式上的多样性、时间上的连续性与及时性等基本要求。

文献收集的途径主要有两个：其一是向拥有这些个人文献的个人索取，其二是到特别的收藏地或档案馆取得。无论使用何种方法，在收集文献时都要注意鉴别文献的真伪，深入考察文献的来源和可靠程度；同时要记录文献的来源，以便保证引用文献的规范性，避免出现侵犯他人知识产权的情况；最后，还要在时间和经费允许的情况下，适当扩大文献收集的范围，以保证能够收集到较为完整和系统的文献。

(三)整理文献

由于收集到的文献资料往往较为庞杂，所以必须经过整理才能使其较好地为研究服务。整理文献正是将收集到的大量粗糙、杂乱的原始资料系统化，从而揭示事物或现象的本质及内在规律的过程。

在社会科学研究中，资料整理首先是对所获取的资料进行检查、核实，并对错误和遗漏加以修正、补充，然后将其进行分类与编码，最后再进一步综合与简化。文献的整理要遵循条理化、系统化、简明化等原则，使得整理后的文献具有一定的时间顺序与逻辑关联性，并能体现出研究要旨。

(四)解读文献

解读文献一般包括两个阶段：浏览与精读。在浏览阶段，研究者应争取在较短时间内简单了解文献的基本内容和特点，不需掌握、理解和记忆其具体内容。这一阶段一方面是了解具有阅读价值的文献的全貌，确定这些文献对研究的价值与意义；另一方面是分辨出文献哪些部分研究的价值与意义最大，为下一阶段做好准备。而精读又称理解性阅读，研究者通过精读深入理解和掌握文献中对研究有价值和意义的内容，同时对其做出正确而客观的评价。

（五）分析文献

文献分析包括统计分析与理论分析。前者主要是定量分析，采用的主要方法是统计方法、数理方法和模拟法；后者是定性分析，包括逻辑分析、历史分析、比较分析、系统分析等，主要采用比较法和构造类型法。

上述过程并非直线式发展，根据研究情况，常常需要重复其中某个过程。如在分析阶段发现收集的文献不够充分时，就需要重新收集、整理和阅读文献。研究者在不断重复的过程中，概括和明晰自己研究的问题，最终形成研究报告。

第二节　田野调查

一、田野调查的基本概述

（一）田野调查的概念与特点

田野调查是一种学术研究方法，它通过实地考察、交互访谈和参与观察等方式，收集数据和分析现象，以深入了解人类活动、社会组织、文化传统等相关问题。田野调查具有计划性、真实性、互为主体性等特点，在人类学、社会学、民族学等学科中得到广泛应用，可以帮助研究者深入了解不同文化环境下的人类行为和社会现象。

（二）田野调查的种类

1. 完全参与、半参与和非参与

按照研究者是否隐匿身份和参与研究对象活动的程度，田野调查可以分为完全参与、半参与和非参与三种类型。完全参与是指观察者隐匿研究者的身份，深入研究对象群体中，以成员方式参与研究对象的活动；半参与是指观察者并不掩饰研究者的身份，在得到

研究对象许可后进行的深入调查研究活动；非参与指研究者以旁观者的身份观察特定行为的活动，而在此过程中研究对象完全不知道自己正在被研究。

2. 有结构和无结构

根据研究内容是否有统一设计的结构性观察项目和要求，田野调查可分为有结构与无结构两种类型。有结构又称有控制，指的是研究者根据研究目的，制定出研究的理论框架，按照详细的规定和计划，采用标准的研究程序和手段进行的研究行为。这类研究常依据项目清单等方式对研究对象进行一定的控制。无结构又称无控制，是一种大致确定研究内容与对象的方法。它没有严格的研究计划，使用结构较为松散的研究提纲，研究标准化程度较低，问题结构性不强。

3. 直接和间接

根据研究对象的不同，可将田野调查分为直接与间接两类。直接是指对正在发生的社会行为和社会现象进行研究；间接则是指在人们行动以后、事件发生后开展研究，研究对象包括痕迹与行为标志，常使用磨损测量、累积测量、现象推测等方式开展研究。通常情况下，间接类田野调查所收集资料的有效性与普遍性很难判断，所以它通常作为一种辅助手段，提供某些线索，对其他方法进行补充和检验。[①]

（三）田野调查的原则

1. 客观性原则

进行社会调查的目的是收集到真实可信的资料，再通过对资料的科学分析得出正确的结论。因此，在进行田野调查时必须客观真实地反映事物本身，即始终坚持客观性原则，以得出可靠的结论。具体而言，在开展研究时需做到如实记录，尽量排除主观意识干扰，不能随自我意识选取记录片段或臆造事物。

2. 全方位原则

社会中事物的构成都是多方面、多层次的，因而具有多方面的属性、联系与表现形式。这要求我们在认识事物、开展调查的过程中，学会从不同角度、不同层次、不同方面对其开展调查研究，从而获得对事物全貌的完整认知。

3. 深入性原则

事物的形成与发展是一个复杂的过程，若想真实而深刻地了解一个事物，就必须进行深入而细致的观察与研究，要透过表面看本质，才能在真实而深刻地认识事物的基础上顺利开展调查研究，得出正确而可靠的结论。

---

① 周璐：《社会研究方法实用教程》，上海：上海交通大学出版社 2009 年版，第 219 页。

4. 持久性原则

事物的发展变化是一个持续性的过程，这要求研究者在进行田野调查时必须坚持持久性原则，在长期而持续的观察研究中认识事物发展变化的全过程，及时发现与记录事物发展过程中的规律与偶然现象，从而获得大量真实而全面的材料，助力研究开展、得出正确结论。

5. 遵守法律和道德原则

在进行田野调查的过程中，要始终遵守国家法律法规和道德原则，如禁止非法进入公民住宅、时刻注意保护公民通信自由与隐私权等。所以，在研究过程中，如需进入公民住宅或使用公民私人信件等，必须事先征得物主同意，不得做出违背研究对象意愿的事情；在了解少数民族与宗教情况时，要遵循少数民族的风俗习惯与宗教的戒律清规。

（四）田野调查的作用

1. 搜集正在发生的社会现象的资料

正在发生的社会现象由于时间上的特殊限制，往往难以获得切实可靠的文献资料。而田野调查通过实地观察研究的方式，获取关于社会现象的第一手资料，弥补其信息上的缺失，充实其资料库，能够使人们对其有更加真切直接的认识，帮助人们更好地理解社会现象，做出正确的判断与应对措施。

2. 搜集非语言性信息

在田野调查的过程中，通过观察、访谈等方式，记录研究对象的姿态、表情、行为、语气等外在表现的细节，能够辅助研究者对于所搜集资料的理解，使研究结果更加全面与科学。

（五）田野调查的适用范围

1. 人们知之甚少的现象

对于人们知之甚少的现象，研究者可以采用田野调查的方式，通过切身实地的调查研究，获得准确详尽的第一手资料，从而弥补这一认知空缺。如对于新近形成的群体或运动、人类的即兴行为等开展研究时，就可以采用田野调查的方式。

2. 局内局外人观点存在分歧的现象

对于局内局外人观点存在分歧的现象，只有拿出事实依据，才能呈现有力证据，从而调和两者的分歧，求同存异，追求理解同意最大化。如对族群、亚文化等问题的研究，可通过田野调查的方式，采用观察、访谈等方法，用真实可靠的事实依据为观点提供有力凭证。

3. 在局外人看来模糊不清的现象

对于在局外人看来模糊不清的现象，如小群体、精神疾病等，通过田野调查的方式，获取当事人真实可靠的信息与资料，才能让身处事外的人们对事实真相有所认知与理解，从而在一定程度上使事件清晰化。

4. 不为公众所知的现象

对于不为公众所知的现象，如犯罪、神秘组织等，田野调查能够揭示迷雾背后的事实，为公众提供一定信息，从而形成相对客观真实的认知、进行合理有效的判断。需强调的是，在进行这类田野调查时，需注意调查身份的保密，同时遵守法律法规、道德伦理等基本原则。①

（六）田野调查的优势与局限

1. 田野调查的优势

（1）真实性。

在田野调查中，研究者直接接触被研究者，获得第一手资料，并与其产生更为直接的联系，从而使得调查结果更具真实性。且在置身于现场环境的条件下，研究者得以切身感受当时当地的情况与氛围，并借助现场记录、录音录像等资源，更为真切、全面地认识研究对象及其生存发展的环境，从而获得可靠而详细的信息，使得调查研究更具真实性。

（2）广泛性。

田野调查广泛适用于各种场合与环境，其研究对象包括各种社会与自然现象。此外，与其他方法相比，其适用人群更为广泛，甚至未经全面专业训练的人也可以借助这种方法开展调查研究。

（3）弥补其他方法的缺陷。

在社会调查中，往往会遇到调查对象不愿接受访谈、拒绝回答问题或不交回调查问卷等情况，这会导致数据的缺失、研究的中止。即使是收到了回答或问卷资料，也可能存在误差，即出现因研究对象故意歪曲真实情况、记忆不清等导致的信息偏差。而田野调查则可在一定程度上避免上述局限。另外，它还可以为文献研究补充具体、详细的材料，并起到验证资料真实性、加强资料完整性等作用。

2. 田野调查的局限

虽然田野调查法有着众多优势，但也不可避免地存在一些局限性，主要表现为以下几方面：

---

① 丹尼·L. 乔金森著，龙筱红、张小山译：《参与观察法》（修订版），重庆：重庆大学出版社 2009 年版，第 2 页。

（1）主观性较强。

由于田野调查的主观性与情感性较强，因此获得的资料不可避免地会受到研究者的价值观与情感因素等的影响。在进行田野调查时，研究者本人处于社会环境之中，与研究对象有着直接而紧密的联系，这无疑会影响到其对于研究对象、社会现象、现实环境等的感知、认识与理解。另外，田野调查的开展依赖于研究者个人的感官与思维能力，但人的感知存在有限性与选择性的特征，思维方式与能力也存在差异性。这导致研究的开展较难避免研究者本位的影响，从而使调查结果具有较强的主观性，且研究者参与程度越高，研究时间越长、研究投入越大，研究结果的主观成分也会越高。

（2）工作量大。

田野调查的范围较大，且内容涉及各类现象与行为。同时，调查中获得的资料类似于开放性问卷中的回答，往往是定性的描述或琐碎的记录，缺乏系统性，因而不易进行分类与编码，这导致通过记录得到的大量资料往往较难整理与分析，给研究者带来较大的工作量。同时，进行田野调查本身也需要花费较多的时间、精力与经费。综上而言，在使用田野调查开展研究时，研究者需要对大量、庞杂的资料进行整理分析，从中提炼出有效信息，并通过理解与推断得出正确结论，这要求研究者具有较强的研究能力和较高的研究素质。

（3）影响因素多。

从以上局限可知，在进行田野调查时影响因素较多。首先，社会发展过程受到大量偶然因素的影响，很少会出现完全相同的社会现象，难以显示出严格的规律性，因此，只有通过多次、详细与全面的调查研究，才能得出较为可靠的资料。其次，在调查研究的开展过程中，不可避免地会受到研究者本人的价值观、情感因素与知识结构等的影响，从而导致研究带有一定程度的主观性。最后，研究者在场这一特质会在一定程度上影响研究对象的行为与情感，导致一定的信息偏差。

当然，田野调查的优势与局限并非绝对。随着社会科学的发展、研究手段与技术的进步，研究者致力于减弱其局限的约束，发扬其优势，从而使其更好地服务于调查研究。

二、田野调查的一般过程与方法

（一）选择"实地"

选择"实地"即选择田野调查的目标，包括确定课题、选择具体方法、确定调查实地三个方面。

首先，研究课题的选择受到研究者自身与客观条件两方面的影响。一方面，研究者的研究能力、学术兴趣、学术素养等对课题的确定有着决定性的影响。另一方面，客观条件的制约也是影响课题确定的重要因素，包括文献资料、研究经费、社会环境等，其中争取到足够的科研经费是确定研究课题的重要客观条件。

其次，在具体方法的选择上，田野调查特别适用于研究自然情境下的态度、行为、现象等课题，为了得到全面可靠的信息，常常是多种研究方法并用，既做大规模的调查问卷、文献研究等，又在少数个案上进行观察、访谈等。

最后，在"实地"的选择上，要遵循相关性与方便性两个原则。所谓相关性，是指要尽量选择与研究课题密切相关的现场；而方便性则是指在符合相关性的前提下，现场要易于进入与观察，方便调查研究的实际开展。

（二）进入现场

顺利进入现场是田野调查取得成功的关键步骤。根据研究对象本身不同的特点，进入现场的方式也存在一定差别。比如，有些课题需要研究者以成员的方式完全参与其中，有些情况需要研究者保持客观冷静的旁观者立场；有时研究者需表明身份、阐明调查目的，有时则需要隐藏身份以开展特殊的调查。

在需要成为研究对象群体的一员时，研究者往往通过采取某种程序或仪式、"局内人"推荐、"关键人物"帮助等方式实现目的。而在需要表明身份的情况下，进入现场就需要通过正式的组织途径，如与研究对象的领导、其所生活的社区的"熟人"等进行接洽，从而征得研究对象的同意，最终以研究者的身份进行直接而正式的观察与访谈，必要时向管理部门出示证明文件以争取同意。此外，在进入现场后，应设法消除当地群众的戒备心理，从而更好地获取信任、配合与帮助。

（三）抽样

在进入现场后，为了使选择的研究对象更加具有代表性，有时还需要对其进行抽样，选取一个或几个样本进行观察或访谈。在田野调查中，较常使用的抽样方法为定额抽样、滚雪球抽样和特异个案。

首先，如果研究对象已有明确合理的分类，则可使用定额抽样的方法选取不同类型的成员，从而使得研究结果更加具有全面性、客观性与层次性。

其次，如若研究者想要了解一个组织或团体的研究对象的信息，则可进行滚雪球抽样，通过问询、引荐等方式，不断深入目标组织或团体，获得充足的目标样本。

最后，特异个案的重要性也不容忽视。对于脱离正常模式的个案的研究，可以加深对人们态度及行为的正常模式的理解，在不同的角度得到更加新颖的内容，从而使得研究结果更具全面性、客观性与真实性。

（四）收集资料

在田野调查的过程中，资料的收集应尽量做到客观、全面与详尽。通过文字记录、照片拍摄、录音录像等方式，对现场的人物、环境，调查的过程等信息与资料进行完整详细的记录与收集，为资料分析与报告撰写打下坚实的基础。

（五）分析资料

1. 资料的审查

原始资料可能存在虚假、遗漏、逻辑不通等情况，资料审查正是为了检验资料是否真实可靠地反映了研究对象的客观情况，减少上述问题的干扰，提升资料的信度与效度。具体方法有根据已有经验与常识进行判断、利用多人的记录相互印证、核查资料的内在逻辑以及比较资料间的具体内容等。

在田野调查中，资料的收集与审查须同时持续进行，直到研究计划完成。即在完成资料收集后，需要及时对其进行分析与解释，审查其信度与效度，筛除矛盾不实的资料，按需进一步收集更多的资料。只有当资料中的主题清晰可见，研究者才能停止资料的收集工作，专注于资料的综合分析与整理。

2. 资料的编码

资料的编码是资料分析的核心工作。只有经过分类编码，繁杂的材料才能系统化、条理化，更好地为研究所用。编码的依据有场所、情境、研究对象、活动、事件、方法等，研究者在对资料进行编码时可参考使用。在选择时应遵循编码适应资料的原则，并在调整与修正的过程中使编码类别趋于稳定与合理。

3. 资料的分类整理

资料的分类整理即将已按照类别编码的资料单位组合在一起，建立分类整理资料的档案系统。分类整理的基本要求是完整性与系统化以及主题明确。前者是指资料需类别有序、层次分明，能够系统而全面地反映研究对象的特征；后者则是指使整理后的资料能够简明准确地突出问题，集中说明研究对象的实际情况。

（六）撰写报告

研究方法的特性决定了田野调查的报告撰写应特别注意详尽介绍研究方法与策略：研究场所、与研究对象的关系、资料的收集、研究者的情况以及资料的分析等。一般而言，研究报告分为导言、研究背景、研究方法与策略、研究过程、研究结论、讨论等部分。其中，导言部分需介绍研究的缘起、研究涉及的基本概念以及报告的架构；研究背景部分应对以往的研究成果进行综述，分析现有研究的空缺，表明此次研究的必要性、重要性与创新性；研究方法与策略部分应根据实际使用情况详尽阐述；研究过程部分应对研究开展与发展的全过程进行客观、全面、真实的叙说；研究结论部分应描述研究发现了什么，得出了什么样的理论与结果等；讨论部分是对研究的推广度、效度、伦理道德等进行阐释与讨论。[①]

第三节　口述史

一、口述史的基本概述

（一）口述史的概念与发展历程

口述史是具有鲜明跨学科特征的研究方法与学科领域，旨在收集、保存、解释和利用个人、团体与社群在过去事件中的声音、经历、记忆与观点。它以录音访谈与摄像记录为手段，搜集口传记忆以及具有历史意义的个人观点，其核心是能够被提取和保存的记忆，且具有能提供一般研究使用、能重新加以阐释、能接受鉴定的确认等特性。口述史访谈是指一位准备完善的访谈者向受访者提出问题，并且以录音或录影的方式记录下彼此的问与答的过程。

访谈的录音录像经过制作抄本、提炼摘要、列出索引这些程序后，储存在图书馆或档案馆，可用于研究、摘节出版、广播或录影视纪录片、博物馆展览、戏剧表演以及其他公开展示。记录、抄本、目录、图片和相关的纪录片资料也可以传送上网进行发表。需要注意的是，口述史不包括无特殊目的的随意录音、演讲录音、秘密窃听录音、个人录音日记或者其他不是经由访谈者与受访者对话而来的声音记录。[②]

不同于社会中世代流传的口碑故事，口述历史诞生于人类首次有历史记载之时。三千年前，在中国周朝便有专门的史官记载君王的言行举止——据《礼记·玉藻》记载："动则左史书之，言则右史书之。"到了汉代司马迁创作《史记》时，已经运用口述历史的方法来搜集资料。比如，在《刺客列传》中，司马迁明言道：有关荆轲刺秦王的史料来源：

---

① 林聚任、刘玉安：《社会科学研究方法》，济南：山东人民出版社 2004 年版，第 198 页。
② 唐纳德·里奇著，邱霞译：《大家来做口述历史》（第 3 版），北京：当代中国出版社 2019 年版，第 2 页。

"始公孙季功、董生与夏无且游，具知其事，为余道之如是。"

而在几个世纪以后的西方世界，又有希腊史学家修昔底德访谈伯罗奔尼撒战争的参战者，并同时提出对口述见证可信度的怀疑。到了 16 世纪，在欧洲人征服美洲期间，西班牙殖民者就依靠口述资料为土著民——从阿兹特克人到印加人——重新构建了历史。而最早的回忆记录可以追溯至 19 世纪——"哥伦比亚口述历史研究处"的一份抄本，就包括了有关 1873 年纽约市征兵流血暴动的第一手回忆。

虽然"口述历史"一词早就得到使用，但是直到 20 世纪 40 年代，它才和"访谈"结合在一起，成为一门成熟的现代学科；到了 1948 年，一位由新闻界转行的历史学者艾伦·内文斯于哥伦比亚大学建立了第一座现代口述历史档案馆，"哥伦比亚口述史历史研究处"的建立，标志着现代口述史学的诞生。此后的 1960—1966 年，美国相继建立了 90个研究口述历史的专门机构。1967 年，"口述历史协会"于美国成立，会员遍布世界各地，为口述历史学术上的交流和推进提供了平台。1980 年，该协会制定了口述历史的学术规范和评价标准，口述历史自此有了一套被学术界普遍认同的规则。此后，口述历史在加拿大、英国、法国、新加坡、日本等许多国家得到了迅速的发展，涌现出一大批口述史学家和专业研究团体。随之而来的是内容庞杂的口述历史杂志和口述历史专著，如雨后春笋般大量出版。中国香港、台湾在口述历史方面也都有所进展。1987 年，在英国牛津的一次集会上，国际口述历史协会成立，并每隔半年在世界各地举行一次集会。① 口述史作为一门学科，在人类学、社会学、民俗学等领域已经相当成熟，其理论与方法也日渐影响到文学与史学等研究领域。

中国有着悠久的口述史传统。从先秦时期官府采风到秦汉史家的史迹实考，再到民间歌谣与民俗故事的采集，均表明中国存在着悠久的民间传说与口头传说的传统。这种悠久的口述史传统，为接纳西方现代口述史奠定了深厚而坚实的基础。现代口述历史自 20 世纪 80 年代从海外介绍到中国之后，便出现了方兴未艾的良好势头。

当代中国的口述史呈现出多维度推进的发展态势，即理论探讨与口述访谈实践并行发展，历史学界与社会各界共同推动，以及口述史方法广泛应用于历史学及各专门领域。

首先是理论探讨与口述访谈实践并行发展。历史学界着重介绍西方口述史的理论方法，翻译出版了众多名著，着力进行口述史理论的研究，并在西方口述史理论指导下从事口述史访谈工作，采集口述史资料，从学理层面推进中国口述史的发展。其次是社会各领域的学者直接投入口述史料的抢救和采集工作当中，将传统的社会调查"笔录"转变为口述访谈的"口述"，使用逐渐流行的录音、录像设备对历史当事人进行口述采访，采集并

---

① 唐纳德·里奇著，邱霞译：《大家来做口述历史》（第 3 版），北京：当代中国出版社 2019 年版，第 3 页。

出版了大批以口述资料为基础的口述著作，从口述实践层面出发，推动历史学的发展。

其次是历史学界与社会各界共同推动。口述史发展的动力不仅来自学界内部，而且来自社会各界的强力推动。中国近代史、党史、国史、地方志等研究部门，政协文史委、高校历史院系及新闻出版部门，均参与到口述史的发展建设当中。加之出版社、杂志社及电视台等传播媒体的强力运作，引导着中国口述史的不断发展进步，各种冠以"口述史"名目的出版物大量出版并畅销，新闻记者、社会调查者也将通过实地调查和人物采访形成的报告，以及经过文学加工的作品，称作"口述史"，各个出版社及杂志社以发行或刊载"口述史"书刊为时尚。

最后是口述史方法广泛应用于历史学及各专门领域。口述史不仅仅是作为一门新兴分支学科而受到学界关注，而且是作为一种独特的研究与书写方法受到社会各界的青睐。作为一种自下而上看历史、讲述老百姓故事的独特方法，它不仅被普遍运用到历史学研究和书写领域，而且广泛应用到人类学、社会学、新闻学、传播学、教育学、心理学、民俗学、医学等领域。史学家可以将其作为收集整理口述资料的手段加以运用，社会学家可以通过口述方式增强社区民众的共识与认同，新闻界可以通过口述访谈采集并保留历史记忆，民俗学家则可以通过田野访谈的方式进行民俗调查。

口述史功能的多样性也导致了口述访谈实践的丰富性，访谈对象既可以是社会精英，也可以是底层百姓；访谈内容既可以是战争、革命、饥荒、灾难等军国大事，也可以是民众的衣食住行、婚丧嫁娶、休闲娱乐、宗教信仰等日常生活琐事；口述史的呈现方式既可以是当事人的录音录像，也可以是根据音像整理的文本著作；口述史的开发利用既可以是学术性、公益性的，也可以是商业性、营利性的。[①]

随着信息时代的到来，口述史的重要性日益提高，记录、保存、编目、索引、检索、解释、分享与呈现口述历史的方式与内容也趋于多样化。

（二）口述史的种类

口述史作为一种通过口头传承和记录个人或群体历史的方法，是一种重要的历史研究方式，特别适用于那些没有书面记录或文献资料的历史时期和社群。口述史的兴起不仅将口述史料整理并保存下来，为历史研究提供了必备的资料，而且为民众书写自己的历史提供了现实的可能性。一般而言，口述史可以分为以下几种类型：

1. 口述历史

口述历史指的是以面对面的形式进行的访谈与交流，从个人或群体的口中获取历史信

[①] 唐纳德·里奇著，宋平明、左玉河译：《牛津口述史手册》，北京：人民出版社 2016 年版，第 2 页。

息和经验的口述史方法。在口述历史的过程中，研究者会与受访者进行深入的对话，记录下他们的回忆、见证与故事。通常情况下，这种方法多用于研究战争、迁徙、社会运动等重大历史事件。

2. 口述传统

口述传统是指通过口述的方式呈现代代相传的历史与文化知识。它包括民间故事、神话传说、歌谣、谚语等口头表达形式。口头传统在没有文字记录的社会中起到了重要的历史传承与文化保护的作用，是口述史不可或缺的一个种类。

3. 口述文学

口述文学指的是通过口述方式创作和传承的文学作品。它包括口头诗歌、口述小说、口头戏剧等。口述文学在一些文化中扮演着极其重要的角色，使当地的历史、传统与价值观得以记录与传承，对于文化发展有着重要而独特的作用。

4. 口述回忆录

口述回忆录是指个人或群体通过口述方式记录和回忆自己的经历与历史。这种方法常用于研究个人的生活经历、社会运动、战争等。口述回忆录可以提供珍贵的个人视角与亲身经历，对于理解历史事件和社会变迁具有重要的意义。

口述史的研究方法通常包括面对面的访谈、录音、录像、文字记录等。研究者需要尊重和倾听被访者的经历与观点，同时注意记录和整理口述资料，确保其准确性与可靠性。口述史这一研究方法可以补充书面记录的不足，为历史研究提供了重要的补充。

（三）口述史的原则

在进行口述史研究时，研究者应遵循以下一些常用的原则与指导：

1. 尊重与倾听

在进行口述史研究时，研究者应充分尊重受访者的经历与观点，耐心地倾听他们的口述故事与回忆。通过建立良好的沟通与信任关系，让受访者感到舒适与自在，从而为其自由表达打下坚实基础。作为一种现场沟通形式的研究方法，充分的尊重与双方的平等友好交流，是研究顺利开展的重要基石。

2. 非干预性

在进行口述史研究时，研究者应尽量避免对受访者的口述故事进行干预和改变。在采访现场应尽量避免打断受访者的叙述，在后期整理时也应极力还原受访者原意，严禁曲解、篡改与捏造事实。同时，对于受访者自身的原始表达和语言风格，也应进行全面的还原式转录与保存。

在进行访谈时，应采取灵活的方法——根据受访者的生活经历、文化层次与个性特点，采访者的知识结构、专业特点与兴趣爱好——选择最合适的采访方式，以在最大程度上实现访谈过程中的非干预性。

在整理口述资料时，应始终秉持着客观理性的态度。由于口述资料是以记忆为依据的，受认识水平高低和记忆偏差的影响，难免会导致口述资料与事实有所出入。但研究者在整理资料时，切忌主观删改，应始终保持资料原貌，同时加以注释与论证。若口述资料与文字资料相抵触、难辨真伪，则应使两种观点在资料中并存，留待进一步考证。

总而言之，资料整理者不可依据自己的主观价值标准，来决定原始口述资料的取舍。对于带有时代性与地域性的口语，整理者也不可随意删除或更换词汇。保持口述资料的原始性，既是对口述者和口述资料的尊重，也是对口述者自述亲身经历及感受这一历史活动的尊重。此外，这也给日后的资料使用者留出一个可供"继续解释"的开放空间。

3. 多样性与代表性

首先，在进行口述史研究时，研究者应努力收集不同群体、不同背景的口述故事，从而获得具有多样性与代表性的信息与资料。在具体操作上，应在受访者的选取上注重行业、专业、个性等方面的多样性与代表性，在访谈提纲拟定上遵循受访者的个性，如独特的人生经历与性格特质等。研究者应时刻避免过度依赖单一来源或个人经历，以获得更加全面和多维度的研究视角。

其次，在文献资料的选取上，口述史研究并不排除历史文献资料，因为它是以广泛搜集文献资料为前提的，只有这样，才能保证资料上的多样性与代表性。口述课题的选择、访谈问题的提出、访谈对象的确定、口述过程的引导、口述材料的取舍与分析鉴别等，无一不与对文献资料的掌握程度相联系。在开展访谈之前，对文献史料以及相关情况掌握得越充分，访谈的主动权就越强，越容易与受访者沟通；对口述内容的理解也更加容易，从而实现对口述史更为准确、真实的把握。

最后，在主题的选取上，需做到普遍性与典型性并举。一般而言，可供选择的内容包括重大历史事件、重要历史人物或有重要学术意义的题材等。作为口述史学，尤其要选择那些题材重要、有学术意义但缺少资料文字的主题来进行调查研究，这也是口述史学本来意义上的任务与使命。

4. 互动与交流

在进行口述史研究时，研究者应与受访者建立互动与交流，通过对话与提问深入了解他们的经历、观点与感受。从表达方式、动作神态、现场氛围等条件上入手，力求表现研究者的真诚与专业，从而让访谈过程更加顺利与流畅。同时，研究者应多多鼓励受访者分享更多的细节与个人体验，以丰富研究的内容。但应时刻注意遵守非干预性原则，避免过度的互动与引导影响受访者的回忆与自发表述。互动与交流应该在特定时间，如受访者陷入记忆缺失或感到气氛尴尬而不愿继续讲述时，研究者应给予受访者肯定与支持，从而助力受访者继续讲述。

5. 保密与隐私

在进行口述史研究时，研究者应遵守保密性原则，对受访者敏感的个人信息与故事进行保密与隐私化处理。为了得到受访者的配合，以及不辜负受访者的信任，研究者应确保受访者的权益与隐私不受侵犯，这是研究者应极力遵守的原则。同时，也应时刻遵循研究伦理的准则。只有做好了受访者的隐私保护、遵循了一般的社会道德伦理，才能最大化地防范研究过程中可能产生的意外与风险，保障研究的顺利进行。

6. 多重证据

在进行口述史研究时，研究者应尽可能地寻找多重证据与支持。正所谓"孤证不立"，而且口述资料的采集难免受到受访者记忆混乱或缺失、情感考量等因素的影响，往往不可避免地存在缺漏与偏差，只有通过与其他文献资料、口头传统、历史记录等进行对比与印证，才能增强研究的可靠性与信服力，从而保证研究的价值与效力。

7. 反思与批判性思考

在进行口述史研究时，研究者应反思自己的身份和立场对研究的影响，避免过度影响受访者的叙述以及资料的整理编辑等。同时研究者应时刻保持批判性思考，对于受访者叙述的内容、搜集到的资料、采集到的录音录像等进行全面整理与审查，最大化减少缺漏与偏差。与此同时，研究者应客观理性地认识到口述故事的主观性与局限性，并在不改变原意的基础上，对其进行适度的解读，以便其更适于后续研究及发表出版，实现研究效果与价值的最大化。

以上原则可以帮助研究者更加有效地进行口述史研究，确保研究的科学性与伦理性。除此之外，研究者还应根据研究对象和研究场景的具体特点，灵活运用以上原则，同时结合实际情况进行调整与适应。

（四）口述史的作用

口述史作为一种记录和传承历史记忆的方式，在许多方面有着重要的作用：

1. 保留历史记忆

口述史作为一种搜集历史资料的研究方式，通过记录个人与群体的经历与回忆，帮助保留历史的真实面貌与人们的历史记忆。在研究中搜集到的口述资料、有声录音、影像录影等，可以提供独特的视角与细节，丰富人们对于历史事件的理解，促进历史的赓续绵延。而且，这些历史资料可以为日后学术分析所用。从这些原始记录中提取有关的史料，与其他历史文献进行比对，能够更为全面与细致地理解历史，更加接近具体的历史事件真相。

2. 提高历史教育的质量

口述史为历史教育提供了宝贵的资源。通过引入口述史，学生可以在学习中更加深入地了解历史事件，并与历史人物建立更为亲近的联系。这有助于激发学生对历史的兴趣、增进对历史的理解。同时，在口述史实践的过程中，学生的众多能力，诸如资料收集与分析整理、访谈提纲拟定与修改、访谈与交流互动、视频剪辑与宣发传播等，都能得到极大的提升与锻炼，对今后的学习工作大有助益。

除此之外，口述史面对的并不只是一份录音稿、一份文字材料，口述者们娓娓道来的历史才是其中最珍贵的宝物。在研究过程中，学生们得以与社会各界的名人或性格各异、各具特质的普通人接触与交流，在担当记录、讲述与传承等历史赋予的责任的同时，受到鼓舞与启发，实现学识的提升和心灵的互动，从而收获一笔难以估量的宝贵财富。

综上所述，口述史在保留历史记忆、提高历史教育质量等方面都起着重要而独特的作用。

（五）口述史的适用范围

口述史的适用范围广泛，可以应用于各个领域与层面。以下是口述史常见的适用范围：

1. 个人历史

口述史可以用来记录个人的经历、成长和生活故事。而人物的选取不仅局限于社会地位较高、较为知名的群体，也包括每一个与主题相关的普通人。个人历史的口述记录，对于了解个人的人生轨迹、思想和情感，以及提升人民在历史上的地位等有很大的帮助。

2. 社群历史

所谓社群，即彼此认同、具有共识的一个群体。这种认同感不论是基于居住地、种族或族群、宗教、组织还是基于职业而形成的。社群之间难免有所不同，某一部分群体可能很强烈地以其集体认同为荣，另一部分群体则可能需要经过说服，才会觉得自己拥有值得保存的传统，可以构成一个社群。

口述史可以用来记录社群的发展、变迁及相关重要事件。通过对社群相关群体的采访与了解，搜集社群相关资料，梳理社群发展脉络，这对于了解社群的文化、价值观与社会动态具有重要意义。

3. 口头传统和民间故事

口述史在记录口头传统、民间故事方面发挥着关键作用。通过口口相传的方式，搜集散落于民间的传统与故事，有助于保护和传承口头文化遗产，丰富相关史料记载，也有利于了解民间智慧与创造力。

4. 其他历史（战争和冲突历史、移民和流散历史、社会运动和革命历史）

口述史在记录与研究战争和冲突历史、移民和流散历史、社会运动和革命历史等方面也具有重要作用。通过记录参与者的经历与见证，口述史可以还原战争和冲突的真实面貌，了解其对个人和社会的影响；通过记录移民和流散历史，口述史可以增进人们对于移民社群的文化传承、适应过程和社会影响的了解；通过记录社会运动、革命和抗议活动的经验与见证，口述史可以助力人们更多地了解社会变革的动力、策略与影响。

总而言之，口述史适用范围较广，适用于各种历史领域，无论是个人历史、社群历史、口头传统与民间故事，还是其他的一些历史领域，都可以通过口述史的方式进行记录与传承。

（六）口述史的优势与局限

1. 口述史的优势

（1）丰富的细节与个人视角。

口述史可以提供丰富的细节和个人视角，从而丰富和完善人们对于历史事件的理解。口述资料不仅仅是对于事件、人物的记录，更是包含个人的情感、思想和亲身经历，从而使得研究所展现的历史更加生动与真实。

（2）弥补正式历史记录的不足。

一般而言，正式的历史记录多侧重于政治、军事和经济等方面的内容，从而造成了对于个人、文化、社会等方面的忽视与历史记录的缺失。而口述史因侧重点与研究方式的特质所在，可以提供更多关于社会、文化与个人生活的信息。通过口述史，人们可以了解到普通人的生活、观点与经历，从而获取更为全面的历史图景。

（3）打破历史偏见。

历史书籍和正式的历史记录常常会受到作者的主观意识和偏见的影响，而口述史则注重多样性与代表性，可以提供多个不同群体与个人的多元视角，帮助我们看到历史事件的多个方面与多种解释，从而消除或减轻历史偏见的影响。

（4）传承文化和传统。

口述史在传承文化和传统方面发挥着重要的作用。通过记录长辈的口述资料，人们可以了解到传统的价值观、习俗与故事，并将这些宝贵的文化遗产通过文字、录音、录像等资料传递给后代。

2. 口述史的局限

虽然口述史有着众多优势，但也不可避免地存在一些局限，主要表现为：

（1）主观性和记忆偏差。

口述史受到个人记忆和主观意识的影响，可能存在记忆偏差和失真等问题，而个人的情感和观点也可能影响口述史的内容和呈现方式。因此，研究者应在采访前充分搜集相关资料，在访谈过程中做到尊重、客观与耐心，并在后续的资料整理中遵循多重证据、批判性思考的原则，力求将口述者的主观性与记忆偏差造成的误差降至最低。

（2）可能存在缺失和遗漏。

口述史有赖于口述者的回忆和讲述，因此可能存在信息的缺失和遗漏，且某些事件可能被忽略，或被不同的口述者以不同方式加以描述。因此，研究者应在资料方面寻求弥补方式，并在现场访谈过程中充分尊重口述者，并适当加以提问或引导，令其口述内容尽量完整。

（3）可能受到时间和传承的限制。

口述史通常有赖于长者或老一辈人的口述，但随着时间的推移，他们的记忆和经历可能会模糊或逐渐消失。口述史的传承也可能受到文化更迭和社会变迁的影响。研究者可通过相关文献资料的提示、实物材料的展现等，帮助口述者唤起相关回忆，力求口述内容完整丰富。

（4）难以验证和核实。

口述史的真实性与准确性往往难以完全验证与核实。口述者可能存在记忆错误或夸大事实的情况，因此研究者应遵循多重证据、批判性思考的原则，与其他史料和证据进行比对与分析。

二、口述史的一般过程与方法

（一）确定研究目标与主题

由于研究目标与主题的不同，口述史访谈的提纲拟定和受访者选择也必然不同。所以，进行口述史研究的首要工作就是确定研究目标与主题，要明确目标记录的历史事件、个人经历或社群故事，以及所关注的特定方面。

首先，研究者需要决定资料类型及目标。口述历史应当收集其他地方无法提供的资料、观察报告与意见等，而非收集那些尽人皆知的内容。口述史计划的目的通常是增补既有的档案资料，通过亲身或电话访谈的方式取得资料以填补文字史料的空缺。因此，口述历史计划可以记录地方报纸所忽略或语焉不详的社群历史，也可以设定为研究某些人对某些特定历史活动有怎样的贡献；或者追踪某类活动对个体和社群所产生的冲击。

与此同时，研究者在计划时还应构思访谈时长、经费与工作人员等方面的安排。例如，在筹措经费补助方面，若能得到机构单位的支持，那么办公空间、设备以及薪资与旅费等问题或部分问题便迎刃而解。当需要自筹经费时，可以寻求义工团体的接待，或提供资源展售、义卖以筹募资金。当遇到无法取得直接经费补助的情况时，寻求诸如器材借用、秘书助理、印刷、影印、装订抄本等具体协助，也可以减轻一定的负担。而计划中如涉及诸如女性权利或环保政策等特殊主题时，通常能够获得相关支持者或组织的赞助，以协助研究的开展。

（二）选择口述者

在确定研究目标与主题后，研究者应以此为依据，选择适合的口述者。所选的口述者可以是直接参与或亲眼见证过相关事件的人，也可以是了解相关历史和文化的长辈或专家。而在受访者名单确定后，研究者一般会先访谈年长和较有影响力的人；较为年轻或是次要的人物则进行留置，视经济资源、访谈者人选和访谈后续处理能力再做决定。

（三）进行访谈

确定口述者后，研究者应以目标和主题为依据，做好充分的访前筹备，再与其进行访谈，记录其口述历史。访谈的开展可以采用面对面的方式，也可以通过电话、视频或书面形式进行。研究者应确保在访谈过程中给予口述者充分的尊重和倾听，鼓励其分享个人经历和观点。

在访谈地点的选择上，一方面要遵循受访者的意愿，另一方面应尽量选取安静、无干扰的环境，设法避开干扰受访者的日常事务。如受访者来到访谈者的工作场所接受访谈，则方便掌控各类设备；而访谈若是在受访者选定的场所进行，则需预留足够的时间布置器材设备，并随身携带备用电池或电源延长线、备用录音录像器材等，以备不时之需。

在这一环节，需要用到的方法有访谈法、录音录像法、书写记录法、社区参与合作法等。访谈法是最常见的口述史方法之一。研究者通过与口述者进行面对面的交流与访谈，记录其口述历史。访谈的形式需要灵活调整：根据不同的问题和对话方式，可以采用结构化、半结构化或开放式等形式。录音录像法是使用录音设备或录像设备记录口述者的讲述，这种方法可以准确地保留口述者的语言和表达方式，同时也方便后续的整理和分析。书写记录法是通过笔记本、电脑或其他工具，书写和记录口述者的口述历史，可以灵活地记录口述者的回忆和故事，也便于后续的整理编辑。社区参与合作法是通过与社区成员合作，共同参与口述史的收集与整理，该方法的运用可以促进社区的参与和认同，同时也可以获得更多的口述资料和视角。

（四）记录和整理资料

在访谈过程和完成访谈后，研究者应将口述内容进行记录和整理。研究者可以使用录音设备、摄像机或笔记本等工具进行音频、影像以及文字等资料的采集与记录。同时，研究者应整理与整合其他相关的文献、照片、地图等资料，以补充和丰富口述史的内容。

（五）验证与核实

在完成口述资料的记录与整理后，研究者还需遵循多重证据的原则，对资料进行验证与核实。通过与其他文献史料、证据和相关专著进行比对和分析，研究者需确保口述史的准确性和可靠性；同时，应注意识别可能存在的记忆偏差与失真等问题。

（六）整理与编辑

在完成口述资料的验证与核实后，研究者应再次对其进行整理并编辑。研究者应将收集、整理、核验后的资料整理编辑成一份结构清晰、连贯有序的口述史文本，其编排可以按照时间顺序或主题进行组织，且应注意保留口述者的个人风格和表达方式。

（七）保存与传承

口述史这一方法的最后一步是保存与传承，研究者可以将口述史文本归档存储，或通过出版、展览、教育活动等方式分享和传播口述史的内容。

在这一环节，需要用到的方法有多媒体展示法、口述史工作坊和培训法等。多媒体展示法指的是利用多媒体技术，将口述历史以图像、音频、视频等形式呈现。通过展览、电影、纪录片等方式，将口述史的内容传达给更广泛的受众。口述史工作坊和培训法是指组织口述史工作坊或其他方式进行培训，培养研究者口述史的收集、整理和传承等能力。该方法通过培训口述者和研究人员，提高口述史项目的质量和效果。

需要注意的是，口述史的一般过程与采用的方法可能因为研究目标与主题的不同而有所差异。如"进行访谈"环节，有时应辅以问卷调查法——通过书面形式或电子调查表的方式，向口述者收集大量口述资料，以获取广泛的参与和多样化的回答。在进行口述史项目时，应根据具体情况灵活调整和运用相应方法。同时，应尊重口述者的意愿与隐私，确保在合适的情况下取得口述者的同意与授权。

第四节　民族志

一、民族志的基本概述

（一）民族志的基本概念

民族志是一门研究人类社会和文化的学科，是人类学的一种研究方法与写作文本，是基于实地调查、建立在第一手观察和参与的关于文化的描述，并主张以此来揭示和理解社会现象、提出相关理论与见解。民族志研究关注不同民族、社群和文化群体的生活方式、价值观、社会组织以及他们与环境的互动。其目标是通过深入的田野调查和研究，了解和描述特定社群的文化特征和社会现象。

民族志的研究通常包括田野调查、文化描述、社会结构和组织、变迁和适应几个方面。首先，田野调查指的是民族志研究者会亲自进入研究对象所在的社群，与当地人建立联系，观察和参与他们的日常生活，并进行深入访谈和记录。其次，文化描述是指民族志研究者会详细描述研究对象的文化特征，包括宗教信仰、价值观念、社会习俗、语言语系、艺术形式等，以便更好地理解和解释他们的行为和思维方式。再次，社会结构和组织指的是民族志研究者会研究社群的社会结构和组织形式，包括家庭结构、政治组织、经济活动、社会等级等，并以此来揭示社群内部的关系和权力结构。最后，变迁和适应是指民族志研究者关注社群的变迁和适应过程，研究他们在现代化、全球化等背景下的文化变迁和社会变革。

民族志的研究方法与理论框架丰富多样，包括参与观察、访谈、文献研究、视觉人类学等。通过深入的田野调查和理论分析，民族志研究为人们提供了对不同文化和社会群体的深入了解，有助于促进跨文化的理解和对多样性的尊重。

（二）民族志的种类

民族志可以根据其研究对象、研究方法和研究目的等的不同进行分类，以下是一些常见的类别：

1. 社会民族志

社会民族志指的是关注社会群体的行为、社会关系、社会结构和组织等方面的民族志研究。它着重于对社会交往、社会身份、社会规范以及社会变迁等社会现象进行描述与分析，通过研究的开展以及结果的呈现与传播，为人们展现一个清晰、系统的社会图景。

2. 文化民族志

文化民族志是关注社群的文化特征、价值观念、符号系统、艺术形式等方面内容的民族志研究。它致力于揭示社群的文化认知、意义制造、象征交流和文化变迁等文化现象，研究结果的获取为人们认知、了解相关文化提供助力。

3. 心理民族志

心理民族志关注个体在特定社群中的心理过程、认知结构、情感体验和行为模式等方面的内容。它致力于探索社会环境对个体心理的影响，以及个体对社会环境的感知与理解。这类研究可以帮助人们更深入地理解自身与社会的关系，做出更为科学合理的价值认知与行为选择。

4. 经济民族志

经济民族志指的是关注社群的经济活动、生产方式、交换网络和经济组织等方面内容的民族志研究。它研究社群的经济行为、资源分配、劳动关系和经济变迁等经济现象。经济民族志研究的开展，能够为人们更好地理解经济运行提供帮助。

5. 性别民族志

性别民族志是关注社群中性别角色、性别关系、性别认同和性别权力等方面内容的民族志研究。它研究社会群体中性别的社会建构、性别差异的表达和性别关系的演变等性别现象，促进性别科学的发展进步，助力性别平等的长足发展。

6. 医学民族志

医学民族志是指关注社群的医疗行为、健康观念、疾病经验和医疗制度等方面内容的民族志研究。它研究社会群体的医疗信仰、医疗实践、疾病解释和医疗决策等医学现象，帮助人们树立科学的健康观念。

（三）民族志的原则

民族志研究要遵循一定的基本原则，遵循这些原则是确保研究科学性、伦理性与准确性的前提。以下是一些基本的民族志研究原则：

1. 田野调查原则

民族志研究强调通过实地田野调查来获取真实、详尽的信息和资料。研究者需要通过实地考察、交互访谈和参与观察等方式，收集数据和分析现象，以深入了解人类活动、社会组织、文化传统等相关问题。

2. 参与观察原则

民族志研究者应尽可能地参与和观察社群的各种活动，以获得全面的信息。同时，在开展研究的过程中，研究者应尊重当地人的生活方式和价值观，尽可能避免对社群产生干扰或改变，在平等、尊重的基础上获取最真实自然的社群信息与资料。

3. 亲身经历原则

民族志研究者应尽可能亲身经历研究对象的生活，以便通过他们的视角更深切地共情他们的体验。研究者可采取参与仪式、活动等方式，更好地融入社群生活与日常仪式、行为当中，以获得更深入的观察。

4. 尊重和保护原则

民族志研究者应尊重研究对象的权益与隐私，在开展研究时确保获得他们的知情同意，并保护他们的身份和敏感信息，必要时需获取知情同意书等书面证明，以避免后续纠纷的发生。在研究过程中，研究者应遵循道德伦理准则，尽可能减少对社群的干扰和负面影响。

5. 文化相对主义原则

民族志研究强调文化相对主义的观点，即不将自己的文化价值观强加于研究对象身上。在开展研究的过程中，研究者应尊重和理解不同文化的多样性，避免出现主观性的价值判断和偏见，在充分尊重和理解研究对象的文化认知的基础上，开展客观、科学的调查研究。

6. 反思和透明原则

民族志研究者应对自己的研究立场和影响进行反思，避免因主观性导致的研究误差，并在研究报告中透明地呈现自己的研究方法和过程。研究者严格遵守反思和透明原则有助于读者理解研究的可信度和局限性。

以上原则是民族志研究的基本指导原则，研究者在实践中应时刻牢记、严格遵守这些原则，以确保研究的质量与可靠性。同时，研究者应尊重研究对象的权益性和文化多样性，在包容、理解、平等的基础上开展研究。

（四）民族志的作用

民族志在社会科学领域中具有重要作用，它对人类社会和文化的理解与研究做出了重要贡献，其主要作用大致如下：

1. 文化理解

民族志通过深入研究和描述不同社群的文化特征、价值观念、传统习俗、艺术形式等特质，帮助人们更好地理解和欣赏各种文化的多样性与独特性。民族志研究的开展有助于消除文化偏见与误解，促进跨文化的理解与交流。

2. 社会描述

民族志研究揭示了不同社群的社会组织、社会关系和社会结构等方面的信息与现状。

它帮助人们了解社群内部的权力结构、社会交往方式、社会规范和社会变迁等，有助于对社会现象进行深入分析与解释。

3．跨学科研究

民族志研究的开展涉及多个学科领域，如人类学、社会学、心理学、历史学等。它促进了不同学科之间的交流与合作，丰富了学科研究的多样性与综合性，为学科的多样化发展与综合性成长提供了有效平台。

4．政策制定与发展

民族志研究为大众深入了解社群提供了便利，为政策制定者和发展规划者提供了重要的参考。它帮助相关工作人员更好地了解社群的需求、问题和资源情况，以便制定更为有效、可行的政策和发展计划。

5．社会变革和发展

民族志研究关注社群的变迁和适应过程，致力于研究他们在现代化、全球化等背景下的文化变迁与社会变革，这有助于人们理解社会变革的动力与影响，为社会发展提供一定的启示与借鉴。

（五）民族志的适用范围

民族志的适用范围非常广泛，几乎可以应用于任何研究人类社会和文化的领域。除了前文已经提及的，即起到文化理解作用的文化研究、起到社会描述作用的社会研究，以及帮助政策制定的发展研究外，民族志还在以下领域广泛适用：

1．人类学研究

民族志是人类学的核心研究方法之一，它适用于研究不同社群的生活方式、文化认知、社会行为和人类适应能力等。民族志研究的开展有助于对人类的起源、发展和多样性进行深入探讨，提升人们的相关认知。

2．教育研究

民族志适用于研究不同文化和社群的教育系统、教育观念、教育实践和教育政策等方面的内容。民族志研究的开展有助于了解教育的文化差异、教育制度的适应性和教育政策的多样性。

3．医学研究

民族志适用于研究社群的医疗行为、健康观念、疾病经验和医疗制度等方面的内容。民族志研究的开展，有助于人们了解不同文化对于健康和疾病的认知及其应对方式，从而为跨文化医疗提供指导和建议。

以上只是民族志适用范围的一部分示例。实际上，民族志可以应用于各种人类社会和文化的研究领域，是能够为人们提供深入了解和理解人类社会与文化多样性的有力工具。

（六）民族志的优势与局限

民族志是一门研究人类社会和文化多样性的学科，它关注不同民族和文化群体的特征、习俗、价值观和历史背景。

1. 民族志的优势

（1）促进文化多样性的理解。

民族志研究帮助人们了解不同民族和文化群体的独特性，促进对文化多样性的尊重和理解。民族志研究的开展有助于打破偏见和刻板印象，助力各文化达到互相尊重、平等交流的境界，促进不同文化之间的交流与合作。

（2）保护和传承文化遗产。

民族志研究有助于记录和保护濒临消失的文化传统与相关知识。通过深入的研究与记录，人们得以保存和传承这些宝贵的文化遗产，防止它们在现代化进程中被遗忘或淡化，帮助人们履行好历史赋予的责任与义务。

（3）拓宽学术领域。

民族志研究为学术界提供了一个广阔的研究领域。它涉及人类社会的方方面面，包括社会结构、经济活动、宗教信仰、艺术表达等。这极大地助力了学者们开展相关研究，为他们提供了丰富的研究素材和深入探索的机会。

2. 民族志的局限

虽然民族志有着众多优势，但也不可避免地存在一些局限，主要表现为以下几方面：

（1）主观性和局限性。

民族志研究往往依赖于研究者的观察与解释，因此不可避免地存在着主观性的问题。除此之外，由于研究者的个人局限性及相关经验的影响，研究结果可能不具有普遍性与代表性。这就需要研究者尽可能地参考多类资料、与其他专家学者展开交流沟通，最大限度地削减研究结果的主观性，并尽力消解因个人经验与局限性带来的一系列问题。

（2）伦理问题。

在进行民族志研究时，研究者需要与被研究群体进行交流互动与亲密接触。这就难免会涉及一定的伦理问题，如尊重隐私、保护研究对象的权益等。因此，研究者需要遵循伦理道德准则，尽可能确保研究的开展及后续工作的进行，并保证其不会对被研究群体造成伤害。

（3）文化侵害风险。

民族志研究可能面临文化侵害的风险。这是指在研究过程中，研究者需要尊重被研究群体的文化价值观与传统习俗等，避免出现歧视、扭曲或剥夺等不当行为。为规避上述风险，研究者应采取适当的方法与策略，确保研究过程不会对被研究群体造成伤害或引起不适。

二、民族志的一般过程与方法

民族志既是一种研究方法，也是一种文化展示的过程与结果，其一般过程主要包含以下几个步骤：

（一）研究设计

在研究设计阶段，研究者需要确定研究目的与主题，并以此为根据制订详尽可行的研究计划。研究计划的内容应包括研究对象、研究范围、时间框架、人员安排、经费规划等。研究设计是整项研究开展的首要步骤，起着提纲挈领的作用，研究者需要进行详尽、全面的考虑，并准备好一定的应急预案。

（二）田野调查

田野调查指的是进行实地调查与观察。在该步骤中，研究者会与被研究群体进行交流互动，在此过程中收集数据和信息。该步骤可能用到参与观察、访谈以及问卷调查等方法。

首先，参与观察指的是研究者通过亲身参与到被研究群体的生活生产当中，观察和记录他们的行为习惯、地方习俗、文化传统、价值观念等。其次，访谈是指研究者与被研究群体进行面对面的访谈，包括有助于维持互信关系的闲话家常、提供当下活动的知识以及长时间的正式访谈等。研究者通过访谈的方式了解被研究群体的经验、观点和信仰等，访谈的开展一般可以采用半结构化或非结构化的形式，以便让受访者更加自然地畅所欲言。最后，问卷调查指的是通过书面形式或电子调查表的方式，向被研究群体收集大量的资料，以获取广泛的参与和多样化的回答。

（三）数据收集与分析

数据收集与分析指的是在完成田野调查之后，对收集到的数据进行整理与分析。在此阶段，研究者会对收集到的信息进行分类、整理和编码，并采用适当的分析方法对其进行分析，以便后续研究与交流。常用的分析方法有比较分析、内容分析、统计分析等。

首先，比较分析指的是把客观事物进行相互比较，以便于认识事物的本质和规律，并做出正确的评价。其次，内容分析指通过考察人们所创作的文章、书籍、日记、信件、影片、歌曲等，了解人们的行为、态度与特征，进而了解和说明社会结构和文化变迁。内容分析可划分为计词法、概念组分析、语义强度分析等类型，其研究程序由抽样与编录两部分组成。最后，统计分析是指研究者可以采用统计的方法对收集到的数据进行解读与分析，以揭示群体之间的差异、关联与趋势等。

（四）理论建构与解释

理论建构与解释指的是在数据分析的基础上，研究者会尝试建构理论框架，借此解释和理解所观察到的现象和模式。该步骤可能涉及比较研究、历史文献研究、文化物件研究等的综合分析。其中历史文献研究指的是研究者通过阅读和分析相关的历史文献、民间传说、口述历史等，获取关于被研究群体的背景和历史资料，为理论的建构与解释提供资料依据。文化物件研究则指研究者通过研究和分析文化物件，如艺术品、工艺品、建筑物等，来了解被研究群体的文化表达与特征。

（五）结果呈现与报告

结果呈现与报告是整项研究开展的最后一步。研究者可以通过撰写学术论文、出版著作、进行学术演讲、开展交流研读讲座等方式，将研究成果传播给学术界与社会大众，在展示与交流中检验研究成果、提升研究效力。

需要注意的是，各个步骤应根据研究开展的实际情况进行调整，有时需重复某些步骤。在研究过程中方法的选择和运用，取决于研究问题和研究对象的特点。因此，研究者需要根据具体的情况，熟练掌握并灵活运用相关方法，并遵循研究伦理的原则，确保研究的科学性与可靠性。

第五节　深度访谈

一、深度访谈的基本概述

（一）深度访谈的基本概念

深度访谈是社会科学研究中最古老、最常用的方法之一。它通过与受访者深入的交谈来了解某一社会群体的生活经历和生活方式，探讨特定社会现象的形成过程，并提出解决社会问题的思路和方法。[①] 表面上，深度访谈与普通的谈话具有诸多相似之处，不涉及过多复杂的技术性程序，但实际上，深度访谈并不局限于对谈，而是在对研究者的谈话、沟通和协调能力提出了更高要求的同时，更加强调访谈的方向性与目的性。它旨在通过信息交换的方式深入洞察受访者的观点、感觉、情感或经历等信息，揭示其观点背后的动机因素。

深度访谈的时间和进程由研究者全程把控和安排。一般而言，深度访谈的时间不宜过长，应控制在一小时左右，人数更多的访谈则应适当延长至一个半小时到两小时，以使每个参与者都有足够的时间发表自己的观点和看法。过长的交流时间容易使受访者感到疲劳，出现受访者注意力不集中、不耐烦等情况，反而影响访谈质量。在深度访谈中，研究者在征得受访者同意的前提下，向受访者提问对某人、某事的理解或看法，或者是他们对某一特定事件的见解或感受，来对研究问题展开深入探究。在某些情况下，研究者甚至可以将受访者的观点作为进一步询问的基础，鼓励受访者对其经验、观念、感受等进行更详细的阐述和解释，或让受访者推荐其他访谈对象和资料信息来源以用于进一步分析。访谈过程中，受访者的言语、行为等均将在知情同意的前提下被"记录在案"，继而形成用于研究的材料。

（二）深度访谈的分类

1. 个别访谈与群体访谈

根据受访者数量，深度访谈可划分为个别访谈与群体访谈。一般而言，在个别访谈中，研究者仅与一名受访者进行交流；而在群体访谈中，研究者则面向多位受访者发问。值得注意的是，群体访谈不完全等同于焦点团体访谈。在群体访谈中，研究者是主导的发问者，多位受访者均面向研究者回答；而在焦点团体访谈中，研究者虽主导访谈进程并充当提问者，但更重要的是协调与促进受访者之间的交流、讨论与互动。

2. 直接访谈与间接访谈

根据访问的进行方式，深度访谈可以划分为直接访谈与间接访谈。直接访谈即面对面访谈，间接访谈则主要包括电话访谈、网络访谈等。相对而言，直接访谈的被拒绝率低，效度好，而间接访谈则在节省时间和费用方面具有一定优势。

3. 结构性访谈、半结构性访谈与无结构性访谈

根据访谈的结构化程度，深度访谈可以划分为结构性、半结构性与无结构性三种类

---

① 孙晓娥：《深度访谈研究方法的实证论析》，《西安交通大学学报》（社会科学版）2012 年第 3 期，第 101 –106 页。

型。结构性访谈是指研究者在访谈前详细编写访谈提纲，并在访谈过程中完全按照预先设定好的问题及流程提问。在结构性访谈中，研究者便于控制访谈进程，且数据结果易于编码与量化，但受访者处于被动地位，难以深入了解其观点。与之相反，无结构性访谈事先并不形成可以依附的问题框架，而是边访谈边形成具体的问题，研究者与受访者在访谈过程中围绕主题展开自由、深度的交流。无结构性访谈灵活开放，有利于充分发挥双方的主动性，但对访谈者的专业素养、沟通与应变能力提出了更高的要求，实行起来有一定难度。

介于两者之间的半结构性访谈事先列好关键问题，形成粗略的访谈提纲，再根据访谈的实际情况灵活做出调整。半结构性访谈有一定参照，避免访谈偏离方向，但又留有追踪和变通的空间，因此已成为大多数社会研究者，尤其是新手研究者的首选。

（三）深度访谈的伦理原则

1. 知情参与原则

知情参与原则要求研究者访谈前取得受访者的口头或书面同意，以保证其自愿参与。在访谈正式开始前，研究者应明确告知受访者其有权拒绝访谈或拒绝回答任何不愿意回答的问题。此外，在条件允许的情况下，研究者应尽最大可能将其研究目的及资料收集用途告知受访者，并在研究完成后将研究成果发送给受访者，充分尊重受访者的意愿与意见。

2. 最小伤害原则

深度访谈一般不具有危险性，不会对受访者造成身体上的伤害。但当询问涉及特殊人群或敏感话题时，研究者要特别注意度的把握，避免自身的疏忽大意而对受访者造成刺激，必要时可通过转移话题、安抚受访者等方式减少访谈可能对其造成的伤害。

3. 匿名保密原则

为了最大限度地避免研究可能给受访者带来的伤害，研究者应始终秉持保密原则，随时注意不要泄露受访者隐私，并妥善做好数据管理，保证数据安全。在撰写研究成果报告时，除了必要的匿名处理，研究者还应与访谈参与者主动协商如何使用、分析与公开访谈内容，尊重受访者不愿公开某些信息的意愿。

（四）深度访谈的适用范围

1. 观点、感觉、情感或经历

受访者的观点、感觉、情感、经历等信息难以用一两句话概括，其观点、行为、动机背后的影响因素也难以一次性说清，需要受访者本人进行深入细致的描述与阐释。深度访谈通过营造开放平等的轻松氛围，鼓励受访者自由表达与交流，往往能够获得更多生动丰富的细节性信息。

2．敏感性话题或特权信息

敏感性话题，诸如个人性生活、个人健康情况、家暴问题等，多涉及受访者隐私，信息获取难度较大。在谨慎使用且考虑周全的情况下，深度访谈能够通过在交流中逐渐获取对方信任，使受访者慢慢敞开心扉，鼓励其发表自己的看法或讲述自己的经历。

特权信息一般只有特定领域的关键人物才能够有所接触。若研究者有机会接近这类受访者，且受访者本人愿意并能够提供别人所难以接触到的信息，那么深度访谈可以为其提供一个开诚布公的交流平台，这些信息也能因此得到充分利用。

（五）深度访谈的优势与局限

1．深度访谈的优势

（1）深入细致，信息量大。

在深度访谈中，研究者与受访者可以在一个相对较长的时间里直接进行交流，自由交换信息，这给予受访者充分的机会表达或扩展自身想法，研究者也常常能获得大量意料之外的信息。在访谈中，研究者还可以通过变换提问形式、追问问题答案、观察受访者所呈现出的非语言信息等方式，要求受访者进一步做出回答与阐释，这有助于更深入地揭示隐藏在表面陈述下的感受和动机因素，获得对所研究问题的深刻见解，这些都是问卷调查等研究方法所不能比拟的优势所在。

（2）弹性大，灵活性强。

在访谈过程中，研究者可以根据实际情况随时调整提问顺序与问题探寻路径，灵活调整访谈的节奏与进程，受访者也可以自由表达观点。因此，深度访谈研究弹性大，灵活性强，有利于充分调动访谈双方的主动性和创造性。

2．深度访谈的局限

（1）耗时较长，数据分析较为困难。

深度访谈的时间相对较长，数据分析也相对艰难、耗时较长，所需资源和成本较高，因此访谈规模往往受到一定限制。此外，访谈所产生的多为非标准化的应答，尤其是半结构性或无结构性的访谈，所产生的数据零散开放，编码困难，难以进行统计处理或量化分析。

（2）数据质量不稳定。

访谈中的数据展现的是受访者所说的话而非其实际所做的事情，二者之间不可避免地存在一定偏差。人们的观点和对经历的阐述不能自动成为事实，这就使研究很难达到客观中立。此外，研究者本人的身份、年龄、性别、态度等特征也会影响到受访者表露信息的意愿及其实际回答，在某些情况下，受访者可能会因研究者的某些特征或行为而产生防备心理，或是提供他们认为研究者所期待的答案，这些都会直接影响到数据的完整性与真实性。

二、深度访谈的一般过程与方法

（一）计划与准备

1. 明确研究目的

明确研究目的的重要性在于它可以提供清晰的研究方向，且无论是访谈的前期准备、实施访谈的过程还是后续数据的分析，全部受到研究目的的指引并为其服务。

2. 选择受访者

深度访谈所涉及的样本数量有限，随机抽样的方式无法满足其对受访者质量的要求。因此，深度访谈多通过目的性抽样的方式来选择，即之所以选择某些受访者，是因为他们有一定的代表性，其某一方面或某几方面的特征符合研究的主题，能够提供研究所需的特定信息。此外，深度访谈还常在目的性抽样的基础上运用异质性抽样，以最大限度地反映研究对象的差异，或是采用滚雪球式抽样，即请求受访者推荐符合条件的访谈对象，以对某些研究问题展开进一步追踪。

3. 设计提问流程

提问与回答是深度访谈的核心步骤。大多数情况下，研究者会采用半结构性的访谈模式，即在访谈前对可能出现的话题及议程安排做必要准备，以尽量规避访谈中可能出现的偏题、无措与冒失等情况。

在深度访谈中，好的问题应当清晰简短、开放但含义单一，避免因冗长繁复、释义不清而使受访者迷惑不解，造成无效问答。提问过程中，每个问题应当有明确的目的，遵循从一般过渡到特殊、先无提示再有提示的原则进行排序和提问。在准备阶段，研究者还应初步预估回答问题所需要的大致时间，必要时可提前试练问答，或寻求专业人士的帮助和反馈，以检验问题的有效性。

4. 其他相关安排与准备

访谈前，研究者需提前与受访者取得联系，协调好访谈时间，并告知访谈地点及相关注意事项。研究者应将访谈安排在私密、安静、整洁、舒适的空间，尽量就近安排，并于访谈前调试好录音（或录像）设备，以最大限度地规避外界因素可能对访谈质量造成的不利影响。在一些研究情形下，研究者需在实施访谈前获得相关授权，如受访者为未成年人、老年人、无民事行为能力人或限制民事行为能力人等，需征得其监护人的许可，才能开展研究。

（二）实施访谈

一般来说，深度访谈不必拘泥于具体的框架或流程，研究者可根据具体的实际情况灵活调整访谈计划、变换更改访谈问题，以便充分发挥访谈双方的主动性和创造性。但是，对于大多数研究者，尤其是新手研究者而言，为了尽可能优质地完成访谈，收集所需信息、了解与遵循基本的访谈程序是十分必要的。

1. 介绍与导入

闲聊有助于让参与者放松。一开始，可以通过互相打招呼、各自做一些介绍等方式适当暖场，营造一个相对轻松的氛围，以逐渐获取受访者的信任。在正式访谈前，研究者还应再次明确受访者是否同意录音，并再次向受访者表明访谈过程会全部保密。若访谈不止一位受访者，研究者也需再次向受访者强调对彼此言论保密的重要性。这一阶段，研究者可向受访者简要介绍访谈主题、程序及规则，与受访者进行一些简单的交流，营造温暖友好的访谈环境，为后面的访谈定下良好的基调。在此阶段，不必强求能否获得有用的信息。

2. 访谈过程与访谈策略

（1）访谈过程。

提问与回答是实施深度访谈的核心步骤。一般而言，根据不同的提问目的，可以将问题大致划分为导入型问题、过渡型问题、关键型问题与结束型问题，不同类型的问题在访谈的不同阶段发挥各自的作用，并非所有的问题都应得到同等程度的关注。其中，关键型问题与研究主题的相关性最高，是深度访谈的核心部分，需要研究者重点对待。

导入型问题对访谈而言至关重要。研究者通常最先使用导入型问题来开始访谈，通过此类问题对研究主题做初步介绍，引导受访者对与主题相关的话题进行思考，鼓励受访者自由表达观点。此外，研究者还可以从受访者熟悉的领域切入，泛泛地询问一些与主题相关的易于回答的问题，例如要求受访者回忆相关经历或描述相关行为，用于帮助研究者初步获取受访者的背景经历等信息与线索。

过渡型问题可以帮助研究者从导入型问题逐渐过渡到关键型问题，能够构建起二者之间的逻辑联系。通过导入型问题，访谈已粗浅地涉及了研究主题，而在过渡型问题中，问题则从泛泛而谈变得更为细化，问题与主题之间的相关性也变得更强。通过这些问题，研究者得以进一步了解与明晰受访者的相关观点，为顺利获取关键型问题的信息奠定基础。导入型问题与过渡型问题所需时间均较短，每个问题仅需分配几分钟，以给关键型问题预留出足够的交流时间。

关键型问题是访谈的核心，通常在访谈进行到三分之一或二分之一时提出。与前两种问题类型不同，每个关键型问题的交流时间可能多达 10～20 分钟，需要研究者与受访者展开深入详细的探讨，以充分获得所需信息。对于研究者而言，明确知道哪些问题为关键型问题是非常重要的。这类问题相对于前两者而言更加聚焦于特定主题，问题也更加明确具体。此外，在实施访谈时，研究者需有意识地识别受访者的陈述要点及其背后的潜在逻辑，观察其所呈现的非语言因素，以全面细致地理解与解释受访者的观点。

结束型问题用于总结访谈内容与引导访谈结束。在小结阶段，研究者可以提出一些与主题相关的纵观全局的问题，引导受访者进行全面思考；研究者也可以对已经讨论的话题进行总结，并询问受访者是否有遗漏、是否还有想要表达的内容等，也可以针对本次访谈的实施情况询问其相关建议。

特别值得注意的是，访谈过程中，研究者应时刻做好现场记录，用以补充访谈录音可能漏掉的信息。此外，研究者还应对访谈氛围等情境性因素、受访者的语调语气及其所呈现出的非语言信息等进行记录，这些信息后续能够有效地辅助数据的整理与分析，提高数据的真实性与准确性。

（2）访谈策略。

研究者作为推进访谈的主导力量，很大程度上影响着访谈的实施与实际效果。提前掌握一些访谈策略，预设可能出现的问题并做好相关准备，无疑能够大大提高访谈的成功率。

①保持客观中立，不做判断。

上文已经谈到，研究者自身的身份、特征、态度等都会影响到受访者的表达意愿及实际回答。为了尽可能保证受访者所提供内容的真实性，研究者在整个过程中应保持客观中立的立场，将个人喜恶及价值观悬置，避免显露认同、厌恶、惊讶等情绪，不随意评判受访者的回答。此外，在访谈过程中，研究者应谨慎举例，避免体现个人态度或限制受访者思维。

②使用开放性问题。

在深度访谈中，为了最大限度获取我们所需的信息，研究者主要使用开放性问题来进行提问。开放性问题允许受访者自主决定回答的方向，自由表达观点，有利于揭示其内心世界，获得更多真实的想法和感受，拓展信息层次与信息深度。

但是，这并不意味着访谈全部由开放性问题构成。有时，封闭式或半封闭式问题在深度访谈中也能够发挥其价值。这类问题的答案通常更集中、更确切，可以帮助受访者在一些选项中做出选择，或当交流偏离主题时帮助受访者明晰问题的边界等。

③允许沉默并善于给出提示。

沉默是访谈进行中可能出现的一个正常现象。但由于部分研究者欠缺经验，害怕尴尬或担心浪费访谈时间，会直接催促受访者或立刻转换下一个话题，这反而会对访谈造成不利影响。研究者需学会忍受沉默，观察与分辨沉默原因，耐心等待受访者整理思绪、做出回答。如果沉默时间过长，也可以适当给出一些提示或选择，帮助受访者打开思路，鼓励受访者自由表达。

④善于追问与核对。

在访谈中，有时研究者可能会想要深挖某一话题，或希望受访者对其回答的某一方面做出进一步阐释，这时就需要研究者适当追问以获得更详细的回答。值得注意的是，访谈不是审问，研究者在追问时应有意避免强势的语气或态度，以免使受访者感到压力或不悦。

在交流中，研究者也可以对受访者的观点进行归纳总结并询问是否准确，及时纠正有误之处，避免理解误差，以保证信息的准确性。

3. 完成访谈

研究者在访谈过程中应当时刻注意把控时间，在规定时间内完成访谈，并确保关键议题已被有效涵盖和讨论。当访谈中大部分议题已经得到比较充分的讨论时，访谈就可以在研究者的安排下有序结束了。访谈完成后，研究者可以鼓励受访者对访谈进行评价，询问是否有可以改进的地方，并向受访者表达感谢。

（三）分析与呈现

1. 访谈数据的整理与检验

访谈数据包括研究者的现场记录、访谈录音等。访谈结束后，研究者应尽快整理访谈数据，避免因记忆模糊而带来的偏差。

在访谈过程中，受访者并非都能够做到语言表达完整与逻辑通顺。因此，整理访谈数据并不意味着逐字逐句对访谈内容进行转述与记录，而是在不损害原意的情况下，将受访者的回答转录为语句通顺的书面文字，并从结构上对其进行重新编排，以用于后续的编码和分析。在分析整理的过程中，由于转录后的文本一般只有文字，而没有对访谈情境、受访者语调语气及动作、姿态等非语言信息的展示，因此会不可避免地丢失一些数据的意义，需根据现场记录对这些内容予以补充。

在检验数据方面，如果收集到的是事实性数据，研究者可以通过其他信息来源检验访谈数据；如果是关于受访者自身观念、情感、经历等信息，除了根据研究者自身在访谈过程中对受访者的观察来对数据的真实性做出判断之外，如果条件允许，研究者可将整理好的转录文本连同录音返还给受访者，由他们来初步检验数据记录是否准确。这样做的好处既在于能够确保研究者正确理解与阐释受访者的观点，也可以让受访者确认这是他们真正想表达的内容，而非一时冲动或迫于群体压力。

2. 访谈数据的摘录与分析

许多研究者倾向于在研究报告中直接摘录受访者的语言数据，用以支持其相关观点。摘录访谈文本有助于使整个报告更鲜活、真实。但也需注意，摘录后的文本脱离了当时的情境，其内容及含义有可能会发生改变，研究者应在摘录文本时做好上下文背景的衔接与语境的详解，尽可能打消读者疑虑，避免断章取义。

访谈数据的分析应当系统有序，并经得起验证，即不同的研究人员在面对同样的数据资料要能够得出同样的结论。在分析时，研究者应时刻牢记研究目的，从研究目的与研究问题出发，形成完整的证据链。值得注意的是，完整的访谈数据分析并不意味着必须使用所有的数据或对所有的数据进行同等程度的分析，区分问题的重要程度，重点分析关键问题对于有效分析数据而言也至关重要。此外，研究者也可以巧用质性文本分析法对访谈所得出的质性数据进行编码和分析，具体如何使用这一方法将在本章的第七节详细阐述。

三、焦点团体访谈

（一）焦点团体访谈的基本概念

焦点团体访谈法由社会学家默顿于20世纪40年代首次提出，并将其应用于"二战"期间宣传效果的研究。拉扎斯菲尔德领导的哥伦比亚大学应用社会研究所曾将焦点小组方法应用于广告受众研究。焦点团体访谈是指在一个可接受的、没有威胁的环境下，为了获得对一个特定领域或关心问题的理解而详细设计的一组讨论。[①] 访谈团体一般由1位协调员和6~12位参与者组成，访谈时间基本控制在约一小时到一个半小时。当参与者人数超过12人时，则倾向于将其分为不同小组，以确保每个人都有足够的表达机会。焦点团体访谈的主要目的在于收集相关主题资料，并比较不同团体成员观点的异同，而非在讨论结束时得出某个结论或达成共识。

焦点团体访谈与深度访谈具有很强的相似性，二者的不同点主要体现在深度访谈中研究者的主导性更强，即使是群体访谈，参与者也主要面向研究者进行回答；而在焦点团体访谈中，研究者则扮演协调员与观察者的作用，鼓励参与者相互交流、展开讨论，强调群体内部的互动和意义建构。相较于深度访谈，焦点团体访谈更能够从群体中获益，有利于在短时间内收集到较多信息，若使用得当，还能够通过群体互动激发新的创意或想法。但

①　理查德·A.克鲁杰、玛丽·安妮·凯西著，林小英译：《焦点团体：应用研究实践指南》，重庆：重庆大学出版社2007年版，第3页。

是，由于焦点团体访谈的群体性突出，这不仅对研究人员的协调、统筹能力提出了更高的要求，并且可能不适用于对一些私密、敏感问题的探讨，研究者需要谨慎判断焦点团体访谈是不是合适的方法。

（二）焦点团体访谈的适用范围

1. 了解人们对某些事物的不同观念和感受

世界上没有两片相同的树叶。焦点团体访谈中的参与者虽然在某一方面具有一定的同质性，但每个人都是具有不同观念、不同感受、不同经历的独立个体，其思维方式与看待问题的角度必然有所差异。焦点团体访谈为不同的参与者营造了一个轻松交谈的氛围，参与者在此环境中实现观点的交流与碰撞，能够涌现出单独个体所不具备的更充分且更具启发性的信息。

2. 比较不同团体或不同类型的人的观念

处于社会不同位置、不同地位、不同立场的人看待同一件事的角度必然不尽相同。举例而言，公司高层管理人员与普通员工在对待薪资问题时考虑的出发点不同，其观点也有很大区别；法律工作者、医疗工作者、教育工作者因自身的知识背景不同也会对同一问题产生不同的理解。因此，研究者不仅可以比较同一焦点团体内部参与者观点的差异，也可以通过组织多次焦点团体访谈，比较不同群体或不同类型的人的观念差异，进而获得更加丰富的信息。

3. 对新领域、新事物的探索性研究

焦点团体访谈能够相对快速而广泛地获取某个特定人群对某一问题或事物的不同感受，进而为探索性研究提供一定方向。以产品开发为例，研究者可以通过焦点团体访谈了解目标消费者的需求、偏好、期望等，洞察其消费习惯，从而更加有针对性地设计与改进产品。此外，焦点团体访谈也常常用于对想法、计划或政策的预先测试，如用于对比受访者对多款广告脚本的接受与喜爱程度，通过收集反馈与改进建议，能够有效减少投放的盲目性，提高实际投放效果。

（三）焦点团体访谈的技巧与方法

由于焦点团体访谈与深度访谈在一般流程、问题设计等方面具有很强的相似性，深度访谈适用的策略在焦点团体中也同样适用，因此这里不再赘述，只针对焦点团体的特殊性，重点介绍焦点团体访谈中可能运用到的一些技巧与策略。

1. 计划与设计焦点团体

实施焦点团体访谈前首先要确定参与者。一般而言，焦点团体访谈所招募的参与者需

要具有一定的同质性，例如年龄、职业相仿或具有某些相似的经历，且这些同质性与研究主题直接相关，以形成在共享性经验下的互相刺激与意见交流。凭经验而言，针对每一种类型的参与者，研究者可以组织 3~4 个焦点团体，若访谈完成后仍需新的信息，则再进行更多的焦点团体访谈。

焦点团体有多种设计方式，可以是仅针对一类人群做多组焦点团体访谈，也可以同时或相继对几类人群做多组访谈。研究者在做针对多个人群的访谈时，不仅可以在同类别中进行对比，还可以对不同人群进行跨类别对比，进而获得比单类别访谈更加丰富的资料。此外，研究者还可以尝试划分不同层次，例如先按照不同地理区域进行初次划分，再分别纳入不同人群，这有利于得到更加丰富、细致的对比分析结果。

需要注意的是，在设计焦点团体时，应尽量避免将处于不同社会地位或拥有不同专业水准的参与者放在同一组。焦点团体访谈需要每一位参与者尽可能真实放松地表达自己的观点，但凭经验而言，当参与者之间的文化水平、职权等有所悬殊时，某些参与者可能会不好意思表达自己的看法或倾向于附和看似能力强、专业的人，反而不利于收集真实有效的信息。

2. 协调与调动参与者

群体的互动与交流是焦点团体访谈中的重要一环。群体状况是无法预知的，为了尽可能获取有效信息，研究者不仅要能够有效调动参与者参与讨论，还需要具备协调不同类型的参与者以及解决群体冲突的能力。以下几点技巧和策略也许能够有效帮助到研究者。

（1）选择合适的协调员。

在许多焦点团体访谈中，研究者直接担任了协调员的职责，但这并不意味着每一位研究者都能良好承担起协调员的工作，也不代表协调员仅能从研究者中产生。协调员是否真正尊重参与者、是否具备足够的与主题相关的知识背景、是否能进行清晰的表达和交流、是否能良好控制个人态度及观点等均会直接影响到访谈的实际效果。此外，协调员的性别、年龄、种族、语言、知识背景都会对参与者有所影响。因此，根据具体研究情况选择合适的协调员至关重要。

参与者是否觉得与协调员相处是舒服的，很大程度上影响了其表达意愿。举例而言，当焦点团体由青少年组成时，鉴于许多处于青春期的青少年并不愿意向成年人表露自己的真实感受与想法，尝试选择年龄稍长的青少年来帮助协调访谈可能会达成更好的效果；当焦点团体是国际组织时，选择能够使用目标语言流利交流的协调员也会比使用翻译人员让参与者感到更加自在和放松。

（2）针对不同性格的参与者采取不同的交流策略。

参与者的个性差异会在很大程度上影响他们的表达意愿和表达方式。在会前的闲聊时，研究者就可以观察每个人不同的性格特点，并于实际交谈时采取不同的策略。举例而言，一些自认为是专家或性格强势的健谈者喜欢侃侃而谈，乐于说服他人，研究者可以使用语言来转移参与者的注意力，如"谢谢你，其他人还想就这个问题发表意见吗？"或"其他人还有不同的观点吗？"一些参与者比较害羞拘谨，较少主动发表自己的观点，研究者可以通过多与他们进行眼神交流，鼓励他们参与交流，如果某一位参与者过于沉默，也可以以友好的态度主动点名询问他的观点。当访谈中出现群体沉默现象时，可以考虑通过点名或轮流发言的方式来回答一个特定的问题。

（3）设计活动来调动参与者。

除了语言上的交流，研究者也可以在访谈中适当引入一些其他活动，如针对具体问题，要求参与者在白纸上列举清单、画画、图片分类、闭眼想象等，随后引导参与者轮流进行展示和描述。这些活动通常触及人们的大脑或内心的不同地方，不仅能够调动参与者的积极性，促使其集中注意力，而且短暂的动笔和思考往往也能够帮助参与者理清思路，产生比直接的口头表达更加丰富、更有逻辑的信息，有时还能够激发参与者产生新的创意或灵感。这种策略相对轻松有趣，对于年轻人而言尤其有效。

3. 焦点团体访谈结果的分析

焦点团体访谈涉及多个参与者，数据庞杂，且往往需要对不同个体的观点进行对比分析，甚至一些涉及多个群体的访谈还需要跨团体进行分析，这就对研究者的数据整理与分析能力提出了更高的要求。如果研究者对原始数据的整理、归类与分析感到束手无策，可以尝试运用长桌方法来理清头绪。

长桌方法的基本流程是：研究者先通过对原始数据的阅读、比较与分析，针对其所回答的问题及答案的有效性，剔除无效数据，对有效数据逐一进行分类，并将其归类至相应问题。待归类完成后，研究者需为每个问题撰写描述性小结，并根据各个问题的小结识别与分析访谈的主题。最终，研究者围绕主题而非问题来分析与构建研究报告。若研究涉及多类别的焦点团体，则应首先按照参与者的类别或其人口统计学的筛选特征做好排序，再分别进行数据的归类、识别与分析。长桌方法将分析的过程拆解为可操作的步骤，使分析过程变得更加直观，为刚开始分析的研究者指明了方向。最初的长桌方法需要研究者对原始数据进行打印、裁剪并手动进行归类和标注，随着计算机技术的革新与发展，现今研究者早已可以借助一些文字处理软件、编码软件或专门的质性分析软件来完成先前所描述的长桌方法的任务，大大提高了数据管理与分析的效率。

值得注意的是，与量化分析不同，焦点团体的分析无须等到所有数据都收集完成后才能够开始，其分析与资料的收集可以同时进行，分析后续的焦点团体时，都可以与先前的团体数据进行比较和归类。事实上，一边做焦点团体访谈一边分析往往还能够推动资料的收集。研究者通过对前面焦点团体的分析，能够更明确在哪些问题上需要收集更多的信息，并由此调整下一个焦点团体的访问策略，以获得更多有效数据。

第六节　个案研究

一、个案研究的基本概述

（一）个案研究的基本概念

个案研究也被称为个案调查，它的源头可以追溯到 19 世纪中期法国社会学领域，法国社会学家勒普累（Frederic Le Play）对工人阶级的家庭状况进行研究，他发展出了今天我们所熟知的个案研究方法。19 世纪末 20 世纪初，芝加哥学派社会学者将个案研究作为重要工具，进一步将个案研究应用于对工业化和都市移民相关问题的探讨，主张研究者应该进入研究问题的现场领域，应用个案研究对问题进行客观和全面的理解。[①] 随后，个案研究逐渐广泛应用于社会科学研究领域。

众多学者针对"什么是个案研究"提出了诸多有益的见解，其中比较有代表性的如海伦·西蒙（Helen Simon）认为"个案研究是从多个角度对现实生活中某一特定的项目、政策、机构、方案、制度的复杂性和独特性进行的深入探索"[②]，加里·托马斯（Gary Thomas）对个案研究的定义是"个案研究是运用一个或更多的方法，从整体上对人、事件、决定、时期、项目、政策、机构或其他系统的分析"[③]，等等，这些见解均有力推动了个案研究的科学化发展。

为了更清晰地理解个案研究的内涵，本书综合考量了学者们的观点，总结了个案研究区别于其他研究方法的几大显著特征：

1. 个案研究聚焦于个别而非普遍的事例

与群体研究方法相反，个案研究并不对大量事例展开研究，而是将精力集中于深入挖掘和分析个别关键或特殊的案例上，其目的在于透过特殊现象获得有价值的、独特的见

---

① 李长吉、金丹萍：《个案研究法研究述评》，《常州工学院学报》（社会科学版）2011 年第 6 期，第 107 – 111 页。

② Simon, H. , *Case Study Research in Practice*, London：Sage，2009.

③ 加里·托马斯著，方纲译：《如何进行个案研究》（第 2 版），北京：中国人民大学出版社 2021 年版，第 28 页。

解，而非一般性的结论。

2. 个案研究并非某一种研究方法

个案研究本身不是某一种研究方法，相反，它包容不同的研究方法，允许研究者根据具体情况和情境自由选择研究方法、获得资料来源。

3. 个案研究强调深度与细节性研究

个案研究仅仅聚焦于个别事例，因此，与调查研究等研究方法相比，研究者得以有更多的时间和机会多角度深入分析特定情境下的复杂事物，并通过大量而细致的研究获得更多细节信息。

4. 个案研究注重整体性

首先，在个案研究中，"个案"必须是完整的整体且有清晰的边界。研究者需明确界定哪些属于个案内容，哪些应排除在外，否则就会和其他的社会现象混为一谈。其次，在研究策略方面，与强调变量的研究方法不同，个案研究将案例视为一个整体系统，主张从多个角度看待事物的完整性，不仅关注结果是什么，还关注这些结果为什么会出现。

（二）个案研究的分类

1. 单一个案研究与多重个案研究

根据研究案例的数量，可以将个案研究划分为单一个案研究与多重个案研究。单一个案研究是个案研究的经典形式，即研究者仅对一个个体或一项案例进行研究，一般只包含一个主题；多重个案研究则将多个个体或多项案例作为研究对象，包含多个主题，且往往将研究的重点放在对不同主题之间的比较上，因此也被称为"跨案例研究"。

2. 回顾性个案研究、快照个案研究与历时性个案研究

根据处理和使用时间的方式，可以将个案研究划分为回顾性个案研究、快照个案研究与历时性个案研究。回顾性个案研究是其中最简单的一种，其所研究的案例一般发生在过去，主张广泛收集与过去事件或情境相关的数据用以研究。快照个案研究是对此地和此刻的即时研究，时间框架界定了其研究的边界。在这类研究中，案例将被观测一段时间，可能是一个月、一周、一天甚至短到一小时。研究者不需要广泛收集过去的数据来提供背景信息，而应将研究重点集中于对这一段时间发生的事情及其关联进行考察和描述。历时性个案研究也被称为纵向个案研究，用于揭示案例随时间推移而发生的变化，观察、描述与解释差异是这类研究的重点所在。

3. 整体性个案研究与嵌套个案研究

整体性个案研究与嵌套个案研究是单一个案研究的两种变式。整体性个案研究一般仅关注某一组织或项目的整体性质，不涉及更多次级逻辑分析单位；嵌套个案研究则包含一

个水平以上的分析单位，需要对一个或多个次级分析单位进行考察。

需要注意的是，嵌套个案研究不同于多重个案研究，前者的分解是在主要分析单元中进行的，能够从更广泛的案例中获得完整性与整体性，例如在"学校"这一更大单元中分解出"班级"这一次级分析单位，而后者则是对明显不同的案例进行比较。

4. 平行个案研究与序列个案研究

平行个案研究与序列个案研究是多重个案研究的两种变式。在平行个案研究中，不同的案例往往同时发生并被比较；而在序列个案研究中，案例则是一个接一个地发生，且前一案例往往会对后一案例产生一定的影响。

（三）个案研究的原则

1. 综合性原则

个案研究的综合性原则具体体现在以下几方面：在数据收集上，个案研究提倡研究者展开全方位调研，广泛收集研究对象所需的各方面信息；在研究方法上，个案研究鼓励研究者自由选择合适的方法，综合使用文献研究法、调查法、深度访谈法等多种策略，从不同方向深入研究；在对材料的分析上，个案研究倡导研究者秉持系统思维，将个案的各部分、各因素有机统合起来，从多角度进行整体分析，发挥综合效能。

2. 灵活性原则

灵活性原则要求研究者能够灵活处理个案研究中可能出现的各种问题和变化，根据研究问题、研究对象、研究进展的具体情况灵活调整研究内容，选择或变换更为恰当的研究方法，不拘泥于某一种研究程序或研究框架，做到具体问题具体分析。

3. 伦理性原则

伦理性原则要求研究者将研究对象视为参与者，即研究的重要组成部分，而非仅仅将其作为数据提取的对象。研究者在进行研究前应先征得参与者的知情同意，并向参与者提供尽可能多的有关项目的信息，包括研究可能对参与者造成的影响或伤害，保证参与者有足够的机会自主选择参与或退出。此外，所有的研究数据都应视为机密，研究者应时刻遵循匿名性与保密性原则，保证数据安全并于分析结束后对其进行销毁。

（四）个案研究的适用范围

1. 主要问题为"怎么样"和"为什么"

与"什么人（Who）""什么事（What）""在哪里（Where）"等问题类型相比，"怎么样（How）"和"为什么（Why）"之类的问题更加富有解释性，需要研究者全面深入地追溯相互关联的各种事件，对所研究的社会现象做纵深描述，这与个案研究对整体性、复杂性和特殊性的关注不谋而合。

2. 当前发生的事件，可控程度低

个案研究是一种实证研究，研究重心在于深入探究当前发生的事情，帮助人们全面了解复杂的社会现象。由于构成个案研究基础的案例通常是一些既成事实而非人为创设的情景，其所处的社会情境不可分割，因此研究者一般无法控制或仅能低程度控制相关因素，无法像实验法那样直接精确地控制事件过程。

（五）个案研究的优势与局限

1. 个案研究的优势

（1）擅长获得事物丰富细致的图景。

个案研究仅聚焦于个别案例，研究者有更多的时间和机会通过深度调查与深入探究，分析特定情境下的复杂事物，获取丰富的细节性信息。在研究中，个案研究强调洞察关系和过程，主张对具体事实及情境进行"深挖"，提供了一个将许多不同来源的信息汇聚在一起用以支持或解释论点的机会。因此，相比仅关注结果的研究方法，个案研究更能够帮助研究者探究与阐释生动复杂的社会现实，获得事物更加丰富细致的图景。

（2）鼓励采用多种数据来源、使用多种方法。

个案研究不是某一种研究方法，而是一种研究框架。研究由时间段、地点等元素界定了具体的框架边界，但在此框架内，研究者具有高度的自由选择权，可以根据具体的研究目的与研究问题，综合利用文献研究法、问卷调查法、深度访谈法、民族志等多种方法来收集不同的信息，只要是能够帮助到研究者的信息来源和研究方法都可以被广泛利用起来，这就使个案研究能够获取比使用单一研究方法更为丰富而细致的信息。

2. 个案研究的局限

（1）不擅长推论。

个案研究的研究对象是个别事例，不仅涉及的案例数量非常有限，而且选择案例的标准主要是根据其主题是否具有独特性或关键性等特征而定，并非是否能代表总体质量。因此，研究者不能从特殊中归纳出一般性的结论，个案研究的成果无法代表更广泛的总体。

（2）研究成果推广的可靠性问题。

个案研究最容易受到质疑的一点就是其研究成果推广的可靠性问题。与问卷调查的样本所具有的"总体代表性"不同，个案研究所选取的案例不具备普遍代表性，它能否推广到其他案例，需要依赖读者自身的判断：第一，其他个案是否与该个案属于同一类型；第二，其他个案的背景变异对该个案研究的结论是否具有适用性，以及会产生何种程度的干扰和影响，[①] 不能轻易将个案研究的成果应用于其他研究。

---

① 王宁：《个案研究的代表性问题与抽样逻辑》，《甘肃社会科学》2007 年第 5 期，第 1 - 4 页。

二、个案研究的一般过程与方法

（一）准备阶段

1. 选取个案

不同的案例指向了不同的研究主题。个案的选择不是随意的，通常，研究者需根据自己所要研究的实践问题或理论问题，参考具体的现实情况，在众多可能的事件、人物、组织等之间选择合适的案例。常见的个案主题可以大致分为以下三类：

（1）典型事例。

典型性是选择个案时最常用的依据。被选择的案例与其他可能被选择的案例在一些重要的方面具有一定的相似性，体现了某一类别的现象或共性的特征。研究者通过对此类案例的深入研究，揭示一些共通的经验，其研究成果可以应用到相似的事件群体中。

（2）异常情况。

与典型事例所不同的是，一些个案被选择恰恰是因为它与典型事例形成了鲜明的对比，即在某种程度上具有特殊性。在非常规情况下，某个具体因素的影响作用往往会更加突出，研究者可以通过对极端事例的研究揭示某些常规事例所不具备的有趣现象。

（3）局部知识案例。

局部知识案例来源于研究者自身的经验或经历，研究者一般对案例较为熟悉，因观察到某些有趣或不寻常的事情，希望通过个案研究深入了解它的这些方面。这类案例因熟悉而被采用，研究者往往可以通过亲身经历或观察，获取在其他环境中难以获得的更多的一手资料。

2. 思考研究目的

研究目的明确了研究的方向，提供了关于研究内容和研究试图实现的目标的总体描述。在个案研究中，即使研究者所选择的案例相同，若研究目的不同，其研究路径、选用的研究方法、分析策略等也会有很大差别。通常情况下，个案研究的目的主要分为以下几类：

（1）内在性的个案研究。

内在性的个案研究中，个案本身被视为主要目的。研究者往往纯粹出于兴趣或好奇心，对案例所呈现出的某些特质感兴趣，即"为了发现而发现"，其研究重点始终在于对案例本身的了解和探究。

（2）工具性的个案研究。

与内在性的个案研究不同的是，在工具性的个案研究中，研究者对案例本身的兴趣退居次要地位。个案研究作为支持性手段，主要为特定目的服务，用以获得对问题的洞察或促进对其他事物的理解等。

（3）评估性的个案研究。

评估性的个案研究通常用于评价事情是否按照预期运转及运转效果如何。在这类研究中，研究者往往会在事情发展途中改变某些条件或引入某些变化，通过对比变化前后事情的运行情况，进一步深入探究出现这样的结果的具体原因。

（4）说明性的个案研究。

说明性的个案研究通常用于提供特定背景下对某些社会现实的深度说明。借助个案研究，研究者得以深入细致地观察其感兴趣的社会现象，洞察事件发展的具体过程与各个部分之间复杂的社会联系，继而提供基于深度理解的描述与说明。

（5）探索性的个案研究。

探索性的个案研究通常适用于研究者所知甚少的议题。通过个案研究，研究者得以获取更多的信息，并根据这些信息线索初步明确所要研究的问题的"轮廓"，尝试提出潜在的解释或解决方案，再通过探索性的研究进一步检验这些方案是否合理，最终为读者提供有价值的信息。

3. 文献回顾

在进行资料收集前，研究者有必要先针对所要研究的问题进行文献回顾。文献回顾能够帮助研究者了解前人的研究成果、发展历程、热点和现状，为研究者提供更加全面丰富的信息。通过文献回顾，研究者可能发现已经有学者比较好地完成了自己所打算研究的项目，也可能从现有的文章中发现更多值得研究的问题，这些发现将促使其重新审视自己的研究问题与研究目的，将最初较为粗略的研究问题发展为更精细、更值得研究的问题，并据此判断是否要进一步调整个案的选择。文献回顾的具体操作策略可以参考本章第一节"文献研究"部分，这里不再赘述。

（二）收集阶段

1. 使用多种信息来源

个案研究的对象通常是社会现实中真实发生的案例，其产生与发展的过程往往受到内在、外在因素及其相互关系的共同影响，极具复杂性。因此，个案研究对多重资料来源的需求远远大于实验法等其他研究方法。在研究中，单一的信息来源不可避免地具有一定的片面性，不能代表事例的真实情况。研究者要想尽可能地贴近"现实"，需要从不同渠道广泛获取信息，利用多样化的信息进行"三角互证"，以便于更加贴近所谓的"真相"。

"三角互证"最初被用于几何学和测量学，后以比喻的形式被引入社会科学领域，代指"从多方面对事物进行考察"。在个案研究中，好的案例应当避免只听取"一家之言"，而应尽可能多地从不同渠道采集信息，利用不同资料相互佐证，全方位地考察问题，这样得出的研究成果也会更有说服力、更加准确。

信息来源包罗万象，难以穷尽。在收集信息前，研究者有必要先明确自己需要收集的信息类型。通常，在个案研究中，研究者所需信息可以分为"数据"和"证据"两部分。任何类型的信息都可以称为"数据"，涵盖内容广泛，包括文件、访谈数据、图像等，而"证据"则是专门用来支持或反对某一命题的数据。研究者究竟是收集数据还是证据取决于其所从事的研究——若研究没有一个构建严密的理论或一系列命题来指导，则收集的是数据；若研究从一开始就有一个明确的假设或一个定义明确的理论，则研究者寻求的是支持（或不支持）已提出命题的证据。[①]

2. 收集数据和证据的一些渠道和方法

合适的渠道与恰当的方法可以使获取信息的效率事半功倍。本书重点提炼了四种个案研究常用到的收集数据和证据的渠道与方法以供参考。其中，部分方法的基本概述与一般流程在本书的其他章节中有更为详细的讲解，因此这里仅就方法与个案研究的结合做简要阐述。

（1）文档类资料。

文档类资料有多种呈现形式，如会议记录、书面报道、与案例相关的研究报告、服务或组织记录、信件、其他个人文件等，是个案研究获取资料的重要途径。对个案研究而言，这类资料往往来源稳定、表述全面确切，涵盖丰富信息。尤其是在当今时代互联网发展的帮助下，越来越多的文档类资料可以通过网络获得，更多的官方报道、官方文件向大众公开，为研究者查询相关数据提供了诸多便利。因此，阅读案例相关文件往往是众多研究者获取信息的第一步。

文档类资料除了用于研究者了解与把握案例事件发生的基本经过，还常用于证实或证伪通过其他渠道获取的信息。当文件信息与其他资料存在出入时，我们就需要搜集更多信息以再次审视已获信息的真实性。此外，在一些个案研究中，研究者还可以巧用日志的方式，即要求参与者定期提供一些日志报告来记录相关事件或自身经历，这些日志中可能会包含比问卷或面对面访谈等更丰富的信息。

值得注意的是，使用文件或档案资料时应当小心谨慎。人为记录的信息资料不可避免地带有个人的倾向或偏见，研究者不能直接下意识地将其作为已发生事件的真实记录，需细致地核实其出处及准确性。

---

① 加里·托马斯著，方纲译：《如何进行个案研究》（第2版），北京：中国人民大学出版社2021年版，第216页。

（2）访谈。

相比文档类资料，访谈往往能为研究者提供更为生动的信息。在访谈中，研究者通过与事件相关者直接进行语言交流，可以了解其关于事件的个人观点、感受等。部分受访者作为亲历者，能够提供比文字记录更有温度、更加真实的信息，这些信息往往也是官方报道所难以呈现的，有助于拓宽研究者对事件的感知视角，帮助研究者多角度了解事件发生的基本情况。部分见多识广的受访者或处于某些关键地位的人物还能够为研究提供诸多重要的见解。通过与他们进行交流，研究者可以了解到一些未公开的资料。这些都为个案研究提供了诸多有益的帮助。一般而言，个案研究中比较常用的是深度访谈法和焦点团体访谈法，具体可参考本章第五节的相关论述。

研究者也应当意识到，访谈数据的质量往往不够稳定，不可避免地带有比较强烈的主观倾向。研究者需尽量避免因个人情感因素而下意识依赖或盲目相信信息提供者，而应将通过访谈得到的资料与从其他渠道获取的资料结合起来加以检验。

（3）观察。

观察是个案研究获取信息的重要方式之一。与其他研究方法相比，它不依赖人们说了什么或人们自称在想什么，而是直接通过研究者的眼睛观察与见证正在发生的事件，有利于研究者获得相对而言更为真实客观的第一手资料。

观察主要可以划分为系统性观察与参与式观察两种类型。系统性观察通常指研究者处在被观察现象或群体之外，与现象发生、发展和变化的过程保持一定的距离。这种观察直接记录人们的所作所为，效率较高，但所观察的数据仅为一些外在行为，一定程度上忽视了事件发生情境的复杂性，无法有效解释促使行为发生的动机。与之相对应，参与式观察指的是研究者深入现象的发生场景之中，直接参与研究对象的日常生活，对置身于其中的社会现象进行观察。这种观察往往保持了情境的自然性，能够提供对复杂现实更为全面的解释，但研究者的个人行为也容易引发一定的伦理问题。

（4）图像或实物资料。

在个案研究中，照片、视频、图画、工具或仪器、艺术品等均可以作为数据资源辅助研究者获取信息，也可以作为支持论点的相关证据。举例而言，在历时性个案研究中，研究者可以通过拍摄在一段时间内不同时刻的照片来揭示研究对象的变化，真实的照片或视频记录无疑比文字更能够证实研究者的论述。这一方法也可以与其他方法混合使用，如在访谈时向受访者提供相关图片、视频或实物，不仅能够提高其兴趣，有时还可能激发出受访者出乎意料的反应。此外，一些实物证据可以作为实地访问的一部分被研究者收集和观察，能够提供比文字更为真实丰富的信息。

（三）分析阶段

1. 个案研究包容所有的方法

分析阶段是个案研究中最重要、最核心的阶段。一个社会现象或历史事件本身并不能称为"个案"，只有将其纳入特定情境与具体的分析框架中，深入挖掘与揭示其典型性或特殊性所在，这个案例主题才会派生出个案研究的意义。

在资料收集大致完成后，研究者就可以着手对个案进行分析。植根于社会现实的个案通常包含一系列需要分析的现象、关系和过程，单一的分析方法不足以洞察、解释或探究复杂的事例。因此，与统计分析等量化研究不同，个案研究没有固定的公式或模板来指导研究者进行分析。相反，个案研究包含所有的分析方法，研究者可以根据现象的性质、关系的复杂程度和过程的具体情况采取多种分析方法，并适时灵活调整分析策略。

2. 个案分析的策略与技巧

数据分析的方法多种多样，不胜枚举，需要研究者视具体情况灵活选择。由于个案研究的出发点是将案例视为不可分割的整体，强调研究的整体性，注重对其中关系和过程的考察，因此本书重点列举了三种常用到的寻求整体分析的策略与方法，供研究者参考。

（1）解释性探究。

解释性探究强调世界是不可分割的，主张基于复杂的社会关系网络，深入理解社会情境的多方面性质与互动关系，是个案研究中最常用的分析方法之一。

持续比较法是解释性探究的基本方法。研究者通过对数据中的元素不断进行比较，找到数据之间的连贯点和相似点，提炼数据中有意义的概念和主题，并通过绘制主题图等方式梳理和探讨各个主题之间的关系，最终将其整合为连贯的解释模型。这一方法能够帮助研究者从海量数据中提取重要主题，并描述这些主题和行为点滴是如何相互关联的，为个案分析提供了一条有效路径。扎根理论是解释性探究的重要方法，在如何对数据进行持续比较、从定性数据中识别与分析主题方面做出了更具体明确的说明，具体可参照本章第八节的内容，这里不对其展开讨论。

除此之外，研究者还可以考虑使用深描的方法来解释个案的具体意义。所谓深描，是指在情境中理解一个行为——例如点头、一个词或一个停顿，并在描述的过程中运用"人类知识"来解释这一行为。[1] 深描将研究视角从研究者转向了被研究者，强调研究对象的观念、感受、行为及其动机，能够帮助研究者更加生动、鲜活、完整地分析与理解所观察

---

[1]　加里·托马斯著，方纲译：《如何进行个案研究》（第 2 版），北京：中国人民大学出版社 2021 年版，第 242 页。

的情境。

（2）系统思维。

系统思维将社会现实看作一个整体，反对将情境分解为变量，强调整体大于部分之和，这就与个案研究强调整体性的特征不谋而合。在应用层面，系统思维的相关方法论模型起源于科学技术领域，最初用于解决工程问题。当这些模型被用于处理存在利益、价值观等更为复杂的社会问题时，却遇到了重重障碍。在此基础上，彼得·切克兰德提出了"软系统方法论"，这一系统模型更适用于复杂的社会系统，在个案研究的分析中也能够起到重要帮助。

"软系统方法论"尤其适合用于涉及具体目的的系统，具体操作步骤可以分为七个阶段：

第一阶段，概述出所要研究的基本问题。

第二阶段，将问题分解为具体的构成要素，并绘制符号图以展现各个要素之间的相互关系。

第三阶段，对相关系统进行"根定义"，即把任何有目的性的活动都表达为一种输入—转换—输出的逻辑形式，它同时也是对基于某一世界观的目的行为的抽象描述。研究者可用"通过 Y 来完成 X 最终实现 Z"的形式来表达。[①]"根定义"应包含六大元素，简而言之，即顾客（从系统收益的人）、演员（将输入转化为输出的人）、转换（从输入到输出的转换）、世界观（背景）、拥有者（"拥有"这个问题并希望这个问题得到解决的人）、环境（环境设置的约束）。

第四阶段：考虑事情会如何发展变化，并将这一理想的状态输出为"概念模型"。

第五阶段：将来自概念模型中的理想与现实世界进行比较。

第六阶段：根据比较的结果，试想哪些更改是可行的。

第七阶段：建议采取行动改善这一问题，以最终达到相关目的。

"软系统方法论"为个案研究提供了一个着眼于整体的"思考框架"，引导研究者从具体的研究目的和研究问题出发，详细剖析与该问题相关的系统要素是如何相互关联的，并通过比较现实世界与应然世界的差异，找到解决问题的突破口。这一方法不仅能够帮助研究者对具体事例形成全面细致的理解，还能激发研究者的创造力和想象力，由此产生可行的想法或建议。

（3）使用叙事。

构成个案研究基础的案例是复杂的既成事实，其所涉及的现象与事件往往具有连贯性与推进性，相关人物也都有自己的思想、经历和意图，每个事件、每个人物都不是单独存

[①] 闫旭晖、颜泽贤：《切克兰德软系统方法论的诠释主义立场与认识论功能》，《自然辩证法研究》2012 年第 12 期，第 29 - 35 页。

在的，不能被剥离出来单独用于分析，只有放在整体的故事里才能够被理解。

叙事强调了梳理与构建故事情节的重要性，主张将所研究的问题、所研究的对象置于具体的情境与关系中加以理解。在个案研究中，研究者通过构建叙事推测一个事物是如何与另一个事物相关联的，推测事件的因果关系如何随着时间的变化而变化，推测人为事件中人们行为背后的意图和价值观等，进而更加全面细致地把握案例"真相"。构建叙事要求研究者尽力抛开一些"先入为主"的观点或既有看法，"跟随"故事的发生与发展剖析个案的具体情况。研究者也可能在梳理故事情节的过程中获得更多意料之外的发现，回过头来补充所需信息，从而获得更多有意义的洞察。

（四）报告阶段

1. 个案研究报告的基本结构

无论是书面报告还是口头汇报，将研究成果与他人分享都是个案研究的重要组成部分。根据不同的工作或学业要求，研究报告的呈现形式各不相同。本书所提供的结构仅用以明确报告中通常应当涵盖哪些内容范畴，为研究者提供一定参考，具体如何编排实际报告结构仍需研究者视自身情况而定。

通常情况下，个案研究报告应包括引言、文献回顾、方法论、研究发现、研究结论几部分。具体而言，引言部分用以阐明所要研究的问题，以及为什么要研究这一问题；文献回顾部分用以梳理其他研究者目前已进行过的相关工作及成果，并据此提出本次研究的意义及创新点所在；方法论部分用以阐明本次研究为什么要采用个案研究法，并介绍本研究是如何选取个案及设计具体研究路径的，还可以包括所用到的数据采集和分析方法及选择这些方法的依据等内容；研究发现部分主要用于对个案展开具体的分析与讨论，呈现本次研究实际所做的工作及实际成果；研究结论部分则对本次研究做出小结，并对该个案研究在多大程度上回答了研究问题进行评估。

个案研究报告与其他研究报告不同的是，它本身就是一种沟通的手段，其呈现的核心在于向读者展现支持论点的阐释和推理，帮助读者洞悉并深入了解某一特定问题，鼓励读者据此提出自己的见解，具有重要价值。

2. 撰写个案研究报告时需要注意的问题

（1）以读者需求为导向。

无论读者是什么群体，研究者都应避免以自我为中心、自说自话的错误倾向。研究者应在撰写报告前收集读者需求方面的信息，重视报告的可读性，避免事倍功半。举例而言，报告的主要读者是学术界人士还是非专业人士有很大的差别。前者有良好的相关知识储备，比起案例本身，更需要从报告中获取对已有研究的综述、有关研究的新发现等信息；而后者则需要研究者在报告中更为全面细致地对案例的发展过程、案例所处的真实社会情境进行描述和讲解，如此才能够有效理解案例，他们更希望从中获取明确易懂的结论，例如报告暗示着相关主体需采取什么样的措施。对于初学者而言，参考以前成功的同读者导向的研究报告是获取有关目标读者信息的一个高效途径，这些报告往往能够在多方面给予研究者一些初步的参照和有益的启发。

（2）考虑伦理问题。

伦理问题直接涉及案例相关者的保护和权益，是研究报告的重要组成部分。研究者在写作报告时应仔细考虑伦理维度，除了参与者同意或主动要求公开姓名及信息的情况下，参与者的名称或其他信息都应编码或匿名，尽量避免因公开某些信息而给事件相关者带来不必要的麻烦、困扰或伤害。在写作报告时，研究者可以在设计和解释实际工作情况时实事求是地讨论伦理问题，并将任何形式的知情同意书、信息表等相关材料放在附录中以供读者参考。

第七节　扎根理论

一、扎根理论的基本概述

（一）扎根理论的基本概念

扎根理论由两位美国学者格拉泽（Barney Glaser）和施特劳斯（Anselm Strauss）在1967年出版的合著《扎根理论的发现：质性研究的策略》（*The Discovery of Grounded Theory：Strategies for Qualitative Research*）中首次提出。[1] 在随后的几十年里，扎根理论在社会科学研究界产生了重要影响，被誉为20世纪末"应用最为广泛的质性研究解释框架"。

扎根理论不是实体的"理论"，而是一种方法论，它旨在帮助研究者针对现象系统收集、归纳与分析资料，通过科学的逻辑，归纳、对比、分析，螺旋式循环地逐渐提升概念及其关系的抽象层次，最终形成新的概念或理论。[2] 不同于检验理论或对问题提供描述性解释的研究方法，扎根理论是一种专门产生理论的方法，研究者在研究开始前一般没有理

---

[1] Glaser, B. & Strauss, A., *The Discovery of Grounded Theory：Strategies for Qualitative Research*, Chicago：Aldine Publishing Company, 1967.

[2] Parry, K., Grounded Theory and Social Process：A New Direction For Leadership Research. *The Leadership Quarterly*, 1998, 9（1）：85 – 105.

论假设，而是从实地调研和直接观察入手，在系统收集资料的基础上寻找反映社会现象的核心概念，然后通过这些概念之间的联系建构相关的社会理论，[①] 研究结果是对现实的理论呈现。

（二）扎根理论的流派之争

20世纪90年代以后，扎根理论吸引了越来越多来自不同领域与学科背景的研究者的兴趣，但由于不同学者学科背景、研究范式等有所差异，他们倾向于有选择地改造扎根理论方法以适应他们的特定需要，扎根理论在实际应用中出现了很多分歧与演化。其中，格拉泽和施特劳斯的经典扎根理论、施特劳斯和科宾（J. Corbin）的程序化扎根理论、卡麦兹（Kathy Charmaz）的建构主义扎根理论为当前扎根理论发展中最为主流的三大流派，他们之间的异同点具体可参照表2-1：

表2-1　扎根理论三大流派的异同点[②]

	相同点	不同点			
		认识论（哲学基础）	理论视角	资料/数据搜集	资料/数据分析
格拉泽和施特劳斯的经典版本	1. 归纳性的质化研究方法（客观主义） 2. 在经验资料上建构理论 3. 研究结果具有可追溯性 4. 研究程序具有可重复性 5. 多用于中层理论的建构 6. 强调对过程的研究（包括社会过程与心理过程）	客观主义	实证主义（强调发现理论）	研究者在搜集资料过程中尽可能保持中立	编码过程分为实质性编码和理论性编码两个主要步骤
施特劳斯和科宾的程序化版本		客观主义	后实证主义（趋向于建构主义，认为分析数据是研究者的解释）	研究者在搜集资料过程中尽可能保持中立	采用开放式编码、主轴式编码和选择性编码三级编码程序
卡麦兹的建构主义版本		社会建构主义	解释主义（理论是解释性分析，是建构的）	强调研究者对资料提问的能力，并与被研究者发生互动关系	强调灵活使用，认为编码准则是启发性原则而非公式

---

① 　陈向明：《扎根理论的思路和方法》，《教育研究与实验》1999年第4期，第58-63页。
② 　吴刚：《工作场所学习与学习变革：基于项目行动学习（PBAL）的理论研究》，北京：中国人民大学出版社2014年版，第39页。

简言之，经典扎根理论与程序化扎根理论之间的争议主要在于编码形式及其背后体现的原则和思想的差异。经典扎根理论认为研究问题与相关概念都是随着研究的深入自然涌现的，提倡发现主义，但其研究中的不确定性和高度个人化的编码过程常常使理论学习者感到困惑和为难；程序化扎根理论更倾向于解释主义，认为研究者的作用在于寻找与探索数据蕴含的意义，并针对经典扎根理论的不确定性问题，提供了一种程序化水平更高、编码过程更加系统严格的扎根理论，为从事相关研究的学者提供了可行指导。秉持经典扎根理论思想的格拉泽极力反对施特劳斯将扎根理论程序化，认为施特劳斯这样做是违背了扎根理论的基本精神——不先入为主地构想问题、提出概念的基本精神范畴或假设来强制选择资料和形成理论。①

除了这两大流派，英国学者卡麦兹在经典扎根理论的基础上，将建构主义者所提出的众多思想与方法融入其中，形成了建构主义扎根理论。建构主义扎根理论认为，扎根理论只是我们了解研究世界的一种方式，是形成理解这个世界的一种理论方法，任何理论提供的都是对被研究世界的一种解释性图像，而不是世界的真实面貌，② 它主张所有理论都是研究者在与研究对象互动过程中建构的。正是因为建构主义思想的引入，使得扎根理论摆脱了实证主义约束，成为一种更具有前瞻性、细致性与反思性的质性研究方法。

目前，对于什么是扎根理论、如何理解扎根理论仍然是一个开放性的讨论，也有部分研究者针对三大流派进行多角度的修补与融合。学习扎根理论时应当明确，这些争论均属于"扎根理论"这一术语的范畴，且不存在对与错、好与坏之分，只有是否合适之分。正如学者艾文斯（Eaves）曾言，任何研究都有被批判的可能，而你应该从自己的研究中获得一种学术辩论的语言。③

（三）扎根理论的核心思想

虽然不同版本的扎根理论之间有诸多差异，但综观扎根理论的发展，我们可以归纳出一些共同的核心思想以帮助研究者更好地理解扎根理论。

1. 理论扎根于经验研究

扎根理论主张从资料入手进行归纳分析，认为只有建立在真实生活经历和经验基础之上的理论才具有真正的生命力，坚持理论应该扎根于经验研究。根据扎根理论，理论应当

① 吴毅、吴刚、马颂歌：《扎根理论的起源、流派与应用方法述评——基于工作场所学习的案例分析》，《远程教育杂志》2016年第3期，第32–41页。

② Charmaz, K., Grounded Theory, In J. A. Smith, R. Harre & L. Van Langenhove (Eds), *Rethinking Methods in Psychology*, London：Sage, 1995.

③ Eaves, Y. D., A Synthesis Technique for Grounded Theory Data Analysis, *Journal of Advanced Nursing*, 2001, 35 (5)：663.

具有可追溯性，即所建构的理论应可以追溯到原始数据。若理论与经验吻合，便可以用来指导具体的生活实践。

此外，扎根理论还特别强调了经验性实地研究的重要性，认为研究者应当将实地研究作为研究的基础部分，并主张这种在研究现场收集数据的工作应当贯穿研究的整个过程。

2. 理论通过对数据的系统分析而产生

扎根理论不对研究者事先设定的假设进行逻辑推演，反对社会科学研究中的"演绎—验证"逻辑，主张以逐级归纳的方法从经验材料中创造出理论，而不是从既有的知识体系中演绎出理论命题。[1] 扎根理论致力于在分析数据和从数据之中形成理论这两者之间实现协调，将实证研究和理论建构紧密连接起来，以解决社会科学研究中普遍存在的理论性研究与经验性研究脱节的现象。

3. 不断比较与连续抽象的过程

扎根理论的一大特色就在于其分析数据的独特方式。扎根理论将"持续比较法"作为其最基本的分析手法，即通过不断比较想法与现有数据，从中提炼出核心概念与范畴，再通过将生成的概念和理论与新收集的数据进行比较，来改进这些概念和理论。值得强调的是，扎根理论不同于一些质性研究方法采用先集中收集数据，再进行具体分析的方式，而是主张收集与分析数据交替进行，及时分析所收集的数据并将其与已有范畴进行比较。

4. 对理论保持高度敏感

扎根理论强调研究者要保持"理论敏感性"，主张研究者应能够洞察数据的内在意义，具备赋予经验数据意义并将其概念化、抽象化的能力，并注意捕捉新的理论的线索，进而在经验数据的基础上建构比纯粹的描述性分析更具解释力的理论。

（四）扎根理论的适用范围

1. 缺少理论回应的探索性研究

扎根理论着重于发现，强调不使用预先确定的看待事物的方式来分析数据，提倡研究者以"开放的头脑"来进行研究，因此尤其适合探索暂时还缺少一定理论回应的新领域、新问题。正如古尔丁（Goulding）曾指出："当研究者感兴趣的主题在文献中受到相对较少关注或者只获得了肤浅的认识时，他们一般会使用扎根理论。"[2]

2. 现有理论难以回应的问题

对于一些现实情境，现有理论难以回应经验数据背后的特定现象，其中既包括理论层

---

① 吴肃然、李名荟：《扎根理论的历史与逻辑》，《社会学研究》2020 年第 2 期，第 75 – 98，243 页。

② Goulding, C., *Grounded Theory: A Practical Guide for Management, Business and Market Researchers*, London: Sage, 2002.

面未能达成共识、仍然存在争议的问题，又包括实践层面始终存在、没能解决的问题。扎根理论植根于经验研究，从经验数据出发建构理论，研究成果是对现实的回应，能够为解决这类问题提供有效的途径。

3. 小规模研究

扎根理论需要研究者对所研究的特定案例的数据进行详细的梳理、描述、比较与抽象，这些特点使得扎根理论更适用于个人进行的、有严格经费限制的小规模研究。①

（五）扎根理论的优势与局限

1. 扎根理论的优势

（1）解释根植于现实。

与思辨理论和抽象理论不同，扎根理论所形成的概念和理论是在经验性数据上发展起来的，建立在坚实证据的基础上，其所建构的理论与事实具有较好的一致性，能够保证所建构的理论不脱离现实，实现理论与实践的有效结合。

（2）适应性与灵活性强。

扎根理论在样本选择和数据分析上都有相当好的适应性和灵活性，适用于各种各样的数据收集方法、分析方法和各种形式的数据，在研究过程中给予了研究者充分的自主权和选择权，鼓励研究者保持"开放的头脑"，根据具体情形选择合适的研究策略。

2. 扎根理论的局限

（1）不适用于精准的计划。

根据扎根理论的基本精神，研究者在研究前应当尽可能抛开其固有观念，且所有的想法和既有知识都被看作是"暂时性"的，强调理论来源于所研究的经验现实，这就使研究者无法预先计划研究的各方面，包括无法提前预设需要什么样的样本，也无法确定哪些场所、事件或其他因素会被纳入研究，等等。此外，因为样本是不断生成的，研究者也无法事先得知总共需要收集多少数据以及研究究竟什么时候结束。

（2）操作难度大，对研究人员要求较高。

在运用扎根理论进行研究时，研究者需在收集大量的经验性资料的基础上，不断对数据进行编码、对比和抽象，分析概念与概念、概念与类属以及类属与类属之间的逻辑关系，及时捕捉数据中的理论线索，并根据研究的具体情况灵活调整数据收集与分析方法以建构理论。整个过程对研究人员的各方面能力都提出了较高要求，实操难度大。

---

① 马丁·登斯库姆著，陶保平译：《怎样做好一项研究：小规模社会研究指南》（第 3 版），上海：上海教育出版社 2011 年版，第 77 页。

二、扎根理论的一般过程与方法

本书综合多种文献资料，在把握扎根理论核心思想和基本逻辑的基础上，从便于研究者实操的角度，梳理了扎根理论的一般流程用以具体指导研究者展开研究。值得注意的是，实际运用扎根理论进行研究的过程不是一个完全线性的过程，而是一个不断往返、螺旋进展的过程。

（一）文献讨论

文献回顾可谓扎根理论研究方法较之其他研究方法最具差异性和争议性的研究步骤。[①]一些持极端观点的扎根理论研究者认为，研究者在开始研究前应抛开已有理论或其他相关研究的影响，即研究者无需做文献回顾。但在实际研究中，这种完全摒弃已有知识、从现象中自然生成研究命题的模式十分困难且不切实际。在一些扎根理论创始人的著作中，极端的理论解释也并非学者想表达的东西。越来越多持温和观点的学者赞成阅读文献的作用，认为文献讨论能够有效帮助研究者更好地运用扎根理论。

阅读与回顾文献，不仅能够帮助研究者识别哪些研究命题可能存在理论空白点，或者存在既有理论无法有效解释现象的情况，还能够为研究者提供一些所需要研究的情境和研究群体的信息，帮助研究者进一步确定所要研究的对象和方向。此外，按照格拉泽"一切皆为数据"的观点，从现有文献中得到的假设也可以成为数据的一部分，研究者可以在研究的不同阶段将其与从社会现实中获得的经验数据进行比较，以帮助建构理论。

但是研究者应当明确，与其他研究方法不同的是，扎根理论在研究初期回顾现有文献的目的不在于形成研究假设或研究问题，而仅仅是为研究者提供某一个研究兴趣或学术视角。研究者进行文献回顾的出发点应是发展思想而非限制思想，已有知识与想法都应被看成"暂时性的、可以被质疑的"，具体的研究问题和研究线索仍应扎根于经验性研究，在对数据的处理中不断聚焦与提炼。

（二）数据搜集

1. 确定最初研究场所

对于扎根理论而言，研究者进入研究之前未形成具体的研究问题，而是通过聚焦一定

---

① 费小冬：《扎根理论研究方法论：要素、研究程序和评判标准》，《公共行政评论》2008 年第 3 期，第 23 – 43，197 页。

的情境、事件或群体，在对经验资料的归纳和分析中逐渐明确和聚焦研究问题。因此，在最初选定研究场所时，不同于个案研究以所选定的研究场所能否提供"典型的"或"特殊的"案例为标准，扎根理论只需满足"相关性"要求，即所选择的场所能够为研究者提供想要研究的情境、事件或群体信息即可。在这一阶段，研究者通过大面积撒网，尽可能"开放"地搜集各种相关事物的数据，其目的在于获得与研究现象相关的大量数据，并据此形成大量编码和分类，为后续的研究提供一定的基础和方向。

2. 搜集丰富的数据

在扎根理论研究方法论中，研究者所能获得的与研究主题相关的东西均可以作为数据。扎根理论没有特定的数据来源或搜集方法，文档、报告、访谈、田野笔记、观察资料等都可以成为扎根理论的数据来源，民族志、深度访谈、文本分析等都可以成为数据搜集的工具。扎根理论主张依据研究问题决定所要选择的方法。

研究的质量很大程度上取决于数据的质量。因此，搜集深度、广泛且多角度的信息对于扎根理论研究而言至关重要。研究者需对不断涌现的数据保持充分的注意力，以下策略也许会有所帮助：

（1）不仅关注语言，也关注行动和过程；

（2）仔细描述行动的背景、场景和情境；

（3）记录谁做了什么，什么时候发生的，为什么会发生（如果你能够分辨出原因的话），以及是怎样发生的；

（4）分辨具体的行动、意图和过程所出现的条件或被削弱的条件；

（5）寻找解释这些数据的方法；

（6）关注研究对象具有特定意义的具体字眼或词语；

（7）发现不同的研究对象持有的理所当然的、隐含的假设，展示一下它们是如何被揭示出来的，如何影响行动的。[①]

（三）数据分析

1. 数据的编码与分类

编码是对数据内容进行定义的过程，是分析的第一步，也是扎根理论的核心环节。根据施特劳斯和科宾的观点，扎根理论中的"编码"指的是通过将事件与事件、事件与概

---

① 凯西·卡麦兹著，边国英译：《建构扎根理论：质性研究实践指南》，重庆：重庆大学出版社 2009 年版，第 27 - 28 页。

非遗传承传播方法教程

念、概念与概念之间进行连续比较，对资料进行概念化，以形成类目及其属性。① 编码的目的在于获得可以解释现象的概念和类目，以此形成可以解释事物的理论基础。

在社会科学领域，类目是分类的结果，接受分类的是人、观点、机构、过程、话语、物体、论断等，建构类目是思维活动的基础。没有现成的规定说明某个实物或某种观念应该归属于哪种类目，因此，人类需要通过建构类目来观察和认识世界。在扎根理论中，研究者通过编码与建构类目定义数据中所发生的事情，解释其意义，以此形成初始理论的要素。

不同流派的扎根理论所界定的数据编码过程各不相同。本书综合参考了多种文献资料，将数据分析阶段的编码过程分为开放式编码、主轴式编码和选择性编码三级，力求将数据分析的严谨性和灵活性相结合。需要注意的是，编码过程不完全是一个线性的过程，研究者常常需要根据实际的研究线索灵活调整。

（1）开放式编码。

开放式编码是编码过程的第一阶段。研究者通过对原始数据进行仔细阅读分析，为数据的每个词、句子或片段命名，目的是将原始数据抽象化、概念化。研究者可根据所收集数据的具体类型、抽象水平等，选择合适的编码策略，如逐词、逐行或逐个事件进行编码和比较，所编写的符码应尽量简短、精确且贴近数据。待符码命名初步完成后，研究者往往会发现，在原始数据中，不同的数据分块之间会有一些共同之处，例如所讨论的主题、所表达的情感等相同或相似。研究者需辨认出其中相同或相似的数据块，将其编入更大范围的类目中，并初步确定类目的属性和维度。

在开放式编码中，研究者应对数据中所有可能的理论方向都保持一种开放的状态，即所界定的概念和类目都是临时的、可更改的。随着研究的推进，最初的编码和分类也会得到改进，促使研究者重新看待数据，研究者也能够从中认识到目前哪些数据领域存在漏洞，继而在后续的研究中及时调整数据收集策略。

（2）主轴式编码。

主轴式编码是编码过程的第二个阶段。当研究者通过初始编码确定了一些分析方向后，就可以开始主轴式编码了。开放式编码使数据分裂为不同等级和不同类型的概念及类目，对资料进行了一定程度的抽象和提炼，但最终形成的类目几乎都是独立的。而在主轴式编码中，研究者需进一步发现和建立各个独立类目之间的各种联系，挖掘其潜在的逻辑关系，将各个独立的类目加以联结，并按照其重要性程度发展出主类目和副类目，进而通过典型模型，实现资料的重新组合。

---

① Strauss, A. & Corbin, J., *Basics of Qualitative Research Grounded Theory Procedures and Techniques*, Newbury Park: Sage, 1990.

116

典型模型是扎根理论方法中一个重要的分析工具，指的是将不同类目按照事情发展的通常顺序，从现象、因果条件、情境、干预条件、行为策略、结果六方面联结起来，用以引导研究者对类目的整理和分析。

（3）选择性编码。

选择性编码阶段整合了之前所有的分析工作，将对主轴式编码所形成的内容进行再一次的整合和精练。在这一阶段，研究者把注意力集中于核心编码，分析不同主概念或主类目之间的关系，不断对其加以比较，以挖掘出对于解释复杂社会现象具有关键作用的"核心类目"，并通过典型模型将"核心类目"与其他类目系统地联系起来。此外，在这一阶段，研究者还需把概念化尚未发展完备的类目补充完整，用所有数据资料及由此开发出来的类目等形成与所研究问题相关的故事线，并将其发展为初步的理论框架。

2. 持续比较法

比较是扎根理论的主要分析思路。在扎根理论中，无论研究者在进行哪个阶段的编码工作，都需要使用持续比较法来进行分析。持续比较法要求研究者在编码、分类和概念出现的时候对它们进行比较和对比，包括但不限于对不同概念进行比较、根据概念的类别对数据资料进行比较、对各个类目进行比较、将初步形成的理论返回原始资料进行比较等。不断比较的方法贯穿数据分析的全过程，能够帮助研究者始终植根于原始数据进行研究，保证其具体分析及所形成的理论不会脱离经验性事实，对于扎根理论方法而言至关重要。

3. 撰写备忘录

撰写备忘录是扎根理论的一个关键方法。备忘录为研究者提供了一个空间，鼓励研究者从分析研究过程早期就开始分析数据和符码，能够帮助研究者追随不断出现的数据、问题和观点，及时梳理数据、概念、类目及它们之间的关系，捕捉和追踪正在发展的理论，并及时记录下新鲜的收获和想法。撰写备忘录的过程是完全自由且自然呈现的，研究者整理备忘录的过程也是整理思想和观点的综合过程，所形成的备忘录结果为进一步形成理论奠定了基础。

（四）理论抽样、饱和与建构

1. 理论抽样

通过对最初收集的数据进行整理、编码与分类，研究者已形成了一些尝试性的类目和观点。但是，这些类目或观点往往单薄且模糊，仍需更多关于这些类目及其属性的数据来支撑、检验或发展观点，这就使得研究者不能仅仅像最初那样依靠相关性来选定后续研究场所，而是需要根据理论抽样来确定。

不同于随机抽样，理论抽样是一种非概率抽样，即为了形成理论而进行数据收集的生成性抽样。在这个过程中，研究者需通过对数据分析中已获得的类目进行抽样，来决定接下来需要收集什么样的数据，以及从哪些研究场所来获取这些数据，并通过进一步的数据收集来发展、检验和完善类目的属性，直到没有新的属性出现。

理论抽样是累积性的，每一次抽样均建立在已经作为样本的先前数据的基础上，并为后续类目的进一步改进和发展打下基础，能够帮助研究者避免陷入未聚焦的分析中。但是，研究者也应注意，理论抽样不是随意或偶然的，在抽样的每一阶段，选择的标准都应该清晰、系统，并与正在形成的理论保持一致。

2. 理论饱和度检验

扎根理论的样本具有生成性，因此研究者在开始数据收集前无法预估需要收集多少数据或研究会持续多久。原则上来讲，根据扎根理论，研究者需要一直进行理论抽样，分析、检验形成类目的有效性，直到类目"饱和"。类目"饱和"意味着进一步的数据收集不会给正在形成的类目增加新内容，即再进行新的理论抽样和实地研究只会证实已形成的类目，不能再产生新的理论见解，也不能再揭示核心类目新的属性。

3. 理论建构

通过扎根理论方法可以得出两种理论：实质理论和形式理论。实质理论是扎根理论方法中最常见的理论类型，是针对特定研究对象的经验数据所建构的理论，解决的是特定实质领域内的问题，具有一定的局限性。根据扎根理论，围绕核心类目、主副类目，即所有数据相关的类目和概念，构建起有关所研究对象的立体网络关系，可以得到研究结果，即实质理论。

相较于实质理论，形式理论更具概念化水平，涉及范围更广，其应用范围超出了特定的情景。形式理论将实质理论中的关系进行概念抽象化，以解释多重实质领域中的问题。形式理论一方面可以进一步完善实质理论，另一方面也可以将扎根理论的研究成果融入现有理论体系中，具有一定的普适性。

三、利用质性文本分析法分析数据

质性文本分析源自扎根理论、主题分析、传统内容分析及其他相关理论，是一种针对质性数据的系统化分析方法，最常用于分析叙事访谈资料。除此之外，研究者也可根据具体的研究情境加以修改，将其用于对观察数据、视觉数据、图像和文件等其他质性数据的分析。作为一种分析法，质性文本分析提供了有效的实证分析路径，能够帮助其他质化研究方法（如深度访谈等）分析所收集的质性数据，目前已在社会科学领域获得广泛应用。

（一）质性文本分析的概念阐述

质性文本分析是以一定规则为指导的、主体间的分析法,[①] 主要用于针对质性数据进行系统分析。与扎根理论相似,质性文本分析从一开始就没有具体理论的指导,其分析产生于对文本的研究之中,核心是类目及随后基于类目的系统化分析。相较于传统内容分析对量化和统计特征的侧重,质性文本分析更注重文本理解和诠释对于揭示文本潜在意义所起到的作用,[②] 文本数据在情境中编码并形成具体类目,其数据分析的整个过程往往都需要研究者进行阐释学的诠释和反思。

（二）质性文本分析的核心过程

通常,文本分析、类目建构与文本编码是质性文本分析中必不可少的核心过程,也是研究者在实际应用该方法时需要关注的重点所在。

1. 文本分析

仔细通读文本、努力解读文本是分析的开始。在质性文本分析中,从数据获取阶段到数据分析阶段不是完全独立的线性过程,研究者不必等到数据全部收集完才开始阅读和分析文本。通常,研究者也可以在阅读文本前先概述出研究问题,并在阅读时尝试去解决这些问题,从而提升阅读效率,达到事半功倍的效果。在阅读中,研究者需识别文本的内在结构和核心思想,详细分析文本中的论点和论据,标记出核心术语与概念,并做好相应标记和笔记。此外,研究者还应将文本中出现的特征、观点或研究者在阅读中萌生的任何想法都记录在备忘录中,以便于后续的进一步分析。

分析完文本,研究者有必要撰写案例总结,归纳文本中涉及研究问题的相关描述或重要特征,以用于后续进一步比较不同案例的相关数据,生成假设和类目。与备忘录不同,案例总结以事实为导向,通常不带有研究者的个人观点。

2. 类目建构

在质性文本分析中,类目具有架构和系统化的作用,从数据中形成类目是分析过程中的重点。通常,质性文本分析的类目类型主要包括:实物类目、主题类目、评估类目、形式类目、分析类目和理论类目六类。

质性文本分析类目建构主要有两种方法:归纳式类目建构和推论式类目建构。归纳式

① 伍多·库卡茨著,朱志勇、范晓慧译:《质性文本分析:方法、实践与软件使用指南》,重庆:重庆大学出版社 2017 年版,第 35 页。
② 姜鑫、马海群、王德庄:《基于质性文本分析视角的开放科学数据与个人数据保护的政策协同研究——以国外资助机构为例》,《情报理论与实践》2020 年第 7 期,第 54 - 62 页。

类目建构是指通过释义、概括和抽象化原始数据的方式来建构类目，且这些类目来自实证数据而非理论或假设；推论式类目建构则指的是根据现有研究话题的相关理论或现有假设去建构类目，即类目系统在收集实证数据前就存在。需要注意的是，推论式类目建构不代表研究者不能更改先前存在的类目系统。相反，研究者可以根据实际的经验性数据，修改现有类目甚至界定新类目，不必完全遵循最初的系统。

两种类目建构方法在质性文本分析中的使用并不冲突。研究者可以综合两种建构方法，利用"推论—归纳"的方式来建构类目。具体而言，研究者可以先由数量少的研究问题或相关理论的核心类目系统开始，并将其作为查找工具，从数据中寻找相关内容并大致加以概括，再归纳式地建构子类目。

3. 文本编码

质性文本分析中的编码和扎根理论有所不同。在扎根理论中，编码不仅是一个对数据进行概念化与抽象化的过程，还是一个从众多松散概念中分析和生成理论的过程。而在质性文本分析中，编码一般仅用于指代在数据段标记上相应的符码的实际活动。尽管二者截然不同，扎根理论中的编码却对如何在质性文本分析中建构类目起着重要的启迪作用。在质性文本分析中，研究者同样可以用开放式编码等方式来分析数据、命名符码与实现归纳式类目建构等。

（三）质性文本分析的三大方法

质性文本主题分析、质性文本评估分析与文本类型建构分析是质性文本分析中常用的三种方法，三者彼此独立且互为基础，无高低等级之分。研究者需根据具体研究问题来决定采用哪种方法，也可以综合使用不同方法。

1. 质性文本主题分析

质性文本主题分析侧重识别、组织与分析主话题和次话题以及这些话题之间的关联，是实际研究最常用的分析方法，其基本过程如下：

（1）创建主要的主题类目。

仔细阅读文本后，研究者就可以开始着手确立主题类目。主题类目包括主话题和次话题（新话题）。主话题可以从研究问题中直接建构。研究者需先对一部分数据（通常为原始数据的10%～20%）进行分析，以初步检验其是否适用于整个实证数据。研究者也可以在分析文本时采用扎根理论的开放式编码法，在备忘录中随时记录下新话题，并随着研究的深入区分其是随机话题还是与研究高度相关的重要话题。

（2）根据主题类目创建一级类目，编码所有数据。

根据主要的主题类目确立一级类目后，研究者需逐行分析文本，将文本段划分到各个一级类目，而其他未涉及主话题和次话题（新话题）的文本段暂时不需要编码。需要明确的是，同一文本段可能涉及多个，可以被归为多个一级类目。归类完成后，研究者需将属于同一类目的所有已编码文本段整合编入列表或表格中。

（3）根据数据归纳式地创建二级类目。

初步编码后，研究者需进一步分析每个一级类目中的文本数据，根据内容界定二级类目的主题，从而创建更细致的分析维度。

（4）使用详尽的类目系统进行二次编码。

界定二级类目及维度后，研究进入二次编码阶段。研究者需再次分析数据，将每个一级类目下的已编文本段再归类到相应二级类目中。

（5）创建主题总结。

二次编码后，研究者可以根据类目的架构，将数据压缩成只与研究问题相关的诠释和总结，以对比总结表等形式创建主题矩阵，并在此基础上以表格形式为重要的主话题和次话题创建主题总结，以便研究者对比特定类目。

（6）分析与结果呈现。

最终，在研究报告中，研究者可以通过对一级类目之间的关联性、一级类目中的二级类目之间的关联性等进行综合主题分析。此外，研究者还可以通过质性或量化交叉表、图示与视觉化展示、案例综述等多元方式呈现案例分析和研究结论，也可以对所选案例进行深度诠释。

2. 质性文本评估分析

质性文本评估分析侧重对内容进行考察、分类和评估。在评估分析中，类目的特征往往标记为数字或级别，其基本过程如下：

（1）界定评估类目。

研究者第一阶段的分析是为评估分析界定好类目，具体建构方式与主题分析相似，不再赘述。一般而言，所建构的评估类目应与研究问题密切相关，且相对数据整体而言具有一定的普适性。

（2）识别相关文本段进行编码。

在此阶段，研究者需对整个数据集进行评估，并将相关文本段编码至具体类目。如果类目已经按照主题进行了编码，可利用原有编码以节约研究时间。在评估分析中，一个评估类目可包括多个主题类目。编码完成后，研究者需将属于同一类目的文本段编入相应列表或表格中。

（3）界定评估类目特征。

研究者需根据文本段界定类目特征。通常，研究者至少要区分三个特征：类目的高特性（高级）、类目的不典型性（低级）、难以分类（即无法在现有信息基础上根据受访者的特征加以分类）。[①] 举例而言，类目"责任感"的特征可界定为"存在责任感""没有责任感"和"无法界定责任感"，"存在责任感"也可以被进一步界定为"高度""中度"和"轻度"三类。类目特征界定后，研究者需利用一定数据对其进行检验，必要时做出修改。

（4）评估和编码整个数据集。

在此阶段，研究者对整个数据集展开基于类目的编码和评估，并在此基础上总结案例特征。

（5）分析与结果呈现。

最终，在研究报告中，研究者可以通过统计表或文字诠释等方式对每个类目进行描述性分析与深度诠释，可以以交叉表等形式总结和展现不同评估类目之间的相关性，也可用综述表等形式展现多个类目与社会人口统计特征之间的多维关系。

3. 文本类型建构分析

文本类型建构分析通常建立在主题或评估编码的基础上，相较于这两种方法而言也更为复杂，其核心在于分析和建构多维模式或模型，以帮助研究者理解复杂文本，其基本过程如下：

（1）界定属性空间及相关维度。

界定属性空间是类型建构的基础。研究者首先应明确本研究建构类型的目的是什么，再在此基础上决定类型建构的复杂度，并决定其中的具体分类。通常，研究者以研究的理论框架或研究问题为基础，根据现存的主题或评估编码形成类目，并综合使用其他相关数据来选择和界定类目的具体属性。

（2）编码或再编码选定的数据。

多数情况下，研究者可以以先前已完成的主题或评估编码为基础，利用上一阶段选定的类目属性和维度对其进行再编码。若研究者之前未对数据进行分析，则需根据主题和评估编码中所描述的过程，用选定的类目属性和维度来对数据进行编码。

（3）建构类型模式。

通常，研究者可根据样本规模及所界定的属性空间维度来建构具体的类型模式。研究者也可以尝试建构多个模型，通过对比类型模式的异同，找出最适合用于分析数据的那个类型模式。

---

① 伍多·库卡茨著，朱志勇、范晓慧译：《质性文本分析：方法、实践与软件使用指南》，重庆：重庆大学出版社 2017 年版，第 91 页。

（4）将案例划分至类型。

类型建构初步完成后，研究者需将案例划分至不同类型，且划分必须明确，同一个案例不能同时分属两个或两个以上类型。

（5）描述类型模式及各种类型。

这一阶段，研究者需根据类型的具体属性特征来描述每个类型及彼此之间的关联和差异。

（6）分析与结果呈现。

最终，在研究报告中，研究者可以通过综述表、交叉表等方式对类型模式及各种类型进行描述性统计，或为每一类型选定代表性案例并对其进行重点分析。研究者也可以综合探讨类型模式与主题类目或评估类目的关联性，从而对所建构的类型模式进行深度诠释。

本章思考题

1. 文献研究的基本原则是什么？
2. 田野调查适用于哪些情况？
3. 口述史有哪些优势与局限？
4. 民族志研究的一般过程是怎样的？
5. 深度访谈与焦点团体访谈分别适用什么样的问题情境？
6. 如何理解个案研究成果的推广性问题？
7. 简述扎根理论方法的核心思想及其一般过程。

本章延伸阅读

[1] 玛利亚·海默著，于忠江、赵晗译：《在中国做田野调查》，重庆：重庆大学出版社2012年版。

[2] 伍多·库卡茨著，朱志勇、范晓慧译：《质性文本分析：方法、实践与软件使用指南》，重庆：重庆大学出版社2017年版。

[3] D. 简·克兰迪宁、F. 迈克尔·康纳利著，张园译：《叙事探究：质的研究中的经验和故事》，北京：北京大学出版社2008年版。

[4] 唐纳德·里奇著，宋平明、左玉河译：《牛津口述史手册》，北京：人民出版社2016年版。

[5] 丹尼·L. 乔金森著，龙筱红、张小山译：《参与观察法》（修订版），重庆：重庆大学出版社2009年版。

［6］罗伯特·V. 库兹奈特著，叶韦明译：《如何研究网络人群和社区：网络民族志方法实践指导》，重庆：重庆大学出版社 2016 年版。

［7］唐纳德·里奇著，邱霞译：《大家来做口述历史》（第 3 版），北京：当代中国出版社 2019 年版。

［8］罗伯特·K. 殷著，周海涛译：《案例研究：设计与方法》（原书第 5 版），重庆：重庆大学出版社 2017 年版。

［9］理查德·A. 克鲁杰、玛丽·安妮·凯西著，林小英译：《焦点团体：应用研究实践指南》，重庆：重庆大学出版社 2007 年版。

［10］朱丽叶·M. 科宾、安塞尔姆·L. 施特劳斯著，朱光明译：《质性研究的基础——形成扎根理论的程序与方法》（第 3 版），重庆：重庆大学出版社 2015 年版。

［11］安·格雷著，许梦云译：《文化研究：民族志方法与生活文化》，重庆：重庆大学出版社 2009 年版。

［12］保尔·汤普逊著，张旅平、渠东、覃方明译：《过去的声音：口述史》，沈阳：辽宁教育出版社 2000 年版。

［13］马丁·登斯库姆著，陶保平译：《怎样做好一项研究——小规模社会研究指南》（第 3 版），上海：上海教育出版社 2011 年版。

［14］加里·托马斯著，方纲译：《如何进行个案研究》（第 2 版），北京：中国人民大学出版社 2021 年版。

［15］凯西·卡麦兹著，边国英译：《建构扎根理论：质性研究实践指南》，重庆：重庆大学出版社 2009 年版。

［16］韩雪：《美术信息检索与利用》，沈阳：东北大学出版社 2017 年版。

［17］康永征、辛申伟：《跨学科视阈下的社会科学研究方法》，北京：中国社会科学出版社 2012 年版。

［18］林聚任、刘玉安：《社会科学研究方法》，济南：山东人民出版社 2004 年版。

［19］英国皇家人类学会：《田野调查技术手册》（修订版），上海：复旦大学出版社 2020 年版。

［20］周璐：《社会研究方法实用教程》，上海：上海交通大学出版社 2009 年版。

［21］祝方林：《民族学信息检索》，广州：世界图书出版广东有限公司 2013 年版。

［22］潘善琳、崔丽丽：《SPS 案例研究方法：流程、建模与范例》，北京：北京大学出版社 2016 年版。

［23］陈向明：《质的研究方法与社会科学研究》，北京：教育科学出版社 2000 年版。

［24］Comm, R., Hammersley, M. & Foster, P., *Case Study Method*, London:

Sage，2000.

［25］ Glaser，B. G. & Strauss，A. L. ，*The Discovery of Grounded Theory*：*Strategies for Qualitative Research*，Chicago：Aldine Publishing Company，1967.

［26］ Simon，H. ，*Case Study Research in Practice*，London：Sage，2009.

［27］ Strauss，A. & Corbin，J. ，*Basics of Qualitative Research Grounded Theory Procedures and Techniques*，Newbury Park：Sage，1990.

第三章

量化研究方法

　　国内外学者对于量化研究有不同的定义与界定。国内学者认为量化研究是运用数学方法，对社会现象的数量特征、数量关系以及数量变化进行探索，并且在此基础上预测社会现象变化趋势。① 而国外学者将量化研究定义为一种结合自然科学模式与实证主义规范、采用演绎法分析理论与实践关系的研究方法，尤其强调通过收集和分析数据对理论进行检验。② 故而，对于量化研究的概念，可以理解为一种通过运用数据统计分析方法以探究与检验因果关系的科学方法。

　　量化研究具有实证主义研究方法、因果探究式分析路径以及客观量化统计理念的特征。量化研究具有节省研究成本、便于实验可重复性及结果可推广性的优点，但也具有局限性，如研究对象不明确、不可避免地受到人为因素的干扰进而影响结果的准确性、过于强调客观性而缺少对社会的动态研究。

　　通常而言，量化研究主要有以下四种方法，本章将一一介绍。

　　（1）问卷调查法。

　　问卷调查法是量化研究中最常用的方法之一，是一种采用问卷的形式收集相关研究材料的研究方法。问卷调查法具有标准化、简单化、广泛性与客观性的特征，常常用于大规模定量研究或敏感性简单研究。问卷调查法因其调查方式的灵活性与统一标准化而具有突破空间界限、减少主观因素干扰、降低研究成本的优点，但同时也因问卷简单化导致研究难以深入和问卷填写自主性过高导致回收率与信效度偏低的问题。问卷调查一般需要经过问卷设计、样本抽取、调查实施和数据整理与统计四个步骤。

　　（2）实验法。

　　实验法指的是在可控的环境下测量自变量与因变量之间因果关系的研究方法，也属于常用的量化研究方法之一。本章第二小节将主要介绍实验法计划性、重复性和动态性的基本特征，实验法在关系确定性与关系影响过程解释性研究中的作用以及其优势与局限。实验法的一般过程有准备阶段、实施阶段以及资料整理与总结阶段，在准备阶段中需要注意以实际情况为准进行实验研究设计。

　　（3）知识图谱。

　　知识图谱是以可视化的点边形式表达实体、概念以及两者之间的逻辑关系，本质上是一种大规模语义网络。知识图谱多样的分类标准决定了其多元的划分类型，同一个知识图谱可能同时属于不同类别。本章第三小节将介绍知识图谱的适用范围，其具有提升认知智能与辅助解决问题的优势以及难以识别构建开放性知识、常识性知识与元知识的局限。本章第三小节最后将提及知识图谱构建的四个阶段：知识获取、知识表示、知识管理和知识

---

① 周璐：《社会研究方法实用教程》，上海：上海交通大学出版社 2009 年版，第 10 页。

② Bryman，A.，*Social Research Methods*，Cambridge：Oxford University Press，2015，p. 149.

应用。

（4）社会网络分析。

社会网络分析是对社会实体间的关系网所进行的系统分析与理解。与知识图谱所展现的语义关系不同，社会网络分析强调社会群体不同行动者实体之间的关系。本章第四小节将主要介绍社会网络分析的关系性、网络性和情境化的基本原则，以及其在政治、经济、文化、社会网络分析中的应用，还将介绍其关系化、形象化的优势与忽视个性、边界模糊的局限，最后介绍网络数据的抽取与收集、测量与分析可视化过程。

第一节　问卷调查法

一、问卷调查法的基本概述

（一）问卷调查法的基本概念

"问卷"一词出自法文 questionnaire 的中译名称，它的原义是"一种为了统计或调查用的问卷表格"，也可翻译成"问题表格"或"访问表"，现在大家都习惯称之为"问卷"。[①] 在社会科学研究中，研究者将问卷作为一种资料收集工具用于调查研究中。

"调查"一词与英文 survey 词义相当，在《牛津英汉词典》中 survey 义为"通过提问对特定群体的认知、态度以及行为进行调查"。"调查"的词义一定程度上对调查研究法进行了界定，强调量化以及询问测量的形式。目前，调查研究法即通常所说的调查研究（survey research），是社会科学研究中经常使用的一种研究方式。[②] 具体来说，调查研究法通过自填问卷或访谈调查等方式，对被调查者进行有目的的、系统的资料收集与认知态度分析，从而分析社会现象、解决社会问题。

本书所提及的问卷调查法聚焦于问卷这一量化收集资料的方式，向被调查者了解情况、征询意见。随着科学技术的发展，问卷法逐渐运用于社会科学调查研究中。在非遗的传承与传播相关研究中，问卷调查法能够用于测量某非遗文化的认知现状与传播效果，从而启发相应的传播策略。

---

① 杨国枢、文崇一、吴聪贤等：《社会及行为科学研究法》（上册），重庆：重庆大学出版社 2006 年版，第328 页。

② 林聚任：《社会科学研究方法》（第三版），济南：山东人民出版社 2017 年版，第191 页。

（二）问卷调查法的基本特征

1. 标准化

问卷调查法是一种标准化的资料收集方法，标准化体现在问卷设计、问卷发放以及问卷分析三个层面。问卷设计是标准化的，需要以研究课题与研究假设为指导、与调查目的与内容相统一，具体问题的编制也是经过研究人员对所测量概念进行操作化处理的结果。问卷发放也有标准化的程序与方法，研究人员在进行问卷发放时，会涉及样本的选取，为保证调查的信效度，需要运用恰当的抽样方法进行样本抽取。在问卷分析阶段，所得到的原始资料能够转化成数字，导入电脑进行定量处理与标准化分析。

2. 简单化

问卷调查法属于社会科学研究方法中较为简单易操作的一种。对于研究人员来说，在设计问卷时，强调设问的简单易懂，方便受访者理解与做出准确回答，以达到相应的研究目的。在发放问卷时，研究人员只需将问卷发放至目标群体，等待数据的收回即可。对于受访者来说，问卷问题一般应简明易答，作答时间适中；同时，问卷调查实施应较为灵活，问卷填写方便快捷，可以做到随时随地填写与提交。

3. 广泛性

问卷调查法的广泛性体现在调查内容与问卷发布上。在实际调查中，社会生活的各个方面都可能成为调查的内容，如人们的生活状况、社会问题、舆情民意、市场动态和学术问题等。问卷发放的形式多样化，如当面发放、邮寄、网页、即时通信等形式，能够跨时空调查大范围的目标群体的认知、态度、行为数据。尤其是近年来，网络问卷调查形式兴起，跨时空大范围的问卷发布成为可能，数据收集的广泛性成为问卷调查法的特征之一。

4. 客观性

问卷调查法的客观性，首先是指研究者在收集资料的过程中要保持客观、中立的立场，获得的经验事实是客观的。研究者在研究过程中要排除外界的各种干扰，严守科学研究的道德准则，客观地观察事物，从而获得客观事实和对事实的客观认识。其次，客观性体现在问卷的编码与分析统计中。问卷调查法的答案有预编码流程，数据结果被编码处理之后，研究者将其导入电脑进行分析与计算，因而得到的数据分析结果是经过电脑软件客观统计的。

（三）问卷调查法的适用范围

1. 大规模定量研究

在实际社会研究中，问卷调查法作为一种主要的资料收集方法，常常同大规模的抽样调查以及定量的数据分析相联系。由于问卷调查法能够突破地域空间的限制，在大范围内对众多的调查对象同时进行调查，这种广泛性的特征使其适用于大规模的调查研究。与此同时，问卷调查法由于在问卷设计阶段便对答案进行了预编码，其所获得的大量资料便于转换成标准化的数据，导入电脑后可进一步展开定量处理和分析。

2. 敏感性简单研究

问卷调查法常用于涉及敏感性问题、无须深入探讨的基础研究。首先，问卷调查法具有很好的匿名性，便于对被调查者的实际情况和回答的问题保密。因此这种方法适用于调查涉及被调查者个人隐私、伦理道德、政治态度、社会禁忌等敏感性问题的情况。其次，由于问卷法缺乏弹性，所获得的信息有限，不生动、不具体，很难适应复杂多变的实际情况，也很难对问题做深入探讨。因此，这种方法一般适用于没有深度要求的基础性调查研究。

(四) 问卷调查法的优势与局限

1. 问卷调查法的优势

（1）突破空间限制。

问卷发放形式的多样化，使得问卷能触及大范围空间地域的调查对象，进而收集到多样丰富、非同质化的数据资料。从纸媒时代的邮寄问卷，到信息时代的电子邮件问卷，再到网络时代的网页问卷，研究者能够将问卷分发到全县、全市、全省、全国各地甚至是世界各地来进行相关问题的调查。因此，问卷调查法可以突破地域空间的限制，在大范围内对众多的调查对象同时进行调查。

（2）降低调查成本。

与传统收集资料的方法相比，问卷法具有更高的效率，可以节省大量的人力、财力和时间等调查成本，用最少的投入获取最多的数据信息。问卷调查法多数情况下是由研究人员发放问卷，被调查者自行填写，再由研究人员进行数据回收与处理。这种自填问卷的方式能够在短时间内同时调查多主体。尤其是在进行大样本调查时，这种方法能够在较短的时间内收集某一总体的详细数据资料。

（3）减少主观干扰。

问卷法能有效降低由于人为原因造成的各种偏误，减少主观因素对调查结果真实性所产生的不利影响，从而降低调查资料的误差率，得到更加真实客观的数据结果。问卷调查法的主观干扰要素主要源于调查者与被调查者。具体而言，问卷调查法无须调查者进行问题转述抑或答案主观转码，同时被调查者面对的也是统一标准化的问卷。

2. 问卷调查法的局限

（1）深度不足。

研究者针对特定研究问题所设计的问卷是统一、标准化的，问卷缺乏弹性与灵活性，无法根据调查的实际情况进行相应变动与调整，所得到的数据结果也就难以准确贴合实际。换言之，问卷中所有预设问题的答案选择是有限的，被调查者只能在一定答案范围内选择。因此，问卷调查法难以深入地探讨复杂多变的实际情况，对事物理解与解释的深度不足。

（2）回收率不足。

由于填写问卷的自主性较高，问卷回收率常难以保证。通常而言，问卷发放至被调查者后，其自行完成问卷填写再发回研究人员。在这个过程中，一份问卷能否完成、能否收回，将主要取决于被调查者。如果被调查者对该项调查研究的兴趣不大、态度不积极、责任心不强，或者被调查者受到时间、精力、能力等方面的限制，他就可能选择随意填写或者放弃答卷，从而使问卷的回收率受到影响，最终不利于保证调查研究的质量。

（3）信效度不足。

由于无调查者在场，所以被调查者填答问卷的环境就无法控制，所得到的数据信效度难以保证。被调查者既可以同别人商量着填写，也可以和其他人共同完成，甚至还可能完全交给别人代填。另外，当被调查者对问卷中的某些问题不清楚时，也无法向调查者询问，这往往容易产生误答、错答或缺答的情况。

二、问卷调查法的一般过程与方法

（一）问卷设计与评估

1. 问卷设计原则

研究人员在进行问卷设计时，需要遵循目的性、适应性、逻辑性和简明性的基本原则，这些基本原则一定程度上保证了问卷设计的准确性与科学性。

目的性原则是指问卷设计要服从调查目的。调查目的决定着问卷的内容和形式，问卷设计的过程实际上就是将调查目的具体化的过程。若调查目的发生变化，问题编制的侧重点就会有所不同，如描述性研究与解释性研究的问题深度是截然不同的。

适应性原则是指问卷设计符合被调查者的需要。因为问卷填写的主导方是被调查者，那么问卷设计需要切实考虑其心理和思想上的要求，比如明晰问卷的目的和意义、保护被调查者的个人隐私信息、确保问卷填写的简易度。

逻辑性原则是指问卷的设计要有条理性和程序性，即要求问题与问题之间要具有逻辑性，也要求独立问题本身不能出现任何逻辑上的谬误，笔者将在后文提到可以使用卡片法或框图法进行问卷设计来确保问卷整体的逻辑性。

简明性原则是指问卷问题设置要通俗易懂、简明易填。如果问卷中所设计的问题数目过多、难度过高，需要花费很长时间来填答，那么被调查者就会产生负面情绪，以至于敷衍作答、应付了事，甚至会产生反感情绪，拒绝答卷，从而不能保证调查的顺利进行，也无法保证调查资料的质量。

总而言之，在问卷设计的过程中，目的性、适应性、逻辑性以及简明性的原则有助于使问卷契合调查课题目的，迎合被调查者的生理和心理需求，提高问卷应答率与回收率，从而有效、高效地回收相关数据资料。

2. 问卷设计程序

问卷设计并非一步到位，一份问卷一般需要经过基础探索、设计初稿、评审试用以及修改定稿这四个阶段。

基础探索阶段是指在进行问卷设计之前，要先了解和熟悉相关研究问题或者被调查者的基本情况，以便对问卷设计中各种问题的提法和可能的回答有一个初步的考虑。开展基础探索的方式主要有两种：一是收集相关文献资料，了解前人的相关研究及成果；二是与被调查者进行交谈，了解他们的基本情况及对特定问题的基本态度与看法，形成对所要调查问题的可能答案。

设计初稿阶段紧接在基础探索阶段之后。一般而言，问卷设计有两种主要方法，分别是卡片法与框图法。卡片法以归纳为特征，从具体问题着手，然后延展到部分，最后形成整体。卡片法共有以下六步：第一步是根据探索性工作中的记录、印象和认识，把每一个问题及答案单独写在一张卡片上；第二步是合并同类项，将同类的问题归堆；第三步是将各个子堆下的问题卡片进行先后排序；第四步是根据问卷整体的逻辑结构排出各子堆的前后顺序；第五步是从简易性、逻辑性等角度，对问卷不当的地方进行调整和补充；第六步是形成问卷初稿。框图法以演绎为特征，与卡片法的逻辑建构恰恰相反。框图法具有以下四步：第一步是先根据研究假设和所需资料内容的逻辑结构，在纸上画出整个问卷的子部分及先后顺序的框图；第二步是具体写出每一部分中的问题及答案，并安排好具体问题的顺序；第三步则与卡片法类似，也是从简易性、逻辑性等角度，对问卷不当的地方进行调整和补充；第四步是把调整好的问题及答案重新抄在另一张纸上，形成问卷初稿。

问卷初稿设计完以后，通常不是直接将其用于正式调查，而是必须对其进行一系列的评估与试用。评审问卷的方法主要有两种：第一种是主观评价法，即将问卷初稿发送给领域内专家或研究人员进行评审，请他们提出相应的意见建议，对其中的不足予以修改；第二种是客观检验法，即在正式调查的总体样本中随机或非随机地抽取一个小样本，采用问卷初稿进行预调查，分析预调查问卷的回收率、有效回收率、内容填答的规范性和完整性等方面的内容，从中发现问题和缺陷并进行修改。

在评审试用之后，相关研究人员者就要对问卷存在的问题和缺陷逐个进行认真的审视和修改，并最终形成问卷的定稿，交付印刷。

（二）样本抽取与选择

1．界定抽样总体

界定抽样总体就是对所要研究总体的范围和界限进行具体而详细的规定，以方便从中抽取调查样本，具体包括明确总体的范围、内容和时间等。抽样总体有时不等于理论上的研究总体，样本所代表的也只是明确界定的抽样总体。此外，由于调查研究内容的不同，对总体的界定也会有所不同。

2．编制抽样框

编制抽样框就是根据已经明确界定的总体，确定所抽取的样本的来源范围，并通过对各单位个体进行统一编号进而组合成一种可供选择的形式，如名单、代码、符号等。抽样框的形式受总体类型的影响，简单的总体可直接根据其组成名单形成抽样框，但对构成复杂的总体，常常根据调查研究的需要，制订多个不同的抽样框分级选择样本。

3．选择抽样方法

在调查中究竟选择何种抽样方法，则与抽样框、目标总体的相关信息及地理分布、抽样效率等因素有关。通常而言，抽样方法主要有概率抽样与非概率抽样两类。这两大类抽样方法之下囊括更加具体的抽样方式，分别适用于不同的调查研究，比如常见的概率抽样方法包括简单随机抽样、系统抽样、分层抽样、整群抽样和多阶段抽样等；非概率抽样包括任意抽样、判断抽样、配额抽样和滚雪球抽样等。因此，需要综合考虑调查研究目的、要求、成本等因素，确定最恰当的抽样方法。

4．估计抽样误差

在抽样设计中，考虑到抽样变异性的存在，必须事先确定可容忍的抽样误差。可容忍误差取决于某一置信度下预期统计值的置信区间的大小，而置信度则代表了置信区间包含参数值的概率。在调查研究中，抽样误差越小，其精确性或代表性越高。因此，进行抽样设计需要将抽样误差控制在可接受的区间之内。

5．确定样本规模

样本规模是指一个样本中包含个体数量的多少，强调适度原则。当抽样数目过多，就会增加人力、物力和财力，耗费过多的调查成本；抽样数目过少，会由于抽样误差而影响最终调查成果，不能保证样本对总体的代表性，也就不能对总体做出正确的推论。在理论上，样本规模可以通过公式计算来确定。例如在简单重复随机抽样的条件下，由样本均值推断总体均值时，必要的样本规模计算公式为：

$$n = \frac{t^2 \times \sigma^2}{e^2}$$

其中，t 为置信度所对应的临界值；σ 为总体的标准差；e 为抽样误差。

（三）调查实施与管理

1. 问卷发放

在完成问卷设计与确定调查样本之后，研究者需要对最终定稿的问卷进行发放，正确有效的发放决定着问卷的回收率与应答率。研究者可以采取相应的激励措施来刺激广大读者填答问卷的兴趣和积极性，如抽奖、赠送礼品等。除了相应激励措施外，更为重要的是通过恰当的问卷分发方式触达目标对象。通常而言，主要的问卷发放方式有自填问卷法与代填问卷法。其中，自填问卷法又包括发放问卷法、邮寄问卷法、报刊问卷法和网络问卷法，代填问卷法主要有电话访问与当面访问。根据调查目的要求、调查目标群体特征及调查问卷复杂程度，选择恰当的问卷发放方式，能够使问卷的回收率更高，进而得到充足的资料数据。

2. 问卷回收

问卷回收环节与问卷发放环节紧密相连、息息相关。问卷回收时尤其要注重两个层面，分别是当场检查问卷填写情况和注意提高问卷回收率。一方面，调查人员在回收问卷时，需要粗略地检查一下问卷的填写质量，重点关注是否有空填、漏填和明显的错误，以便及时纠正，保证问卷有较高的有效性。如产生过多无效问卷，会对整体调查研究质量产生不利影响。另一方面，提高问卷回收率是整个问卷调查成败的重要标志，回收率很低也会严重影响调查的质量和结果。

（四）数据整理与统计

1. 数据检查

在对所得数据资料进行编码和录入之前，需要先对数据资料进行检查。资料检查的目的是查看数据资料是否完整、准确和真实，主要通过对回收问卷的完整性、准确性和真实性的检查来实现。具体而言，即检查问卷是否存在漏填、错填、无效填写的情况，从而进一步进行筛选和剔除。

2. 数据编码

资料编码原则上是为被调查者的答案分配一个相对应的计算机软件能够识别的代码，这个代码就是代表该项回答内容的编码。在绝大多数情况下，编码采用数字作为代码，但对于一些特殊答案，研究人员偶尔也采用字母作为代码。编码主要分为事前编码和事后编码两种方式，根据问题答案特点与研究人员的研究进度，可以采取不同的编码方式。

3. 数据分析

在资料编码完成后，就可以进行数据的计算机录入和数据文件的整理分析工作。数据录入是将问卷资料所对应的代码扫描或用键盘直接输入计算机，建立起数据文件，而数据文件整理分析包括数据清理和缺失值的处理。前者是利用统计软件查找数据错误；后者则是通过分析，有效地对缺失值予以补救。在形成一份完整的数据文件后，可运用相应的数据分析工具进行数据的描述性、解释性抑或是探索性分析。

第二节　实验法

一、实验法的基本概述

（一）实验法的概念

在社会研究方法领域中，学者将"实验"定义为"一种经过精心的设计，并在高度控制的条件下，通过操纵某些因素，来研究变量之间因果关系的方法"①。在社会科学研究中，实验法通常被认为是一种有目的、有意识地通过改变某些社会环境的实践活动来认识实验对象的本质及其发展规律的方法，是旨在揭示自变量与因变量之间因果关系的可控制的研究方法。换言之，研究者通过引入一个变量，以观察和分析它对另一个变量所产生的效果。

实验法具有三组基本元素，分别是自变量与因变量、前测与后测、实验组与对照组。

实验法的中心目标是理解因果关系，其基本内容是检验自变量对因变量的影响。通常，自变量是实验中的刺激因素，是指引起其他变量变化的变量，也称作原因变量。而因变量是一种由自变量所引起的人、事物或现象的变化，它是调查研究所测量的变量，是需要解释的现象。但是，自变量与因变量并非一成不变，一项实验中的自变量可能成为另一项实验中的因变量。

在一项实验中，通常需要对因变量进行前后两次相同的测量，第一次在给予实验刺激之前，称为前测。第二次则在给予实验刺激之后，称为后测。研究者通过比较前测和后测

---

① 风笑天：《社会学研究方法》（第三版），北京：中国人民大学出版社 2009 年版，第 205 页。

的结果来衡量因变量在给予实验刺激前后所发生的变化，反映自变量对因变量所产生的影响。实际上，实验者所寻求的并不是刺激后的结果，而是因变量在接受刺激前后的变化。

为了验证因变量的变化确实是由自变量引起的，研究者通常把实验对象分为实验组和对照组。实验组是指实验过程中接受实验刺激的那一组对象，对照组则是指不接受刺激的那一组对象，也称为控制组。即便是在最简单的实验设计中，也至少会有一个实验组。对照组能够凸显实验刺激，带来的变化，其不接受任何实验刺激，展现最原始的状态，从而与接受实验刺激的组别进行对比。

（二）实验法的基本特征

1. 计划性

计划性是指实验法中的实验环境是经过一定人为加工创造的。实验法的核心环节是整体研究设计，而实验环境设计又是研究设计中的重要部分。研究人员需要根据研究问题与目的，有计划地强化或创造实验对象所处的环境。在此环境下，对实验对象进行调查，有助于得到在自然条件下难以得到的资料。

2. 重复性

重复性是指实验法可以在任何时刻重复进行。由于实验环境是经过人为加工和控制的，那么创造相同或者大体一致的实验环境并不难。研究人员在需要重复验证实验结果或检测实验一般性时，可以随时重建当时的实验环境，进行重复性实验研究，这也是实验法的最典型特征。

3. 动态性

动态性是指实验对象的变幻莫测。在社会学研究中，实验对象一般是具有主观能动性的人，是参与社会发展的社会成员，由于社会环境在不断变化，实验对象会适时调整自己的实践理念与方式。因此，在实验研究进行的过程中，实验对象的动态性会影响研究人员对实验环境的控制。

（三）实验法的基本分类

1. 标准实验与非标准实验

根据对实验条件的控制程度与整体实验设计的规范程度，实验研究可以分为标准实验与非标准实验。标准实验，顾名思义，即具备完整的实验要素和严谨的实验设计。完整的实验要素包括两个或多个相同的组、前测和后测、封闭的实验环境、实验刺激的控制和操纵等。非标准实验是相对于标准实验概念，指的是并不具备标准实验所要求的所有条件，为了研究的需要而进行的必要省略或者特殊设计的实验。例如在社会科学实验设计中常用的单次研究设计、单组前后测设计、静态组间比较等实验方法都属于非标准实验。在实际的研究实践中，完全的标准与非标准实验设计都是很难做到的。标准实验与非标准实验处于两个端点并有相互趋近的趋势，标准实验往往体现出某种弹性（尤其在社会科学实验中），非标准实验以标准实验为依据，在设计和操作上向标准实验靠拢，因而有时也将其称为"准实验设计"。准实验设计也称为"半实验设计"，指的是完整的标准实验中缺乏一个或多个"条件"或"部分"的实验。① 实际情况下的实验设计位于两个端点之间，其是倾向于标准实验还是趋近于非标准实验，取决于研究的性质、目的和精度要求。

2. 实验室实验与实地研究

根据实验场地的不同，可以将实验研究划分为实验室实验和实地研究。实验室实验，是自然科学研究中最常用的方法，指在一个封闭的实验室中创造实验环境，在此环境下对变量之间的相关关系进行探究。实验室研究由于其实验环境较为封闭，受到外界因素干扰较少，所以实验背景和变量较易为研究人员所控制，所得实验结果具备相当的准确性。但是，实验室研究在课题适用性和结果推广性上往往较差，研究者无法将感兴趣内容在实验室中人工创造，实验结果往往由于实验室条件的局限性难以推广至实际情况。因此，实地研究的出现一定程度上克服了这两个局限。实地研究是指研究人员直接走进实验对象所处的环境，进行观察和资料收集。实地研究的主要方法有观察法、个案研究法和访问法等，其中以观察法运用最多。实地研究虽然可以在真实的社会环境中观察到人们的自然反应，但同时研究者又常常难以对众多有可能影响因变量的实验背景、实验条件进行控制，难以孤立出自变量的独立影响。

3. 双盲实验

双盲实验是指实验刺激对于参与实验的双方（包括实验对象和实验人员）来说都是未知的，实验刺激由第三方任意指定到实验组或者控制组中。究竟是实验组还是控制组被给予了实验刺激，参与实验的双方都不知道。之所以有双盲实验，是因为在实际实验研究中容易出现"主试效应"和"被试效应"。"主试效应"又称为"罗森塔尔效应"，指由于实验者对研究结果的期望而产生的实验偏差；而"被试效应"又称为"霍桑效应"，指由于实验对象对其被试身份的认识及态度而产生的实验偏差。② 对于这两种效应，可以从主观影响因素的层面理解，即"主试效应"是从实验人员层面来理解，实验人员的主观认知态度会影响实验研究过程及结果；而"被试效应"则是从实验对象层面来探讨，实验对象的主观认知态度会影响其在实验研究中的言行举止，其可能会做出与本身并不相符的行

---

① 风笑天：《社会学研究方法》（第三版），北京：中国人民大学出版社 2009 年版，第 457 页。
② 周璐：《社会研究方法实用教程》，上海：上海交通大学出版社 2009 年版，第 201 页。

为，进而会影响实验研究的结果。总而言之，双盲实验的应用能够在一定程度上避免实验人员和实验对象的主观态度对调查结果的干扰，降低结果的误差与偏差。

（四）实验法的适用范围

1. 关系确定性研究

实验研究实际上是对自变量与因变量之间关系的探讨。如前文所述，自变量和因变量是实验研究的基本要素，无论是单组实验设计还是多组实验设计，最主要的目的是探讨和确认变量之间的因果关系。具体而言，当两个事物之间的关系不明晰时，可以采用实验法探讨和确认两者的关系。比如，实验法可以确认事物 A 对事物 B 是否构成因果关系。

2. 解释性研究

实验法除了适用于探讨确认关系性研究，还能够对事物之间的关系进行进一步解释。即使两个事物之间的因果关系已经明确，即事物 A 会影响事物 B，但其中的具体影响流程仍然可以通过实验观察来厘清。因为在实际的实验研究中，实验人员通常会对实验对象进行细致具体的观察，所以实验研究不仅能得出变量之间的因果关系，还可以明确因果关系的具体产生过程。

（五）实验法的优势与局限

1. 实验法的优势

（1）明确因果关系。

实验法能够在控制免受其他因素干扰的情况之下，确定事物之间的因果关系。即在实验开始时，研究者就可以发现实验对象的某些特征，然后引进实验刺激，如果发现了他们在实验之后具有了不同的特征，实验对象又没有受到其他刺激或因素的干扰，那么，研究者便可以总结出特征的改变归因于实验刺激，并且在实验刺激和特征改变之间建立起了因果关系。相对于在自然环境中所做的实验来说，这种实验结果在理论上更加明确。由于社会现象的多变性和个体的多样性，在自然环境下取样或实验会产生差异，如果忽略差异性问题，得到的变量关系有可能是表面上的虚假关系。而实验法有效解决了差异性问题，厘清了事物之间的因果关系。

（2）控制干扰因素。

与其他的社会科学的研究方法相比较，实验法对研究对象、研究环境、研究条件等具有较高的控制程度，这对于资料的分析和假设的检验来说是非常重要的。尤其是实验室实验一般是在实验室内进行的，具有与外部世界暂时隔离的特性，因此研究者可以通过对实验条件和实验对象的控制，减少或排除外部因素对实验结果的影响，减少各种误差的产生。另外，实验室实验对自变量和实验环境的控制，可以使实验结果的可信度显著提高。

（3）降低研究成本。

实验法的研究对象数量少、研究持续时间短、研究问题量小的特点，决定了其研究成本并不高。首先，实验研究受到研究目的和研究问题的限制，实验样本数量不同于调查研究，其研究对象数量规模通常较小。其次，实验研究持续的时间比较短。为了测量实验刺激带来的因变量的变化，实验一般是在比较短的时间内完成的。一方面是因为受试者不可能长期"生活"在实验室里；另一方面是因为作为受试者的人是不断变化的，实验时间的延长会直接影响实验结果的准确性。最后，实验研究聚焦的问题量较少。一般而言，实验研究法聚焦于某几个变量之间的相关关系，所探讨的问题简单明了。

2. 实验法的局限

（1）人为因素强。

在实验研究中，从实验环境到参与实验的人员，人为主观性难以避免。首先，实验研究的环境是人为创造的，实验环境一定程度上蕴含了研究人员的主观性。其次，如上文所述，实验研究存在"主试效应"与"被试效应"。由于研究者会有意无意地给受试者以某种暗示，某些受试者也会有意去迎合研究者的期望，因而就有可能出现实验对象的行为受到研究者影响的情况，造成一种虚假的因果关系。

（2）外部效度较低。

实验法由于是在一定的控制环境中开展，其实验结果能否推广应用至现实社会中是无法确定的。这种外部失真称作外部无效度或者外部低效度。[①]

（3）样本代表性弱。

由于实验法所需要的样本数量较少，所抽取的样本会存在一定的缺陷，那么其能够代表总体的能力便相对较弱。实验研究中所选择的数量较少的受试者往往缺乏广泛的代表性，这就容易造成在实验室中得到的研究结论应用到现实中时产生"失灵"现象，研究结果的可推广性弱。然而，对于实验研究而言，要想造就一个能够反映较大总体的研究样本往往是非常困难的，或者是根本不可能做到的，这便是实验法一般更多地运用于小样本心理学研究的根本原因。

（4）法律伦理限制。

实验法实质上属于一个社会过程，同样也会受到法律法规和道德伦理的限制。在社会科学的实验研究中，实验室创造了一个社会环境，人作为实验对象，在这个模拟的社会环

---

① 林聚任：《社会科学研究方法》，济南：山东人民出版社 2017 年版，第 221 页。

境中进行社会活动，这类社会活动也在法律法规和道德伦理限制的范畴之内。例如，有关暴力侵犯的研究、隐私问题的研究等都与法律法规、道德伦理有关。另外，由于在研究的过程中要关注受试者作为人的尊严，所以往往与科学研究在某些方面产生背离，影响到实验结果的科学性。

二、实验法的一般过程与方法

（一）准备阶段

1. 确定研究问题

研究问题是整体研究设计的核心点，研究设计各个环节都需要围绕研究问题展开。因此，确定研究问题需要研究者查阅相关理论文献，厘清研究现状与研究缺口，确认所预设研究课题的价值及可行性。

2. 提出研究假设

假设的因果关系是实验设计的依据，也是实验证明或检验的目标，所以提出研究的假设或者问题是实验研究的主要步骤。研究者需要选择和分析各个有关的变量，将变量分类并建立变量间的因果模型。

3. 进行研究设计

研究设计是实验研究得以实施的重要保证，能够使实验研究稳步行进；若研究过程出现新情况，也能根据具体实际情况适时调整。研究设计从宏观来看，包括选择实验场所、配备各种实验设备、准备测量用的工具、制定实验的日程表、安排控制方式和观察方法。从微观来看，主要指实验研究中实验组别的设计，通常分为简单实验设计与多组实验设计两种类型。简单实验设计意在探讨一组自变量与因变量之间的关系，而多组实验设计能探讨多组变量以及控制多种因素。

（1）简单实验设计。

简单实验设计也称为"经典实验设计"或"古典实验设计"，其一般用于研究和解释一个自变量和一个因变量之间的因果关系。此外，它只分为一个实验组和一个对照组，或仅有一个实验组。简单实验设计又可以分为以下几种模式：单组后测设计、单组前测后测设计、两组前后测的实验设计以及两组无前测的实验设计。这里的前后测概念与前文所提到的一致，即是否在对应的实验组中测量事物在刺激投放前或投放后的变化。

（2）多组实验设计。

多组实验设计一般而言具有三个以上的组，它克服了单组实验设计的局限性，能够分析交互作用效应的影响，解决外在无效度的问题，同时利于分析多个自变量对因变量的影响。多组实验设计的目的是排除实验中的各种干扰性因素，以便更精确地把握变量之间的关系。典型的多组实验设计有所罗门三组设计、所罗门四组设计和因子设计。

（二）实施阶段

1. 选取实验对象

选择实验对象是实验研究中的抽样过程，对于实验结果有重要的影响作用。一般采用随机、指派等方法进行实验分组。有的实验对象是在实验实施前就确定好的，有的是在实验的过程当中进行选择分配的。选择实验对象的原则有两个：第一个是"概化"的原则，即实验所选择的对象一定要代表所要研究的大众群体；第二个是"相似"的原则，即研究的实验组和对照组应当尽可能地做到相同或者相似。

2. 推进实验研究

实验实施指根据实验设计的方案进行实验，控制实验环境，引入自变量，然后仔细观察，做好测量记录。实验所要求的观察记录应当是定量化的数据，因为自变量对因变量的影响只能通过定量化的指标才能加以评定。测量工具一般有问卷、量表和仪器等工具，测量工具的选择首先要保证它们的准确性和可靠性。

（三）资料整理与总结阶段

1. 整理实验资料

整理实验资料环节要求对观测记录运用统计方法进行整理和分析，得出实验结果，从而检验所提出的假设是否被证实，并提出理论解释和推论。实验资料的统计分析是完成实验研究的必要环节，其最终作用于假设验证与结果输出。

2. 撰写实验报告

最后，研究人员还需要根据前期文献资料和实验结果撰写实验报告。实验报告是实验的最后环节与最终成果。实验研究的最后一步是撰写实验报告。实验报告是对实验结果的说明，包括分析实验实施过程、假设推论，解释数据、分析结果，反思实验的局限性。

第三节 知识图谱

一、知识图谱的基本概述

（一）知识图谱的概念

"知识"的具体定义是模糊的。彼得·伯克在《知识社会史》一书中，通过区分"信息"与"知识"的概念，将"知识"一词表示为通过深思熟虑地处理过或系统化的信息。[①] 一般而言，"知识"指人们在社会实践过程中对物质世界和精神世界的认知总和。

知识图谱（Knowledge Graph）最早由 Google 公司于 2012 年提出，狭义的知识图谱特指一类知识表示，本质上是一种大规模语义网络，是知识表示的一种形式。广义的知识图谱是大数据时代知识工程在一系列技术的总称，在一定程度上指代大数据知识工程这一新兴学科。"知识工程"这一概念在社会科学研究中并不陌生，在 20 世纪 70 年代就出现了"专家系统"与"知识工程"的概念，知识工程一定程度上是知识图谱的前身。

本书从狭义层面探讨知识图谱的内涵，知识图谱包含实体（entity）、概念（concept）以及它们之间的语义逻辑关系，强调用可视化的点边形式表达实体与概念之间的语义关系。知识图谱的点包括实体、概念和值（value）。实体又称作对象或实例，是独立的、不依附于其他东西而存在的。黑格尔在《小逻辑》一书里曾经给"实体"下过一个定义："能够独立存在的，作为一切属性的基础和万物本原的东西。"[②] 在知识图谱中，概念能够将实体进行分门别类，概念化即将实体归到某一具体类别中。值是每个实体都具有且表示一定属性的，属性值可以是常见的数值类型、日期类型或者文本类型。知识图谱的边可以分为属性与关系两类。属性描述实体某方面的特性，比如人的出生日期、身高、体重等。关系则可以认为是一类特殊的属性，在知识图谱中常常指实体之间的属性关系、实体与概念之间的实例关系或者概念之间的子类关系。

① 彼得·伯克著，陈志宏、王婉旎译：《知识社会史》（上卷），杭州：浙江大学出版社 2016 年版，第 12 页。
② 肖仰华等：《知识图谱：概念与技术》，北京：电子工业出版社 2020 年版，第 3 页。

（二）知识图谱的基本分类

1. 以语言种类为分类标准

根据知识图谱中涉及的语言种类数量，知识图谱可以分为单语言图谱和多语言图谱。单语言图谱指的是所涉及的知识内容是单种语言的。比如由普林斯顿大学构建的 WordNet，以勾连英文单词的同义词为准则建造的单语言词汇图谱，只涉及英语。与单语言图谱相对，多语言图谱指的是在图谱建构中涉及多门语言。比如麻省理工学院建构的 ConceptNet 属于多语言常识图谱。

2. 以用途为分类标准

根据知识图谱的知识覆盖面和应用范围，可以分为通用图谱、领域图谱和企业图谱。通用图谱可以被看作一个百科知识库，其中包含了大量现实世界中的常识性知识，覆盖面极广。而领域图谱，通常面向某一特定领域，可以理解为一个行业知识库，又叫"行业知识图谱"或"垂直知识图谱"。企业图谱的面向范围更小，其主要聚焦于企业内的知识信息的集合，可以看作一个企业知识库。从通用图谱到领域图谱再到企业图谱，知识的整合和覆盖范围由广变窄，图谱建构愈发专业化。

3. 以建构方式为分类标准

根据建构方式的不同，可以将知识图谱分为全自动图谱、半自动图谱和人工图谱。全自动图谱指完全由机器建构的知识图谱，该类图谱依靠大数据、算法、人工智能等技术，完成从知识获取—知识存储—知识融合—知识表示的全过程，全自动图谱的知识处理量最大，如麻省理工学院建构的 ConceptNet，囊括了 800 万个实体和 2 100 万条关系；半自动图谱指的是以人机协作的形式完成知识图谱构建，数据覆盖面与处理量介于全自动图谱与人工图谱之间，如 WikiData，通过众包编辑囊括了 540 万个实体；人工图谱则是依靠作为社会实践主体的人进行图谱建构，其知识处理量远小于全自动图谱和半自动图谱，如由普林斯顿大学构建的英文同义词图谱 WordNet，仅有 15 万个词、11 万组同义词集合以及 20 万条关系。

4. 以建构路径为分类标准

根据知识图谱的建构路径，可以将知识图谱分为自顶向下式图谱和自底向上式图谱。自顶向下式图谱指的是先设立本体模型，即为抽象的数据模型，再将事实添加到知识图谱数据层，进而形成一个完整化和体系化的知识图谱。本体构建与实体填充是该路径的具体步骤。本体构建方式有两种，其可以从结构化数据库中抽取高质量数据形成模型，也可以由领域专家进行界定和建构。实体填充需要先从半结构或者非结构的数据中抽取实体、关系和属性，再与结构化数据中的实体对齐，以求同存异的原则消除矛盾与歧义。自底向上式图谱指的是先从开放性的数据出发，从中抽取实体、关系、属性，形成置信度高的数据模型，并在人工审核后加入知识库中，再将其抽象化为上层概念，最终形成知识图谱。自底向上的方式具有三个步骤：信息抽取、知识融合和知识加工。信息抽取即对半结构化或非结构化数据中的实体、关系、属性进行抽取；知识融合指的是与结构化数据对齐与消歧；最终的知识加工一方面是对由知识推理得到的新知识进行评估与过滤，将高质量的新知识加入知识图谱中，另一方面是在数据中归纳上层概念、抽取本体模型，形成高质量的知识图谱。

5. 以知识类型为分类标准

根据对知识图谱中的知识类型的辨别，可以分为概念图谱、百科图谱以及常识图谱。概念图谱聚焦于探讨实体与概念或者两个概念之间的 isA 关系。实体、概念和 isA 关系是概念层级体系中三种主要元素。如在"cat isA animal"（猫是一种动物）中，cat 是实体，animal 是概念，isA 就是二者之间的关系。又如"red isA color"（红色是一种颜色），红色是子概念，颜色是父概念。百科图谱的数据源于各类百科网站，将百科网站中的知识数据输出为可视化图谱，如输入维基百科输出 DBpedia，输入百度百科输出 CN-DBpedia。除了单源百科网站的图谱输出，还有多源百科图谱输出，通过把已有的知识图谱进行整合形成新的知识图谱，抑或通过多个数据源融合成知识再构建图谱。常识图谱将人类社会的常识整合成可视化图谱，可以看作一个"人类常识的百科全书"。Cycorp 构建的 Cyc 是一个典型的常识图谱，其尝试将人类的常识编码成知识库，所有的知识都用一阶逻辑来表示，便于机器阅读，用以支持机器像人类一样进行自动推理，Cyc 目前包含了 700 万条断言（事实和规则），涉及 63 万个概念和 38 000 种关系。[①]

（三）知识图谱的建构原则

1. 合理定位

数字技术的局限性决定了知识图谱的建构需要遵循合理定位的原则。由于目前知识图谱的构建在一定程度上还离不开以人工智能为代表的一类数字技术，而数字技术即便发展再快，也仍旧无法替代领域专家。因为在知识图谱建构的过程中，会涉及大量机器无法识别或者涉及处理大量的元知识，以及大量难以表达的知识。故而，在建构知识图谱时，知识图谱项目的主要项目和目标的确立应以人为主（尤其是领域专家）。

2. 循序渐进

知识图谱建构过程的复杂性决定了知识图谱的建构需要循序渐进。知识图谱建构体系

---

① 肖仰华等：《知识图谱：概念与技术》，北京：电子工业出版社 2020 年版，第 33 页。

包括知识抽取、知识表示、知识融合、知识管理和知识应用等。整个过程环环相扣，耗时耗力。知识图谱的知识表示与抽取虽然能够依靠机器，但是仍需要专业人士的监督与指导，而知识融合与推理更离不开领域专家，最后的知识存储与检索便是较为轻松的阶段。一个完整的知识图谱无法省略任何一个环节，故而面对复杂的建构过程，研究人员要坚持以循序渐进为原则，将每一个阶段的工作高质高效地落到实处。

3. 由粗到细

知识表示的粒度粗细之分决定了知识图谱的建构需要遵循由粗到细的原则。知识的粒度粗细表示着知识表达的准确度，一般而言，知识粒度越细表达越精准，反之亦然。但是，粒度越细知识获取的难度也就越大，知识的不确定性会相应增大。因此，研究人员在建构知识图谱时，可以由获取难度小、不确定性低的粗粒度知识着手，随后一步步推敲与打磨，将粗粒度的知识具体化到细粒度知识，实现由粗到细、逐步求精的建构。

4. 求同存异

知识的主观性决定了知识图谱的建构需要遵循求同存异的原则。人们认知世界的方式和结果都具有差异性，知识也因人而异。知识的主观性差异往往是细微的，特别是对于常识性知识来说，比如，在烹饪时常常遇到"少量""适量"的表达，到底这个"量"是多少，每个人的观点都是不同的。因此，在进行知识图谱建构时，求同存异是最好的解决办法。随着知识系统的上线，用户反馈的数据日益增多，有争议的事实可以使用数据驱动的方法来加以界定。比如，搜索同一道菜的不同菜谱，可以综合不同人的菜谱来判断量的多少。

5. 人机协同

人机能力侧重点的不同决定了知识图谱的建构需要遵循人机协同的原则。在大数据时代，知识图谱的建构需处理海量繁杂的数据。机器的自动化知识获取虽然已被广泛应用，但当前的知识获取自动化仍然需要人的干预。首先，机器需要人类（尤其是领域专家）赋予其认知世界、认知特定领域的基本概念框架，比如，对领域本体或者领域模式的定义之类的元知识。其次，机器需要人类标注样本、反馈结果。一个词是否为合适的领域词汇，一幅病理图片是否指征相应的病变，这些都需要具有较丰富的业务知识才能完成。因此，人机协同是知识图谱工程推进的基本原则之一。

（四）知识图谱的适用范围

1. 数据与服务

知识图谱具有数据与服务能力，这种数据与服务能力包括数据分析、智慧搜索与智能推荐。

数据分析需要知识图谱。在互联网时代，大数据被称作"原油"。但是由于数据已不再是当今的稀缺资源，对数据的过滤、分析与整合反而是稀缺的，这导致大数据无法完成价值变现，其反而成了一种负担。知识图谱是一种强有力的数据分析工具，能够有效地对海量无序的大数据进行过滤、分析与整合，让大数据发挥最大的效用价值。

智慧搜索需要知识图谱。顾名思义，智慧搜索能够精确满足用户的信息检索需求。而知识图谱恰恰能够通过建立多粒度、多层次、多模态的语义关系来增强对象表示，进而强化用户信息需求与搜索结果之间的关系，从而满足用户的信息检索需求。

智能推荐需要知识图谱。智能推荐可以理解为一种依托大数据、算法和人工智能等技术的满足用户精确需求的信息推送服务。用户的信息需求不一，这对智能推荐提出了更高的要求，而知识图谱能够厘清各类语义关系，从而完成各类智能推荐任务。比如针对特定消费者场景而形成的知识图谱，能够建立起特定场景与消费者之间的关系，进而实现智能场景化推荐。

2. 记录与传承

知识图谱中记录与传承的应用主要体现在数字人文领域。记录与传承的主要对象是人类社会中的人文知识，人文知识通过数字技术和方法来获取、分析、集成和展示。[1]

中国的数字人文项目中蕴含了知识图谱的建构逻辑。如由哈佛大学费正清中国研究中心、中国台湾"中央"研究院历史语言研究所、北京大学中国古代史研究中心合作构建的中国历代人物传记资料库（CBDB），从多个维度收集中国历代名人信息，包括基本姓名、地址、官职、社会关系等，直观、清晰地展示了人文领域中的实体与内在关联。[2]

3. 咨询与解决方案

知识图谱为决策支持提供深层关系发现与推理能力。人们越来越不满足于简单的关联知识，而是希望发现和挖掘一些深层、潜藏的关系。如在商业领域，我们在下订单前可能不仅关注产品服务本身，还会注意产品或品牌的代言人、品牌概念等附加信息。除了产品服务本身，消费者还会关注更为深层的因素，也在确定最终决策前对此有相应的信息咨询需求。因此，建立包含各种语义关联的知识图谱，挖掘实体之间的深层关系，已经成为决策分析的重要辅助手段。

（五）知识图谱的优势与局限

1. 知识图谱的优势

（1）认知智能的基石。

知识图谱赋能机器进行语言认知、事物解释、知识学习，进而推动认知智能化发展。

---

① 任明：《数字人文领域：知识图谱构建方法与实践》，北京：中国人民大学出版社2022年版，第4页。
② 任明：《数字人文领域：知识图谱构建方法与实践》，北京：中国人民大学出版社2022年版，第7页。

知识图谱使机器实现语言认知成为可能。对自然语言的理解是认知智能的核心能力之一。人类能够理解自然语言是因为人本身具有认知能力，帮助理解自然语言的背景知识在社会实践生活中可得、易得。由于机器不具备相应的认知能力，知识图谱能为其提供相应的理解自然语言的背景知识。

知识图谱使机器解释事物成为可能。"解释"与符号化知识图谱密切相关。因为解释的对象是人，人只能理解符号而无法理解数值，所以需要利用符号知识开展可解释人工智能的研究。人类倾向于利用概念、属性、关系这些认知的基本元素去解释现象和事实。而对于机器而言，概念、属性和关系都在知识图谱中表达，因此，"解释"离不开知识图谱。

知识图谱使机器进行知识学习成为可能。当前，机器学习与人类的学习相比，在水平上仍然有着巨大差距。这集中地体现在机器学习样本需求量大、以深度学习为代表的一些模型可解释性差、难以应对开放性挑战、模型不健壮易受到恶意样本攻击等方面。让机器学习模型有效利用已经大量累积的符号知识，将是突破机器学习瓶颈的重要思路之一。这种知识增强下的学习模型，可以显著降低机器学习模型对于大样本的依赖，提高学习的经济性，提高机器学习模型对先验知识的利用率。

（2）解决问题的重要方式。

知识图谱推动机器认知智能的实现，进而决定了知识引导将成为解决问题的主要方式之一。当下，计算机解决问题主要采取数据驱动的方法，也就是从样本数据中建立统计模型，挖掘统计规律来解决问题。为了提升效果，数据驱动的方法通常需要较多样本数据。但是，即便样本数据量再大，单纯的数据驱动方法仍然面临效果极限的困境，而要突破这个极限，需要知识引导。知识图谱的实际应用越来越要求将数据驱动和知识引导相结合，以突破基于统计学习的纯数据驱动方法的效果瓶颈。

2. 知识图谱的局限

（1）开放性知识的界限宽泛。

知识图谱难以界定边界感弱的开放性知识。知识图谱面临的机器开放性问题是知识工程乃至整个人工智能领域的根本难题。知识图谱的建构离不开人工智能，人工智能在面临开放性的环境时，极易碰到难以理解和处理的情况，因为这些情况是以往数据库中没有被定义过、描述过的，这类开放性知识超出了机器学习的知识边界，因此机器无法通过提前学习来实现对该开放性知识的界定和表示。

（2）常识性知识的获取识别难。

知识图谱难以界定模糊度高的常识性知识。常识存在难以建模、难以获取、机制不明等问题，这对大规模常识获取与理解提出了严峻挑战。首先，常识难以建模。换而言之，人们很难定义何为常识、哪些知识属于常识，有学者认为常识是"我们每个人都无须言明即可理解的知识"①。但每个人的标准不一，常识的界定标准也必然不同。其次，常识难以获取。因为常识是一种潜在的无须口语表达即可被理解的知识，所以文本或者语料中鲜有提及常识，也就无从抽取。最后，常识的理解机制尚不明确。通常而言，常识存在于人的大脑之中，是一种下意识会产生的理所应当的想法。但是，每个人的思维方式不同，不同的人对常识问题的理解也就具有主观差异性。在这种情况下，常识的界定和理解机制并不明晰。

（3）元知识的建构能力不足

知识图谱难以界定深层次的元知识。元知识（meta-knowledge），也就是有关知识的知识，即是一种对知识或知识集合的概念、内容或基本特征的描述，其具有深层次和抽象化的特点，属性的领域（domain）与范围（range）就是一类典型的元知识。② 在源数据库中，元知识是难以通过机器自动归纳得到的，各类知识获取模型需要领域专家的介入和操作。总体而言，对元知识的需求越大，其归纳和建构就越困难。任何归纳行为都是按照既定的认知框架进行的，但目前机器还不具备建构认知框架的能力，即不具备学习这一类元知识的能力，其所遵循的认知框架都需要由人预先建构。

二、知识图谱建构的一般过程与方法

（一）知识获取

知识获取的三个核心问题分别是词汇挖掘、实体识别与关系抽取。

1. 词汇挖掘

词汇挖掘是一个辅助实体识别的过程，通过对相关短语的抽取，帮助识别特定实体，进而确定图谱节点并构建多边语义关系。因为实体是通过文本中的词汇或短语进行描述的，所以在对实体识别之前还涉及对领域短语、同义词、缩略词以及情感词的抽取。领域短语挖掘指的是从给定的领域语料中自动挖掘该领域的高质量短语的过程。同义词挖掘则是对意义相同或相近的词进行提取并建立联系。缩略词是同义词的一种重要形式，其挖掘方法以模式匹配为主。缩略词抽取最常用的标准有基于文本模式构建抽取规则和基于缩略词生成抽取规则。情感词在词汇挖掘中的作用不可忽视，知识图谱的边关系中包含属性关系，而属性关系之下有实体与实体、实体与概念、概念与概念之间的关系，当涉及关系的构建时，情感分析是一个重要环节。情感词汇的挖掘与识别主要通过构建情感词典（见本

---

① 肖仰华等：《知识图谱：概念与技术》，北京：电子工业出版社 2020 年版，第 491 页。

② 肖仰华等：《知识图谱：概念与技术》，北京：电子工业出版社 2020 年版，第 492 页。

章第四节）来实现，情感词挖掘的作用在于明确表达与呈现涉及情感态度的实体关系。

2. 实体识别

实体识别是在文本中定位实体的边界并分类到预定义类型集合的过程，涉及命名实体识别（Named Entity Recognition，以下简称 NER）方法。NER 是一种从预定义的语义文本（如人、位置、组织等）中识别特定对象的任务程序。[1] NER 主要分为三类：基于规则、词典和在线知识库的方法，监督学习方法和半监督学习方法。基于规则、词典和在线知识库的方法主要依赖语言学专家手工构造规则，比较著名的基于规则的 NER 系统包括 LaSIE-Ⅱ、NetOwl、Facile、SRA、FASTUS 和 LTG 等系统。[2] 对于基于监督学习的方法，NER 任务通常采用 BIO 标注法，其中 B 表示实体的起始位置，I 表示实体的中间或结束位置，O 表示相应字符不是实体。基于监督学习的 NER 方法是一种从大规模序列标注样本的范围内习得文本中实体的标注模式，再利用这一模式对新的句子进行标注。NER 系统常会用到以下几类典型特征进行标注：单词级别的特征、列表查找特征以及文档和语料特征。

3. 关系抽取

关系抽取（Relation Extraction）是构建知识图谱时最重要的子任务之一，其通过获取关系实例，建构知识图谱中的边。一般而言，关系抽取产生的结果为三元组〔主体（Subject），谓词（Predicate），客体（Object）〕，表示主体和客体之间存在谓词所表达的关系。关系抽取的主要方式有人工抽取与现有数据库转换。人工输入一般仅限于对关系实例进行少量的增补与修改，完全靠人工输入的关系抽取会导致成本过高、效率过低的问题。因此，从关系型数据库中通过转换规则获取关系实例是一种更为常见的关系抽取途径。常见的关系抽取数据集包括基于人工构造的 ACE 2005 数据集，SemEval – 2010 Task 8 数据集以及基于远程监督思想构造的数据集 NYT 和 KBP 数据集。[3]

（二）知识表示

知识表示是一个对所收集的资料数据进行有效建模的过程，输出的数据模型能够被人直观理解，也可以被计算机程序有效处理。在通常情况下，知识图谱的现实建模包括三元组模型和图模型。知识图谱在语义网络领域通常用 W3C 提出的 RDF（Resource Description Framework）来表示互联网上资源的内容与结构，其基本数据单元是一个三元组。[4] 实体、

① Li, J., Sun, A. & Han, J., et al., A Survey on Deep Learning for Named Entity Recognition. *IEEE Transactions on Knowledge and Data Engineering*, 2020, 34（1）：50 – 70.

② 肖仰华等：《知识图谱：概念与技术》，北京：电子工业出版社 2020 年版，第 111 页。

③ 肖仰华等：《知识图谱：概念与技术》，北京：电子工业出版社 2020 年版，第 130 – 131 页。

④ RDF Working Group, *RDF*, https://www.w3.org/RDF/.

实体的属性以及属性对应的属性值，或实体与其他实体之间的关系，均可表达为三元组，即一种事实或一种知识。除了基本的三元组模型外，在知识图谱的实际应用中，常常还需要表达一些相对复杂的语义，包括对多元关系、时空知识、多模态知识的表示，这些都可以通过扩展的三元组模型完成。图模型建立在三元组模型的基础之上。在实际应用中，人们经常将三元组数据通过预先定义的语义关联转换成一个或多个连通图，连通图进而可以形成一个完整的知识图谱。具体的图模型包括有向图、属性图、树状图、有向无环图、带权重的有向图、带概率的有向图、异构信息网络等。

（三）知识融合

知识融合是对从各源头获取的知识进行融合、统一，包括实体对齐、属性融合及数值规范化。实体对齐识别不同来源的同一实体，属性融合识别同一属性的不同描述，数值规范化识别不同来源、不同格式、不同单位或者不同描述形式的数据值，比如日期有数十种表达方式，需要规范为统一的格式。知识抽取的来源多样，从不同的来源得到的知识不尽相同，因此知识融合是构建知识图谱的关键步骤。

（四）知识管理

知识管理是一个对知识图谱加以建模、存储、索引和查询的过程，该过程的主要对象是大规模、高质量的知识图谱。在这个过程中，知识管理不仅可以为上层应用提供高效的检索与查询方式，还可以实现高效的知识访问。知识管理的建模部分明确知识图谱的数据结构，而存储部分完成知识图谱在硬盘或者分布式环境下的存储与组织方式。为了加快大规模知识图谱上的查询速度，通常需要建立相应的索引结构，包括子结构索引和关键词索引。最终基于这些索引方式实现各类查询，包括特定子图结构的查询（比如路径查询）和关键词查询。这些基本的知识访问能力进一步支撑基于知识图谱的认知服务的实现。

（五）知识应用

知识应用实质上是指将已建构的知识图谱应用到实际场景中，主要是提供认知服务。如前文所述，知识图谱能够提供咨询问答、智慧搜索以及智能推荐等数据服务。在社会科学研究中，知识图谱能够提高数据过滤、分析及整合效率。如在非遗传播中，知识图谱能够将零散的文化资料进行整合并建立关系网，研究者能够在这一个完备的知识库中，有针对性地搜索所需的文化资料。同时，知识图谱系统还能够针对不同主体的信息需求，进行信息精准推荐，使主体的信息需求得以满足。除此之外，知识图谱的应用还有辅助决策的作用。辅助决策的本质也是知识信息的获取，只是这种知识信息是更加深层次的信息。在非遗传承与传播的实践中，当非遗文化需要进行规模化的传播时，为实现传播效果最大化，传播者需要了解非遗文化目前的潜在目标传播对象以及对象所感兴趣的领域等外围信息，因此知识图谱作为一个展现关系的知识库，可以更加清晰地展示传播目标对象与非遗文化潜在的深层联系，辅助传播者进行非遗文化传播的策划决策。

第四节　社会网络分析

一、社会网络分析的基本概述

（一）社会网络分析的基本概念

在社会科学研究中，学界普遍认为最早使用"社会网络"这一术语的学者是 Barnes，他将社会网络界定为"连接社会实体的关系网络"或"散布于全社会的个体之间的网状或联系网络"，该定义在社会科学领域中得到广泛的认同。[①] 有学者认为："社会网络分析被界定为'一种结构主义范式'，即它根据行动者之间的关系结构对社会生活进行概念化。"[②] 简而言之，社会网络分析可以理解为对社会实体间的关系网所进行的系统分析与理解。

行动者、关系连接、二元图、三元图、子群、群、关系和社会网络是理解社会网络分析的重要概念，这些概念由微观至宏观、由内而外地剖析了社会网络的构成逻辑。社会网络分析关注社会实体之间的联系，而这些社会实体通常被称为行动者，行动者处于网络之中且是社会网络的构成单位。关系连接建立在社会行动者的实践关系之上，关系连接可以理解为一对行动者之间的连接。二元图是基础层次的连接，其建立的是两个行动者之间的关系，而三元图是三个行动者之间的关系探讨，如海德平衡理论是典型的三元图关系。子群指的是任意子集的行动者及其之间的所有关系，而群是相互间有联系的所有行动者的集合，群对行动者关系的涵盖范围相对于子群来说更大。关系是指群体成员间某种类型的联系的集合，这种集合也就进一步组成相应的社会网络。上述八个概念，阐述了社会网络的构成要素和建构逻辑。

---

① 斯坦利·沃瑟曼、凯瑟琳·福斯特著，陈禹等译：《社会网络分析：方法与应用》，北京：中国人民大学出版社 2011 年版，第 8 页。

② 约翰·科斯特、彼得·J. 卡林顿著，刘军、刘辉等译：《社会网络分析手册》（上卷），重庆：重庆大学出版社 2018 年版，第 8 页。

（二）社会网络分析的基本分类

1. 单模网络

单模网络指的是仅对一个行动者集合进行测量，即只有一组行动者和单一关系的网络。大多数社会网络分析都关注具有相同类型的行动者的集合，即所有的行动者都来自一个集合。单模网络分析的关系有个体评价、交易或物质资源的传递、非物质资源的传递、互动移动、亲属关系等。在这些关系中，非物质资源的传递通常是指行动者之间的沟通，在这里关系表示的是被传输的消息或被接收的信息。比如，在非遗传播研究实践中，需测量非遗传播中某一项非物质文化遗产的传承现状，那么这里所测量的社会网络行动者大都源于同一个家族、村落或者地域，测量的关系即为非遗文化信息的传递和接收关系。

2. 双模网络

双模网络则包括两个行动者集合的网络数据集，测量来自一个集合的行动者与来自另一个集合的行动者之间的联系。例如，研究者可能会研究来自两个不同集合的行动者，一个集合是由媒体公司组成的，而另一个集合则是非遗传承人组织，接下来研究者可以测量媒体公司与非遗传承人组织之间的帮助和支持关系。除了包括两个行动者集的双模网络，还有一种包括一个行动者集和一个事件集的双模网络，又称从属网络，测量的是一组行动者参与了一组事件或活动。

3. 自我中心网络

自我中心网络包括一个焦点行动者，也就是自我中心网络的"中心"，一组与中心联系的相关行动者，以及这些相关行动者之间的度量。例如，研究者要研究人，可以抽样出一些被访者。研究者向每一个被访者给出一组与他们有联系的相关行动者，以及被访者与各相关行动者之间和各个相关行动者之间的关系。该抽取逻辑与调查研究中的滚雪球抽样相类似。由于研究者只度量了每一个行动者与其他很少的相关行动者之间的关系，所以这些数据的相关联系是受限的。

（三）社会网络分析的基本原则

1. 关系性

社会网络分析坚持关系性的原则，即在分析社会个体时，不同的个体之所以会产生相似的行为结果，并不是由于内部个体属性的相似性，而是外部社会位置的相似性所导致的。因为处于相似的社会位置便会面临相似的社会关系，进而也会受到相似的约束、机会和感知，那么个体更加容易产生相似的行为结果。在社会网络分析中，个体被放置于特定的社会位置中，以探讨社会关系对个人行为的形塑作用。

2. 网络性

社会网络分析的网络性原则强调个体的社会嵌入方式更加多元化，即个体身份的多重性。在现实社会中，个体的多重身份与所从属的多重群体并不互斥，比如个体可以同时是学生、女儿和职员，同时从属于学校、家庭和公司三个群体。显而易见，这三种身份并不冲突，并且在不同的群体中可能有不同行为实践。由于这类个体存在于不同群体的交集上，因此各群体中的成员之间存在着多元互动。

3. 情境化

社会网络分析关注的不仅是两点之间的关系，而且是两点之间的关系模式，而不同情境下关系模式会有所不同。具体而言，虽然个体关系可以提供社会支持和陪伴，但是一个人向他人提供的支持总量却受到支持网络成员之间彼此熟识程度的影响，而这个熟识程度往往由具体社会情境决定。例如，要想理解兄弟姐妹之间的支持、嫉妒和竞争关系，就需要考虑到每一个孩子同父母的关系，而亲子关系同样受到每一位父母与其他父母之间关系的影响。

（四）社会网络分析的适用范围

1. 政治关系中的网络分析

社会网络分析在政治关系中的应用具体表现为"政策网络"。政策网络由一组有边界的行动者和将这些行动者联系起来的一组或多组关系构成，致力于确定在政策制定机构中涉及的重要行动者——政府组织和非政府组织、利益集团和个人，以便描述和解释它们在制定政策过程中的互动结构，解释并预测集体性的政策决策和结果。[1] 政策网络分析的主要议题可以从两个层面理解。从宏观层面看，政策网络分析聚焦于多主体参与的政策网络如何形成、维持与变化。从微观层面看，政策网络分析的是政策参与者的政治态度、偏好和意见如何被社会关系形塑。

2. 经济关系中的网络分析

社会网络分析在经济关系中的应用聚焦于考察社会关系对经济行为的影响，换言之，即社会关系模型如何解释经济现象、如何处理经济学相关问题以及经济制度与个体行动的互动关系。例如，社会网络分析能够应用于雇佣问题。雇主与工人之间存在信息不对称的问题，雇主不知道哪些符合自己需求的工人在找工作，工人也不知道哪些公司有符合自身需求的恰当岗位。对此，雇主和工人会利用自己的社会关系寻求符合自身需求的工人或岗

① 约翰·科斯特、彼得·J. 卡林顿著，刘军、刘辉等译：《社会网络分析手册》（上卷），重庆：重庆大学出版社2018年版，第293-294页。

位。因此，社会关系会影响工作信息的流动，信息在人群中的流动会影响工人找到适配工作的速度，反过来会形塑雇佣水平。正如当代的"内推"现象，通常通过熟人连接，寻求信息平衡点，满足公司与工人的双向需求。

3. 文化关系中的网络分析

社会网络分析在文化关系中的应用体现在文化生产、文化身份与文化意义三个层面。文化生产聚焦于合作性组织网络如何生产并推广文化产品的问题，换而言之，即研究文化生产者之间的关系或者文化生产者（文化产品生产组织）与把关者（公众）之间的关系。文化身份则强调个人与文化产品、符号与信仰之间的关系，这种关系会决定个人身份的界定与社会群体的定义。譬如当下的亚文化群体，他们通过与众不同的文化符号标记自己，强化了身份区隔。文化意义着眼于更微观的意义生产层面，意义问题也是文化分析的核心，这一层面意为从文本中生成网络以再创共享意义，例如词和符号之间的关系网能够实现意义的再创与再传播。

4. 社会关系中的网络分析

社会网络分析在社会关系中的应用体现在个人社群、亲属网络、社会支持之中。个人社群可以理解为以个人为中心所构建的关系集群，在互联网时代下，个人社群已经出现线上线下相互渗透交融的现象。个人社群不仅准确地反映了现代人的生活行为习惯，同时还影响着其他社会群体。亲属网络在个人社群的上一层级，是由亲子关系与夫妻关系组成的网络，亲属关系网络往往是联系紧密的集群，中心议题在于探究亲属关系网络在建构社群、社会阶层、种族、移民、社会运动和其他现象中暗含的新路径。社会支持的意义层次在亲属网络之上，社会支持是个人从其网络成员中获得的（有形或无形资源的）帮助，[①]在实际研究实践中，研究者一般通过相关的网络工具来把握社会支持，进而研究社会关系。

（五）社会网络分析的优势与局限

1. 社会网络分析的优势

（1）关系化的分析。

社会网络分析法聚焦于社会中不同行动者之间的关系，将社会个体的分析视角放置于关系与联系层面。比如在经济网络层面中，雇主与工人之间的信息能够以关系化视角分析与解决；在文化网络中，文化生产涉及不同主体之间的关系分析，比如文化生产者与文化

---

① 约翰·科斯特、彼得·J. 卡林顿著，刘军、刘辉等译：《社会网络分析手册》（上卷），重庆：重庆大学出版社2018年版，第164页。

消费者，这种关系化的产消需求分析，可以使文化产品得以生产与推广，实现文化价值、社会价值及经济价值。

（2）形象化的描述。

社会网络分析强调对社会关系进行具象化描述，其目标是实现网络数据的可视化呈现（包括图或矩阵）。通过网络数据的可视化呈现，社会网络的关系呈现更加直观、一目了然。比如前文提到的政策网络形象地描述和解释了政府组织和非政府组织、利益集团和个人在制定政策过程中的互动结构。

2. 社会网络分析的局限

（1）强化社会整体性。

由于聚焦于关系化视角，社会网络分析过于强调整体性，这导致质化分析时个体特质分析的缺失。虽然"每个人都不是一座孤岛"，但是在社会中每个人都具有自身的独特属性，因而社会科学研究不应忽视个人属性。社会网络分析法的局限在于其往往运用关系化网络化的分析视角，将个人放置于特定社会群体之中分析个体态度和行为。

（2）行动者边界模糊。

由于大规模开放网络的行动者边界是模糊的，所以关系样本抽取在社会网络分析中不可或缺。这种大规模开放网络的行动者可能因数量巨大而难以列举，抑或难以确定一个具体的行动者是否属于特定行动者集合。故而，研究者需要借助专门的抽样方法确定所要研究的行动者集合。

二、社会网络分析的一般过程与方法

（一）网络数据的抽样与收集

社会网络数据的抽样与收集涉及行动者选择、网络关系抽取以及情感观点挖掘等方面。在社会网络关系数据收集中，首先需要界定行动者边界。在一些大范围社会群体分析实践中，由于行动者边界是未知的，因此研究者需要使用抽样方法来定义其边界。在确定行动者边界之后，需要对行动者之间的关系进行抽取，从而将关系导入图或矩阵形成具体的社会关系网络。研究者在关系抽取时需要注意挖掘情感观点。由于社会网络关系中涉及作为社会人的行动者的主观情感表达，故对情感观点的挖掘是网络关系数据挖掘中不可或缺且更为细致的层面。情感观点的数据挖掘涉及情感词与观点句，研究者可以通过识别行动者对其他实体的语义表达中的情感观点，构建出有向的情感网络关系。

社会网络数据的收集方式有调查问卷、访谈、观察、档案记录、试验等。调查问卷是一种最常用的数据收集方法（尤其当行动者是社会人），其通过询问被访者与其他行动者联系的问题来编织行动者网络。访谈是一对一的调查形式，通常用于编织自我中心行动者网络。观察行动者之间的互动是另外一种收集网络数据的方式，也常用于收集从属网络数据，研究者通过观察记录社会事件的参与者。除此之外，一些研究者还通过调查档案记录中的互动情况来测度行动者之间的关系。

（二）网络数据的测量

1. 关系的测量

社会网络数据中的关系测量可以分为有向或无向、二值或多值。有向关系指的是从一个点指向另一个点的关系，而无向关系则存在于没有特定方向的两个点之间。寻求建议、分享信息等，都属于有向关系，而单纯的共同成员关系则是无向关系。有向关系和无向关系都可以作为二元关系来测量，即在每个二方组中它要么存在，要么不存在；也可以测量为多值关系，即关系可强可弱，传递的资源或多或少或联系的频次或多或少。例如，朋友关系网可以用二元关系表达，这意味着两个人是否为朋友，或用多值关系来表达，即基于两个人感觉彼此关系的远近程度或互动的频繁程度对其关系赋予高分或低分。

2. 情感的测量

在社会网络关系分析中，研究者通常会涉及不同行动者之间的关系，而作为社会人的行动者往往在构建或维持其社会关系时涉及主观情感态度的表达，因此社会网络数据中的语义分析与情感测量不可或缺。

在社会网络分析中，研究者可以从行动者的主观情感表达（包括情感词和观点句）中厘清行动者的情感态度，进而形成有向的网络关系图。情感蕴含着个体的感受、态度、评价或情绪，研究者可以从情感类型、倾向和强度进行细分，如情感类型有感性和理性之分，情感倾向有正面、负面和中立之分，情感强度通过不同的表达方式呈现。通过上述情感类型，可以将情感评分等级细分为感性正向、感性负向、中性、理性正向、理性负向五种类型。

作为承载情感信息最重要的基本单元，情感词的识别可以通过构建情感词典的方式实现。目前构建情感词典有三种主要的方法：人工方法、基于词典的方法和基于语料库的方法。由于人工方法耗时耗力，目前主要运用后两种方法。词典、语料库的数据量巨大决定了在使用这两种方法时会涉及资料库数据库的分析。基于词典的方法可以方便快速地找到大量的情感词汇，且大致了解这些词汇的情感倾向，但情感词的倾向通常与上下文相关，基于词典的情感词通常缺少广泛的上下文语料。基于语料库的方法主要通过两种思路识别情感词，第一种思路是利用语言规范和连接词习惯用法进行初步定位，进而鉴别出情感词及情感倾向，形成情感词典；第二种思路是利用观点和目标之间的语法联系来抽取情感词。①

承载情感信息的另一重要形式是观点句，观点句的识别可以通过句法关系。通过用情感表达词和观点评价对象的句法关系集合，可以识别每个句子包含的是正面、负面或是中性的情感。这一关系类型通常包含形容词—名词、动词—副词依赖关系。② 如"It is always a good time"，利用形容词（good）和名词（time）之间的依存关系，可以确定目标实体（time）与情感表达（good）之间具有语义关系。

对情感词和观点句的识别，可以使社会网络中不同行动者之间的主观情感倾向得以明晰，进而在社会网络关系分析中，形成有向的数据关系网。

（三）网络数据分析的可视化

1. 用图表示社会网络关系

图论分析的是成对元素之间相互关系的模式，用图呈现的网络是由点（个体行动者）和关系构成的。用图论方法可以从几个层次研究社会网络：行动者、二元图、三元图、子群和整个群体。在图论中，不同的研究层次对应不同的子图。一般而言能够从图中分离出两种特殊类型的子图。先抽取节点的子集并考虑子图节点间的所有边的子图，一般称为"点导出子图"。而先抽取一个边的子集，并考虑与子图中的边相关联的所有节点，这种子图称作"边导出子图"。点导出子图适用于仅考虑网络成员中的一个子集，子集中行动者间的联系相对强、多或密切的情况。而边导出子图则适用于考虑多变关系的社会网络的情况，一般边导出子图会涵盖原图节点之间的所有边。

2. 用矩阵表示社会网络关系

矩阵分析适用于多个行动者或多种关系的情况，克服了图论的单元关系表示的缺点。社会网络关系主要有两种矩阵表现方式，分别是社会关系矩阵和关联矩阵。其中，研究者常用的是社会关系矩阵，或邻接矩阵，记作 X。图论学者之所以把这种矩阵称作邻接矩阵，是因为矩阵中的值暗含了两个节点是否为相邻的。第二个用来表示图中信息的矩阵称为关联矩阵，记作 I 或者 $I(G)$，记录了哪个节点和哪条边关联。关联矩阵用点来标记行，用边来标记列，并且每个点都存在对应的一行，每条边都存在对应的一列。由于点与边的关系具有二元性，因此关联矩阵采用二值的测量方式。

---

① 刘兵：《情感分析：挖掘观点、情感和情绪》，北京：机械工业出版社 2017 年版，第 152 页。
② 刘兵：《情感分析：挖掘观点、情感和情绪》，北京：机械工业出版社 2017 年版，第 72 页。

本章思考题

1. 如何理解问卷设计运用到的卡片法与框图法，这两种方法的联系与区别是什么？

2. 如何提高问卷的回收率与应答率？

3. 实验法有哪些主要研究类型，其分类标准又是什么？

4. 如何理解"主试效应"与"被试效应"，其分别对实验研究具有何种影响？

5. 知识图谱建构时会有哪些"知识盲区"？

6. 如何理解知识获取的三个核心问题？

7. 社会网络数据可视化的基本方式有哪些？

8. 如何理解社会网络数据分析中对关系和情感的测量？

本章延伸阅读

[1] 斯坦利·沃瑟曼、凯瑟琳·福斯特著，陈禹等译：《社会网络分析：方法与应用》，北京：中国人民大学出版社 2011 年版。

[2] 约翰·科斯特、彼得·J. 卡林顿著，刘军、刘辉等译：《社会网络分析手册》（上卷），重庆：重庆大学出版社 2018 年版。

[3] 约翰·科斯特、彼得·J. 卡林顿著，刘军、刘辉等译：《社会网络分析手册》（下卷），重庆：重庆大学出版社 2018 年版。

[4] 刘兵：《情感分析：挖掘观点、情感和情绪》，北京：机械工业出版社 2017 年版。

[5] 艾尔·巴比著，邱泽奇译：《社会研究方法》（第十一版），北京：华夏出版社 2018 年版。

[6] 肯尼思·D. 贝利著，许真译：《现代社会研究方法》，上海：上海人民出版社 1986 年版。

[7] 克莱尔·休森等著，董海军译：《如何进行网络调查》（第二版），北京：中国人民大学出版社，2022 年版。

[8] 周璐：《社会研究方法实用教程》，上海：上海交通大学出版社 2009 年版。

[9] 杨国枢、文崇一、吴聪贤等：《社会及行为科学研究法》（上册），重庆：重庆大学出版社 2006 年版。

[10] 林聚任：《社会科学研究方法》（第三版），济南：山东人民出版社 2017 年版。

[11] 风笑天：《社会学研究方法》（第三版），北京：中国人民大学出版社 2009 年版。

［12］肖仰华等：《知识图谱：概念与技术》，北京：电子工业出版社 2020 年版。

［13］任明：《数字人文领域知识图谱构建方法与实践》，北京：中国人民大学出版社 2022 年版。

［14］郝大海：《社会调查研究方法》（第四版），北京：中国人民大学出版社 2019 年版。

［15］赵国栋：《网络调查研究方法概论》（第二版），北京：北京大学出版社 2014 年版。

［16］谢宇：《社会学方法与定量研究》（第二版），北京：社会科学文献出版社 2012 年版。

［17］袁方：《社会调查原理与方法》，北京：高等教育出版社 1997 年版。

［18］刘峤、李杨、段宏等：《知识图谱构建技术综述》，《计算机研究与发展》2016 年第 3 期。

［19］Bryman, A. , *Social Research Methods*, Cambridge：Oxford University Press, 2015.

［20］Li, J. , Sun, A. & Han, J. , et al. , A Survey on Deep Learning for Named Entity Recognition, *IEEE Transactions on Knowledge and Data Engineering*, 2000.

［21］Scott, J. , *Social Network Analysis：A Handbook*, London：Sage Publications, 2000.

［22］Wasserman, S. & Faust, K. , *Social Network Analysis：Methods and Applications*, Cambridge：Cambridge University Press, 1994.

第四章

创作方法

第一节 微纪录片创作

一、微纪录片概述

（一）微纪录片的定义

在"微时代"的语境下，纪录片有着新的传播模式和传播渠道。微纪录片迎合碎片化阅读时代的需求，成为数字时代下的产物。学者一般将微纪录片定义为"记录现实生活或者历史事件，带着叙事平民化的视角，生产出制作周期短、成本低、时长短的作品。它们通过电视、网络和移动智能手机终端进行迅速的传播"①。微纪录片时长一般不超过 30 分钟，它用艺术化的创作手段记录和再现社会和历史事件，在传播过程中保证真实性和艺术性，从具体而微小的事件里发现更大的社会价值。

（二）微纪录片的特征

1. 微纪录片的审美特征与审美功能

微纪录片作为新媒体语境下纪录片的延伸，保留了纪录片纪实的艺术属性。微纪录片是一种发展中的影视艺术手段，丰富多元的微纪录片是由现实题材的多样性和艺术表现形式的审美性所决定的。使用微纪录片的艺术手段传播相关非遗知识，不仅符合观众对影视的审美标准，还可以为观众提供视听上的享受。

2. 微纪录片的影像本性与社会功能

纪录片的影像本性是"再现物象或生活的面貌，纪实环境的原貌"②。微纪录片的记录和还原是通过人的主观意识进行创作，且任何微纪录片都或多或少地印刻着国家的意识形态和文化传统，认识纪录片不能脱离其中的意识形态属性。但是，微纪录片借助摄影手段复制和还原现实生活原貌，记录客观存在的社会历史事件，因此微纪录片在一定程度上也拥有反映现实、保存历史、传播知识等多种社会功能。

---

① 段蕾：《新媒体语境下微纪录片创作研究》，北京：新华出版社 2021 年版，第 13 页。
② 朱景和：《纪录片创作》（第四版），北京：中国人民大学出版社 2019 年版，第 8 页。

（三）微纪录片在非遗传承传播中的运用

1. 改变传播范式

新媒体语境下的微纪录片在传播范式上实现了革新。与传统的纪录片不同，非遗微纪录片集中于单一的叙事对象，通过运用可靠性高的素材和人，辅以艺术手段印证事实和观点，保证观众对微纪录片的信任。同时，非遗微纪录片将叙事视角从复杂的社会话题转变成一系列与非遗相关的微小事件和传承人的微纪录片中，例如调查岭南地区醒狮文化传承人的微纪录片中，通过集中、具体的视角讲述非遗传承人的故事，满足观众对非遗传承与传播纪录片的内容诉求。除此之外，目前许多社交媒体都成了非遗微纪录片的传播与接收渠道，创作者可以将微纪录片发布至抖音、快手、西瓜视频、微博等社交平台，以此扩大非遗微纪录片在新媒体时代的影响力。

2. 呈现新的样态

由于观众的阅读习惯趋向于碎片化，微纪录片的时长受到了限制。微纪录片的时长一般不超过 30 分钟，凭借轻量的信息输出适应新媒体快节奏的特点，主要呈现个性化内容，围绕具体的社会话题和细节进行建构，实现以小见大的效果，以此让观众在有限的时间内将注意点集中于特定社会事件和个体上，有效地实现论点输出。

3. 丰富内容创作

微纪录片相较于传统纪录片，其叙事视角更为微观，题材更为生活化和平民化，传播者与观众之间的共振价值更高，因此传播者和观众之间可以利用新媒体渠道进行互动，取得更好的传播效应和反馈效果。创作者依据观众的反馈丰富创作题材，通过多元化的艺术手段呈现画面，促进微纪录片在新媒体语境下的发展与成熟。

二、微纪录片的创作流程

（一）选题策划

在创作微纪录片前，确定选题是首要步骤。创作者必须将个人兴趣和社会责任进行有效结合，同时需以社会效益为主，强调影片中的公益属性，让自己处于积极、主动的地位，才能出色地完成微纪录片的创作任务。

1. 题材与选题

题材选择与选题策划的首要议题是要审视、评估和论证选题的社会价值和公益价值。在新媒体语境下，非遗微纪录片聚焦非遗文化传承人的故事和非遗文化的历史与发展，选题应当遵循平民化、多样化、具体化的原则，将视角放置于与大众平行的水平线上，在可行性的基础上找到非遗传播的最佳视角，思考如何将社会题材与艺术化手段进行有效结合。

2. 提纲与结构

提纲是确保非遗微纪录片主题鲜明和结构合理的关键。创作者在创作时，难免会产生跑题、结构不流畅、观点不明确的问题，这会影响到微纪录片最终的呈现效果。撰写提纲的目标是保证微纪录片的主题和观点突出，撰写时需要写明开头、中间以及结尾部分的主要内容框架，并且注明各部分的比例，保证整体的逻辑结构合理、流畅。

3. 细节与故事

微纪录片要达到印象深刻的目标，必须注重捕捉画面中的细节。细节不仅可以突出情绪和冲突，推动故事情节发展，还可以起到渲染气氛的重要作用。创作者不仅可以更多地关注人的行为、情绪、动作、表情、语气等变化，还可以从环境氛围、人物打扮、画面色彩等变化中挖掘和记录细节，使得微纪录片更有内涵和深度。

（二）采访录音

对于微纪录片来说，获取素材的主要方式是采访和录音。采访主要分为先期采访和拍摄采访两种形式，先期采访具有明确的主题、采访人物和具体的采访提纲，所收集的有效素材可以为之后的拍摄做好铺垫；拍摄采访一般在确定大致选题内容后进行，采访者会带上摄影设备开启拍摄采访的工作流程。先期采访更利于收集有效素材，而拍摄采访更具直观性和真实性，能够用于跟踪事件过程。

1. 采访的准备工作

开始采访前，采访者必须具备成熟的采访技能，有良好的沟通能力和专业素养，有一定的随机应变能力，学会捕捉采访过程中的重点和细节。同时，采访者应做好充足的前期准备，包括了解采访内容以及受访者的基本情况。

2. 采访的方案与技巧

采访者在采访前应做好采访提纲，保证采访过程中能够获取关键信息。采访者在采访时可以根据受访者的回答随时提问提纲之外的材料，以达到丰富微纪录片内涵的目的。同时，非遗传承人大多数为普通人，面对摄像机容易出现紧张、忘词的情况，采访者必须深入传承人熟悉的环境中，学会运用层层递进的对话缓解对方的紧张情绪，从而使得对话能够在轻松的氛围下开展。

3. 面对采访难题的解决方案

采访的过程中容易遇到受访者拒绝采访、问答过程中拒绝配合、回答偏离中心等情况，此时采访者应当根据实际情况，以受访者的感受为先，懂得察言观色，适时调整自身姿态，以真诚、和善的态度劝说受访者完成采访。

（三）摄影造型

摄影构图和画面巧妙切换是传达情绪和精神内核的关键。在拍摄微纪录片时，摄影团队受到"场"性思维的影响，一般处于被动的地位。因此摄影团队需要转变拍摄思维，主动去捕捉和记录有意义的东西，而非被导演或编导支配。[①] 摄影师需要深入理解生活的本质和拍摄主体的特征，拍摄前拟定拍摄大纲，即思考必要的拍摄画面和对应的摄影方式。拍摄过程中，摄影师必须善于捕捉细节，善于运用拍摄技巧强化画面呈现效果，以此保证素材的叙事性和艺术性。

1. 摄影方式

画面构图、光线、色彩、线条等元素的运用与画面的特定内容的呈现效果有着密切的关系。摄影师必须具备一定的审美意识，善于运用景别处理主体和附体的关系，配以拍摄方向、拍摄角度，巧妙利用形、线、光、色等元素，增强画面的艺术感染力，使画面呈现出和谐统一的效果，提升微纪录片的整体艺术性和质感。

2. 纪实拍摄的基本技能

要想使纪实拍摄的画面富有艺术美感，摄影师应当做到以下三点：第一，巧妙运用画面中的各种因素，突出主体的同时，处理好主体与其他元素的关系；第二，减少画面中出现的无关元素，尽可能地做到画面整洁，简明地表达含义；第三，声音、画面做到和谐统一，烘托气氛，突出主体，提升整体氛围。

不同景别所带来的视觉效果不同，例如远景可以交代自然或社会环境；中景可以用作叙事和描写，展示人设；近景可以突出人物情绪，传达人物的内心世界；特写则能对局部特征起到放大功能，渲染特定的气氛。

不同的拍摄方向和角度所蕴含的艺术效果也不同，选用恰当的角度表明主体方向，说明人与人、人与物、人与环境的关系。例如，对于非遗传承人的采访镜头一般采用近景景别和侧面拍摄方式，配以几处环境空镜头和局部特写，以此发挥镜头的艺术表现和情绪感染力。

（四）影片剪辑

影片剪辑的主要工作内容包括对获得的素材进行编辑和加工，即剪辑创作、声音选

---

① 朱荣清、钟欣颖：《纪录片创作：理论与实践》，北京：中国国际广播出版社 2021 年版，第 203 页。

择、解说词搭配、音乐创作等多项工作，保证画面流畅和节奏感，进而提升影片的质感。

1. 剪辑创作

微纪录片剪辑是微纪录片创作流程的关键步骤之一，对微纪录片的最终呈现发挥重要作用。剪辑师按照明确的时间顺序和因果逻辑关系，把不连贯的画面组接成一部完整、结构化的作品，这是影片第一次合成的过程。此后，使用艺术化手段提升影片的效果。整理已有的画面素材，适当采用对位剪辑、重叠式剪辑等手法，达到丰富画面层次的效果，启发观众对纪录片的深思。剪辑师也应当采用观看者的角度重复审视影片，找到剪辑中的错误。

2. 声音选择

现场声、谈话等声音是纪录片的重要组成部分之一。在选择声音时必须注重画面剪接问题，确保采访者的话语完整清晰，保证作品整体的视听效果。现场声通过自然、真实、立体的方式给人一种身临其境的艺术效果，恰当地加入现场声可以起到阐释画面和传达内涵的作用。

3. 解说词搭配

解说词是微纪录片的一种旁白，对画面具有补充作用。微纪录片的旁白要求不是全篇解说，而是有所"谦让"，与画面、背景音乐等相互配合，达到一种综合的艺术效果。解说词配音的语言风格需要结合作品的风格样式，例如介绍非遗文化的历史时一般采用报道形式的解说，而描述非遗艺术之美则融入更多的文学元素。

4. 音乐创作

音乐是微纪录片叙事表意、传达情感的重要手段之一，融入音乐的微纪录片更能实现独特的艺术审美效果。音乐片段的创作与选择应当注重融入作品整体以产生良好的效果，即放在开头的音乐片段需要注重主要感情基调的导入和铺垫，后面随着剧情的发展，音乐的变调需要结合情节变得更加细腻、深入，结尾处的音乐应有留白之感，让大家意犹未尽。

三、非遗微纪录片的创作实践

《非遗里的彭州——遇见金属之美》展现了彭州精工金属工艺之美，以非遗独特的魅力在艺术文化领域里散发耀眼的光芒。2010年，彭州精工金属工艺被列入《第三批彭州市级非物质文化遗产保护名录》，其传承人魏代烈，用60余年坚守和传承精工金属工艺，铸就了非遗中的"中国魂"。

首先，该微纪录片介绍了传承人魏代烈的个人经历以及他开始学习铸造手艺的契机。然后，详细介绍了铸造一件金属器物的过程，包括锤鍱工艺、铆合工艺、原始蜡模制作工艺、雕刻工艺和打磨工艺等。接着，讲述魏代烈对于传统金属工艺的想法，他结合传统手艺和自己的巧思实现彭州精工金属工艺的推陈出新。该微纪录片通过讲述魏代烈铸造过程中的艰辛引出非遗传承的困难，但凭着自身对非遗的热爱和坚持，魏代烈练就出了一身精湛的技艺。最后，落脚于当今非遗技艺传承困难的问题，升华结局，希望能够有更多年轻人加入"拯救非遗"的行列，正如魏代烈所说：

"很希望能有更多的传承人，希望我们爱好者朋友们、年轻人，有兴趣，欢迎加入，把这个技术传下去。"

该微纪录片巧用影片剪辑技巧，加强画面的呈现效果。魏代烈的采访与解说配音相辅相成。在魏代烈人物近景的采访片段中，穿插着手部制作和金属器物的特写镜头，巧妙配合着各种全景镜头，逐步介绍了各道工序的技巧，强化了观众对金属工艺的印象（见图4－1）。

该微纪录片中还利用背景音乐对画面进行补充，介绍工艺部分采用活泼的音乐调动气氛，引起观众对传统金属工艺的兴趣。随着情节的推动，结尾辅以悲伤、温情的音乐道出彭州精工金属工艺传承之难，希望年轻人关注非遗，将保护、传承和传播非遗作为一项重要的社会责任。

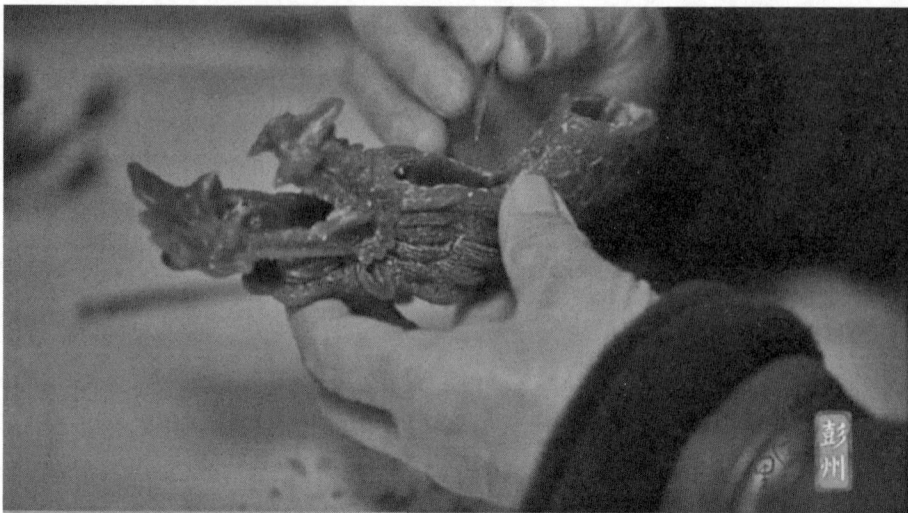

图 4-1 微纪录片《非遗里的彭州——遇见金属之美》①

第二节 短视频创作

一、短视频概述

（一）短视频的定义

短视频的定义为时长在 5 分钟以内的，基于互联网平台快速传播的视频形式。短视频适合在移动场景、碎片化时间下进行观看，是一种融合了剧情搞笑、生活日常、知识科普等主题的视频形式。② 由于微时代的到来，短视频在时长、内容制作等方面得到了延伸，又称"微视频"。微视频一般指的是时长在 30 秒至 20 分钟之间，涉及丰富多样的内容形态，并且可以通过手机、摄像机等终端拍摄、制作、播放的视频统称。因此，可以将短视频定义为时长不超过 20 分钟，基于互联网传播平台的一种碎片化、贴合大众、快速传播的视听语言。

---

① 《十分关注丨非遗里的彭州 遇见金属之美》，https：//mp. weixin. qq. com/s/l_hvlBzhnQ9HX1yBz7 ObKQ，2022 年 1 月 28 日。

② 郑昊等：《短视频策划、制作与运营》，北京：人民邮电出版社 2019 年版，第 5 页。

（二）短视频的特征

1. 大众性

由于短视频具备准入门槛低、依托移动终端便可实现制作、传播和分享的特性，短视频平台拥有巨大的用户基数。同时，短视频不同于中长视频，用户无须借助专业工具和技术即可制作"接地气"的内容，这样大量的用户生成内容更贴合社会民生的审美特征，容易让大众产生共鸣。

2. 趣味性

短视频之所以能够在短时间内获得快速发展，是因为短视频更倾向于采用一种"内容＋娱乐"的传播方式，借助趣味性内容实现大量分享和传播。短视频所具备的娱乐性能够满足用户的情绪需求，保证用户的注意力在短时间内被内容所掌控。

3. 双向互动性

短视频成了现代人社交的一种新方式，用户不仅相互交流短视频的内容，还将自己的生活塑造成一个话题进行分享。短视频平台社交属性强，用户不仅是观众，同样也是创作者，既可发布个人视频，又能够通过点赞、评论、分享等形式参与到视频传播中。

（三）短视频在非遗传承传播中的运用

1. 迎合传播诉求

随着日常生活节奏不断加快，越来越少的用户会利用完整的时间去了解一种非遗文化。用户对知识内容的需求变得多样化，但也追求高效率的知识获取方式。短视频的出现让用户可以在碎片化的时间里获取和了解非遗文化的相关信息，更利于用户高效地获取知识，开阔眼界。

2. 激活文化基因

将短视频与非遗文化相结合，成为非遗传承传播的新渠道。非遗文化自带的文化属性能够为此类视频带来更大的影响力和讨论度，实现更大范围的传播。同时，短视频相对于长视频来说更新频率加快，能够保证非遗文化的高曝光率，使得非遗文化在变幻莫测的时代里得到蓬勃发展。

3. 精准定位用户

大数据时代让短视频有了更大的可能性，大数据的应用可以满足扩大用户基数和增强社群黏性的需要。[①] 通过数据统计和平台运营的工作实现内容推荐的智能化和精准化，能

---

① 苏旺：《短视频红利：抢占移动互联网流量入口》，北京：人民邮电出版社2018年版，第21页。

够将非遗类视频推荐给可能感兴趣的人，实现非遗文化与用户之间的联通，使得视频的传播更具有定向性和高转化率。

二、短视频的创作流程

（一）主题内容定位

找准用户需求，选择合适的创意主题是制作视频前期必须经历的阶段。创作者必须建立起短视频分析模型，根据目标、内容、主要观点等维度对过往同类型视频进行归纳与分析，再根据用户的内容需求进行定位，最后找到符合需求的主题。这样既可以满足用户对优质内容的要求，又可以实现流量的最大化。

（二）视频制作流程

1. 内容策划

创作者确定好目标和主题后，需要对短视频内容进行策划。短视频的内容有三大要求：新、奇、快。首先需要从视频平台的热门榜单挖掘热点素材。其中，迎合社会热点的新意话题往往更有探讨热度。其次，从独特创新的角度介绍非遗文化，通过创新和个性化的制作手段讲述与众不同的非遗故事，在众多同质化视频中脱颖而出。最后，创作者需要把握短视频的节奏，让用户在有限的时间里获取更多有效信息。

非遗短视频不仅传播非遗技艺，而且还传递价值观念。非遗短视频的内容更注重融入有社会文化价值的情感元素，引发用户的文化认同与文化自信。但是，创作者在融入情感时需要注重情节设计的合理性与形式的灵活性，切忌生搬硬套。

2. 拍摄制作

拍摄人员根据自身的条件和视频内容的呈现效果选择合适的拍摄设备。手机拍摄更为方便快捷，有利于捕捉生活细节，而摄像机更加专业清晰，画面呈现更有电影质感。拍摄场景和演员阵容需要依视频主题而定，保证视频的基调一致。

在所有的素材都准备好后，视频便进入剪辑阶段。剪辑师需要了解每个镜头背后所传达的含义，根据脚本将剧情串联起来，同时通过对音乐与画面的处理强化视频节奏，在合适的时机内将剧情推向高潮，使得整体呈现效果更流畅、更具冲击力。

3. 封面标题设计

优秀的视频封面和标题能够在众多视频中脱颖而出，更快捕捉用户的眼球。采用吸睛元素进行封面设计，可以通过对比色调、放大等手段突出视频的主要元素。标题需要简洁、有力地表明创作内容，让用户第一眼便能获取视频的关键信息。

（三）账号运营策略

短视频制作完毕后，需要根据平台特性和用户画像确定投放和运营目标。运营者需要与用户进行交流，通过优秀的评论文案给用户留下深刻印象。运营者还需要对自身作品和不同平台属性有充足的了解，根据不同用户的触媒特点和观看习惯，初步实现短视频的精准投放。投放到特定平台后，运营者还需要检测视频数据，进一步调整内容和投放策略，对整体的传播目标和策划进行优化，提升传播效果。

三、非遗短视频的创作实践

打铁花是流传于豫晋地区民间传统的一项非遗技艺，该技艺始于北宋，并在明清达到了鼎盛时期，一直以来，这项技艺因为极高的危险性而面临失传的风险。

在江寻千（九月）学习打铁花的短视频中，她先拜访了河南确山铁花的代表性传承人杨建军老师，成为打铁花技艺"唯一的女弟子"。她从打沙打水的学习开始，持续练习了一个月。接着，她找到一片沙漠搭建柳枝花棚，准备真正打一场铁花。最后，她与杨建军老师及其师兄们一起打造了"铁树银花落，万点星辰开"的极致浪漫景象（见图4-2）。

图4-2　江寻千（九月）打铁花①

---

① 江寻千：《带你去看曾经最极致的浪漫，千年绝技——打铁花》，https：//b23.tv/3Q7ounZ，2023年6月16日。

视频开篇先通过高亮片段引起用户的兴趣，让观众对这位"唯一的女弟子"产生兴趣。接着，视频按照顺叙的方式，从记录练习到准备工作，再到最后的打铁花实操，通过缓慢的节奏讲述练习过程的艰辛。最后在高潮部分加强画面和情绪的强烈冲击感，辅以壮大音乐营造的氛围，使得视频不仅呈现出震撼感，更让人在铁花之美中热泪盈眶，意识到非遗文化的璀璨，也感受到传统文化的浩瀚精深。

第三节　非虚构写作

一、非虚构写作概述

（一）非虚构写作的定义

非虚构写作介于新闻与文学之间，是一种基于新闻事实的文学形态。广义上的非虚构写作包括传记、游记、散文等各种写作样式，而狭义上的非虚构写作指的是美国20世纪60年代兴起的非虚构小说、新闻报道、历史小说等写作样式。非虚构写作一般不限于某种写作形式或体裁，它借助深度调查、田野调查等调查方法进行记录和分析，并根据结论进行内容创作。

（二）非虚构写作的特征

1. 真实性

非虚构文学的题材一般基于现实生活，包含重大历史、时代视角下的个体和社会变迁等。不同于一般的文学作品，非虚构文学坚持客观性、真实性原则，在新闻真实的基础上突出现场纪实过程，而且通过科学的方法去调查和写作。

2. 叙事性

非虚构写作一般具有完整逻辑的故事和个性化的细节呈现，是一种文学化的新闻事实报道。非虚构写作一般以主观的视角切入，以合适的文学技巧展示创作主题，并对社会、事件或者人物进行观察、记录和分析。

3. 个性化

现代社会的非虚构文学更多地围绕具体视角展开，强调细微的社会事件和个人。不同的人针对同一主题会有不同的见解，这使得不同的人所著的非虚构文学具有鲜明的个人特色。

（三）非虚构写作在非遗传承传播中的运用

1. 扩大传播主体

随着社交媒体的持续发展，人们的分享欲不断增强。新媒体语境下的非虚构写作门槛降低，即使不是专业作家，人们也积极进行非虚构文学的创作，将身边的人或事写成文章并分享，以此获得更多关注。而非遗文化及其传承人作为丰富的写作素材，逐渐成了自媒体和普通人关注和报道的对象，非遗文化也因非虚构文学作品的创作主体扩大而得到延伸和发展。

2. 记录非遗故事

非虚构写作兼有真实性和文学性，这使得非遗故事得以被记录和整理。将非遗相关的素材写成非虚构文学作品，不仅可以让即将消失的非遗技艺得以保存，并通过文学的形态传递给更多受众群体，还可以使各地区零散、尚未形成系统的非遗文化得以整理，方便后人进行阅读和学习。

3. 丰富叙事方式

非虚构写作作为一种新型文学形式，为非遗文化的传承传播提供了新的传播思路。非虚构文学的形式可以吸引热爱文学的特定受众群体，通过精雕细刻的文笔让更多人们感受到中华优秀传统文化的"根"与"魂"。

二、非虚构写作的创作流程

（一）寻觅传播主题

非遗文化作为中国传统文化的一部分，非遗主题相应地具备一定的传播价值，即社会性、时代性、世界性、文化价值以及情感共鸣。[①] 但是，非遗所涉及的题材包含非遗的发展历史、非遗技艺教程、非遗传承人等，创作者在选择主题时仍要注意范围和可行性，聚焦一个关键问题，选择一个可切入的角度集中创作，切忌泛泛而谈。

---

① 李梓新：《非虚构写作指南》，北京：中信出版社 2019 年版，第 17 页。

（二）打造核心人物

在非虚构写作中，一个具体而微小的人物故事能够凸显一个时代的价值观。创作者可以从某一个人的角度出发，找到他们身上的人性闪光点和隐藏的细节，通过刻画人物的复杂性凸显典型的时代特征，挖掘更深刻的结论。

（三）收集有效素材

创作者可以从网络搜集、采访和访谈中收集关键情节和有效细节，为创作准备充分的资料，以保证内容的完整性。

1. 网络搜集资料

创作者可以从网络中搜集各种符合创作需求的资料，充分把握创作主题，并借助事实、数据、专家等途径佐证自己的结论。值得注意的是，创作者在引用他人素材时，需要注重版权问题。

2. 采访与访谈

首先，采访前需要对采访对象和采访题材有足够的了解，这样才能在采访过程中做到自然地交流和引出关键话题。其次，一定要到受访者熟悉的环境中去，让受访者感到放松和愉快，借助受访者所处的环境理解受访者本身。最后，采访者需要注重自己在采访时的姿态，以朋友的身份去提问和交流，才能让受访者提供更多有效素材。

（四）输出优质内容

确定创作主题和收集相关素材后，创作者可以开始将零散的素材串成完整有逻辑的故事，主要工作包括建立文章结构、把握全文节奏、塑造人物品质、注重思想内核以及修改复修改五个部分。

1. 建立文章结构

撰写文章提纲框架，确立文章结构是写作的第一步。撰写提纲时需要确定文章的基本结构和主要内容，为文章设置一条故事线索。好莱坞经典叙事弧线将故事结构分为阐述、上升动作、危机、高潮和下降动作五个部分，即先讲清楚人物和背景，然后设置悬念，讲述人物即将面对的挑战及应对策略，再讲述人物遇到的危机，接着高潮部分讲述人物应对危机的一系列动作，最后故事节奏放缓，结尾升华（见图4-3）。

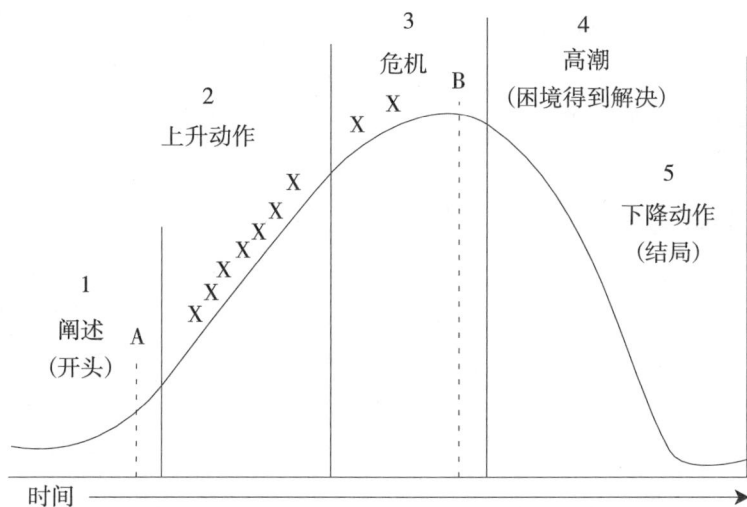

A：故事的叙述开头；B：故事的高潮点；X：不断累积上升的情节点

图4-3　好莱坞经典叙事弧线①

2. 把握全文节奏

非虚构文学一般由缓慢道出的一系列情节开始，逐渐推动故事发展到高潮部分，最后在结尾升华。作者在创作过程中需要把握各部分的比例，在恰当的时机将最精彩的部分引出，将文章情绪推向最高点，最后再点睛收尾，以此发挥更好的情绪感染效果。

3. 塑造人物品质

创作者在撰写非遗非虚构文学作品时，对非遗传承人的描写是重要组成部分。创作者需要从个人经历、性格等各个部分展开，通过刻画动作、神态的细节让人设变得更加丰满，借助个人视角的故事更能凸显其中的文化价值和引发情感共鸣。

4. 注重思想内核

非虚构写作的灵魂是创作者所要传达的价值情感，创作者需要将思想内核融入文字中，通过细节刻画或结尾部分道出作者的核心思想。在非遗非虚构文学写作中，强调非遗文化的现状，传达非遗传承人坚持的精神，以此激发阅读者的情绪，产生思想和情感上的共鸣。

5. 修改复修改

在完成文章初稿撰写后，需要进行反复修改。首先，对文章结构进行再次检查，需要明确自己的观点是否客观、文章节奏是否准确、逻辑是否通顺等问题；其次，注重检查和

---

① 杰克·哈特著，叶青、曾轶峰译：《故事技巧——叙事性非虚构文学写作指南》，北京：中国人民大学出版社2012年版。

修改错别字以及不恰当用词；最后，威廉·津瑟提到非虚构写作需要尽力让文字更加紧凑、有力、明确，剔除无意义的部分①。创作者需要根据语义反复修改文字表述，保证在逻辑完整的前提下简洁明了地传达内容，适当减少累赘用词。

三、非遗非虚构写作的创作实践

《故乡渔事》是一本记录江苏省兴化文化印迹的散文集，全书分为"童趣·渔乐无穷""生计·渔我同行""客串·渔事难了""回望·渔歌挽唱"四个部分，包含156篇以"渔事"为主题的散文。作者刘春龙肩负"地方知识文学书写"与"打捞历史与抗拒遗忘"的文化责任，致力于打造属于兴化的记忆。

该著作不仅讲述了各种捕鱼相关的工具和技巧，道出乡愁之情，还对省级非物质文化遗产"里下河渔具渔法"进行了文学性表达，传授非遗技艺知识，借助优秀的文笔"打捞"逐渐被人遗忘的非遗文化，体现出中国文化传统的灵与美。

第四节　信息可视化制作

一、信息可视化概述

（一）信息可视化的定义

国外学者将信息可视化定义为一种利用计算机设备对抽象数据进行交互式视觉呈现的手段，以利于提高人们对抽象信息的理解。② 一般而言，信息可视化指的是通过图形、图像、图表等视觉符号的方法或手段传达数据、知识或其他抽象信息，是一种通过简单、有效的文字或图像帮助人们更好地理解和分析数据的形式。信息可视化的基础是"数据"，即抽象化的信息，数据可视化是信息可视化的一种形式，其具备两个条件，即需要分析的数据和合适的具象化手段。

---

① 威廉·津瑟著，朱源译：《写作法宝：非虚构写作指南》，北京：中国人民大学出版社2013年版，第10页。
② Card, S. K., Mackinlay, J. D., Shneiderman, B., *Readings in Information Visualization：Using Vision to Think*, San Francisco：Morgan Kaufmann Publishers Inc, 1999.

（二）信息可视化的特征

1. 易读性

"非图形化"的抽象信息，例如文字、抽象的数据等，不利于用户获取和理解信息。在信息可视化中，抽象信息通过转换成图表、曲线、地图、动画等形式来显示分析结果和表达观点，用户可以更为直观、快捷、有效地可以理解其中的模式或关系。

2. 多维性

信息可视化所选用的抽象化信息，主要是数据和文字。数据具有多维变量或属性，数据可视化可以按照特定维度的值进行分类、排序、组合和显示，呈现出多方面、多维度的数据结果。对于文字（事件）而言，信息可视化可以从不同角度对收集的数据进行归纳与整理，以呈现事件的主要观点。

3. 审美性

在明确传达信息的基础上，信息可视化需要把握好视觉元素的运用。许多创作者在进行信息可视化时，会充分利用色彩、特殊图形在图表中的作用。色彩和图形可以帮助人们对信息进行分类、排序等，这不仅可以丰富作品的表现形式，还可以增强可视化的艺术效果，给人们带来视觉效果上的享受。

（三）信息可视化在非遗传承传播中的运用

1. 整合非遗信息

中国非遗文化博大精深，然而面对信息爆炸的时代，中国非遗文化的传承与传播受到了限制。运用信息可视化的技术与手段，将复杂、零散、抽象的非遗文化知识整合成资源库，将复杂晦涩的信息转变成人们可接受的可视化形式，更加有助于中国非遗文化信息的整合、呈现和传播。

2. 优化呈现效果

传统的中国文化信息的呈现与传播方式较为单一，传播范围较为狭窄，而信息可视化所具备的易读性、多维性、审美性等特征，能够为非遗文化的传播注入新活力，优化和丰富中国非遗文化的视觉效果，促进中国非遗文化的传播、传承和创新。

（四）信息可视化分析的工具

在信息可视化方面，用户可以根据数据及可视化呈现的目的选择合适的工具，或将几种工具组合起来进行使用。一般常用的可视化分析工具有 Microsoft Excel、Google Spreadsheets、Tableau 等，可视化编程工具有 Python、D3. js、R 语言等，而 Microsoft Excel 和

Tableau 是最广为使用的可视化工具。

1. Microsoft Excel

Microsoft Excel 是一个电子表格软件，用户可以根据导入的数据进行简单的等式计算，也可以利用更为复杂的函数公式进行其他类型的计算。Microsoft Excel 具备一定的数据处理功能，例如查找和替换符合特定要求的数据、数据排序和筛选、制作报表、预测走势等。Microsoft Excel 还可以将特定的数据转换成直方图、饼状图、柱形图、折线图等丰富多样的图表。Microsoft Excel 的图表简洁、直观，可以快速传达创作者的观点，适用于制作体量较小、构成较为简单的数据的可视化呈现。

2. Tableau

Tableau 相对于 Microsoft Excel 来说，既可以针对数据做更加深入的分析，又可以减少编程带来的繁杂性。Tableau 软件不需要复杂的编程和统计原理，只需要将数据拖放到工具簿中，通过简单的操作便可以得到目标数据的可视化图形。同时，该软件的可视化界面不仅有符合审美要求的背景，还能设置数据点的交互方式，适用于追求高效率和需要进行成本控制的企业或品牌。

Tableau 还具有其他强大的特性。一方面，Tableau 具有极强的数据引擎和数据整合能力，可以极大地提高绘制图表的速度，可以快速整理数据源，[①] 并且还有突出显示的功能，对于非遗传承传播的数据整合来说具有极大的实用性；另一方面，Tableau 还嵌入了地图，绘制者可以通过自动地理编码的地图呈现需要可视化的数据，这对于制定非遗文化传播策略具有非常大的帮助。

二、信息可视化的创作流程

（一）概念定位

在信息可视化创作之前，创作者首先要确定中心任务，即建立概念，设定特定的条件或范围。明确目标数据是从多个对象中选出一个特定对象或是从大量对象中筛选出一些对象，并进行进一步的分析，这都是在数据挖掘和可视化前需要明确的信息。同时，在进行概念定位时创作者需要考虑执行可信性，例如常见的非遗文化信息可以列出以下标准：非遗项目情况、非遗传承人数量、各地区传播情况等。在信息可视化的前期需要明确中心任务的本质，确定所需要分析的目的数据和条件，让制作方案变得更加清晰。

---

① 周苏等：《大数据可视化技术》，北京：清华大学出版社 2016 年版，第 86 页。

（二）数据描述

明确信息可视化的目的后，需要对目标数据进行描述。对数据的视觉描述有多种方法，包含不同粗细的线条、不同颜色的色块或者特殊形状的图标等。对这些视觉化描述进行汇总，可以将数据描述归纳为三种特性，分别是数据的类型、数据的复杂度以及用户对已编码数据的解释方式。[①] 首先，创作者需要搞清楚数据之间的关系及表现方式。其次，创作者需要根据数据的复杂度进行关系编码。例如，单变量数据可以采用简单的直方图，双变量数据可以使用散点图、关联直方图，而三变量数据可以使用散点图矩阵。若需要增强对象及属性的具象性，创作者可以将目标对象描述成多维图标，例如用表情形容情绪值、用人形代表占比等，进而清晰地显示不同属性之间的占比或关系。最后，创作者需要针对属性之间的关系对中心任务进行拆解，包含绘制者对目的任务的理解、需要从图表中获取的信息，以及针对所呈现的关系可能需要回答的问题。

（三）信息呈现

确定数据描述方式后，下一步需要解决的是如何呈现信息的问题。绘制者在呈现数据时，会遇到显示区域受限、交互技术有限等问题。信息呈现方式的选择会影响最终的可视化呈现的效果，因此绘制者必须基于显示区域、用户习惯、已有技术手段等条件，寻找最适合的显示方式。

针对空间受限的问题，绘制者可以采用滚动、省略图、转变形状等一种或多种结合的形式呈现信息。如呈现非遗传承人的故事时，可以在主要的焦点空间区域将重点细节呈现出来，突出传承人的高光时刻，而对两边的个人介绍等信息进行折叠，这样用户不仅能够将视线集中于中央区域，还能注意到边缘位置的信息。但在绘制图时，除了突出有效细节之外，绘制者还需要维持整体的认知，避免部分信息被忽略的情况。

针对时间受限的问题，绘制者可以通过快速序列显示、素材集等手段调整信息呈现模式。根据人们观看时的行为模式和习惯，对素材出现的速度和方式进行调整，保证人们能够在有限的时间里掌握主要信息，增强人们对相关符号的识别。

（四）交互设计

用户与可视化信息之间的互动是信息可视化的关键部分。绘制者要充分理解中心任

[①] 罗伯特·斯彭思著，陈雅茜译：《信息可视化：交互设计》（原书第 2 版），北京：机械工业出版社 2011 年版，第 20 页。

非遗传承传播方法教程

务，对已有的交互技术和手段进行综合评估，设计适合用户行为习惯的交互界面。在设计交互界面之前，交互人员需要根据具体的场景空间选择合适的交互模式，例如连续式交互适宜动态触发关键、醒目的信息，渐进式交互适用于离散信息的定位，被动式交互更利于实时动态的呈现。① 在实际生活中，设计人员更多地采用混合型的交互，以此达到更理想的交互体验。最后，绘制者在设计初稿完成后，需要与团队人员协作进行多轮实验性设计的测试与修改，直至制作出符合需求的可视化界面。

三、非遗信息可视化的创作实践

光明网针对非遗传承人的年龄分布、各非遗类别项目、地区传承人数量以及各市级非遗项目与传承人数量进行了信息可视化，传达数字时代下陕西省非遗传承的情况。对于非遗传承人的年龄分布，光明网采用了环形图的形式，不同的色块代表不同的非遗类别，通过条形的长短可以直观地判断传承人的年龄大小。各非遗类别项目数量采用了条形图的形式，通过条形长短判断数量，而通过不同的色块可以观察不同地区的数量。各市级非遗项目与传承人数量采用了散点图的形式，通过横轴的非遗传承人人数和竖轴的非遗项目数量进行直观展示。其中，图表对非遗项目数量与传承人人数领跑的西安市做了颜色突出显示处理，以凸显西安市作为省会的领头羊角色。这三份表清晰、简洁地呈现了陕西省目前非遗传承人的基本状况，为地方的非遗传承与传播策略的制定提供了一定的数据支撑。

"可视化看非遗" 陕西：数字守遗 匠心守艺（部分）②

在中国传统文化的传承过程中，有这样一群人，他们守护着这些传统工艺，并不断地给非遗注入新的活力与生机，他们是"手艺人"，也是"守艺人"，更是"传承人"。非遗以人为载体，其核心是"传承"，陕西非遗的蓬勃发展离不开传承人的坚守与付出，一批又一批非遗传承人延续着陕西非遗的血脉，让文明不断流淌。

数据显示，现陕西省共有国家级非遗代表性项目传承人78人，省级非遗代表性项目传承人581人。近几年，陕西省积极响应国家政策，加强非遗生产性保护传承，出台多部相关政策，为非遗保护提供有力保障。同时，青年人正在非遗传承中绽放异彩（见图4-4），2022年中国非物质文化遗产保护协会发起"全国青年非遗传承人扶持计划"鼓励引导青

---

① 罗伯特·斯彭思著，陈雅茜译：《信息可视化：交互设计》（原书第2版），北京：机械工业出版社2011年版，第107-128页。
② 王秀丽等：《"可视化看非遗" 陕西：数字守遗 匠心守艺》，https://feiyi.gmw.cn/2023-06/21/content_36644643.htm，2023年6月21日。

180

年一代参与保护非遗。有匠人的传承守护，有新鲜血液的注入，非遗背后的匠人匠心正在新时代持续挖掘着陕西非遗这块宝藏，讲述着一个个属于陕西非遗的独特故事。

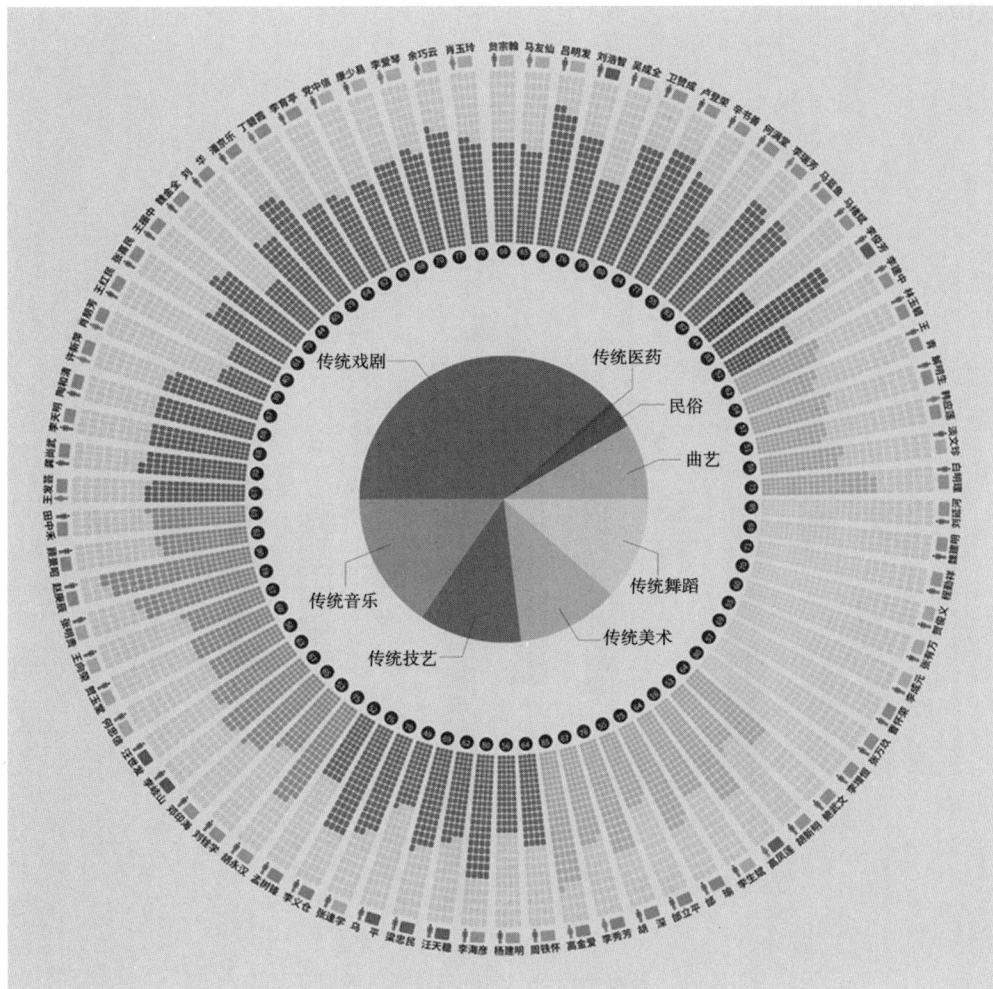

图4-4　国家级非遗传承人年龄按批次分布①

（注：此处年龄指入选公示时的年龄）

从图4-5可以看出，陕西各地区在传承发展非遗记忆方面存在较大差异，关中地区在各个种类中均超过陕南、陕北两个地区，陕北则在各项均占比最少，各地区发展不平衡；不同类别项目也存在显著差距。经相关性分析可知，传承人数量与项目数量的相关性

---

① 王秀丽等：《"可视化看非遗" 陕西：数字守遗 匠心守艺》，https：//feiyi. gmw. cn/2023－06/21/content_ 36644643. htm，2023年6月21日。

并不强，传统戏剧类项目在总体中占比不高，但是传承人数量在全省各类别项目传承人中排第二名；民间文学类的非遗项目数量并不算少，但是传承人数量却是全省最末。传承人数量与项目数量之间不成正比也启示我们，在非遗传承保护中需要更加注重非遗传承人队伍的培养建设。

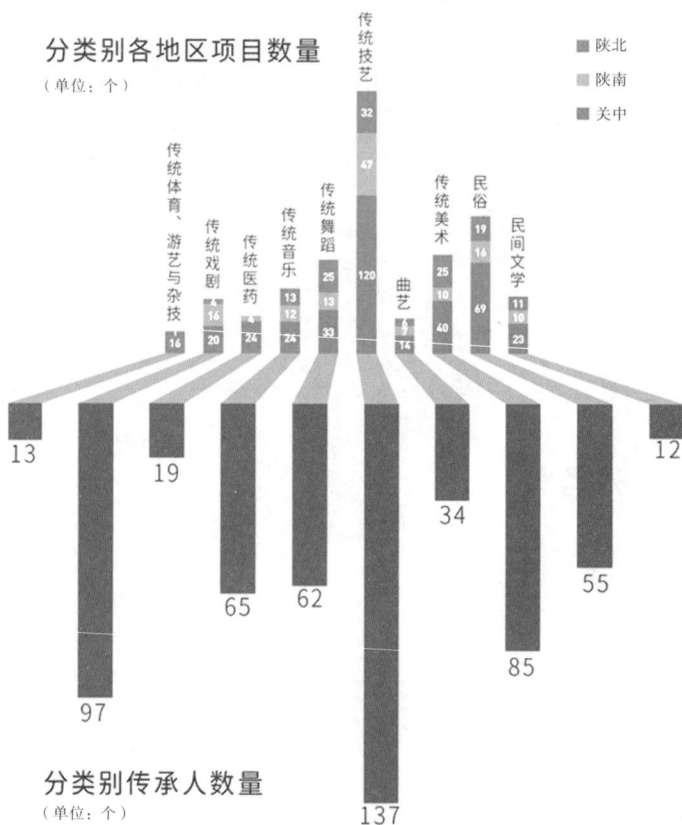

图 4-5　各类别项目、地区与传承人分别不均①

　　西安作为陕西省省会，在非遗传承保护上起到了良好的示范带头作用，其非遗项目和传承人数都在领跑全省，铜川市和西安市在非遗项目和传承人人数上都体现出很大的极差（见图 4-6）。

----

① 王秀丽等：《"可视化看非遗" 陕西：数字守遗　匠心守艺》，https：//feiyi. gmw. cn/2023-06/21/content_36644643. htm，2023 年 6 月 21 日。

（单位：个）

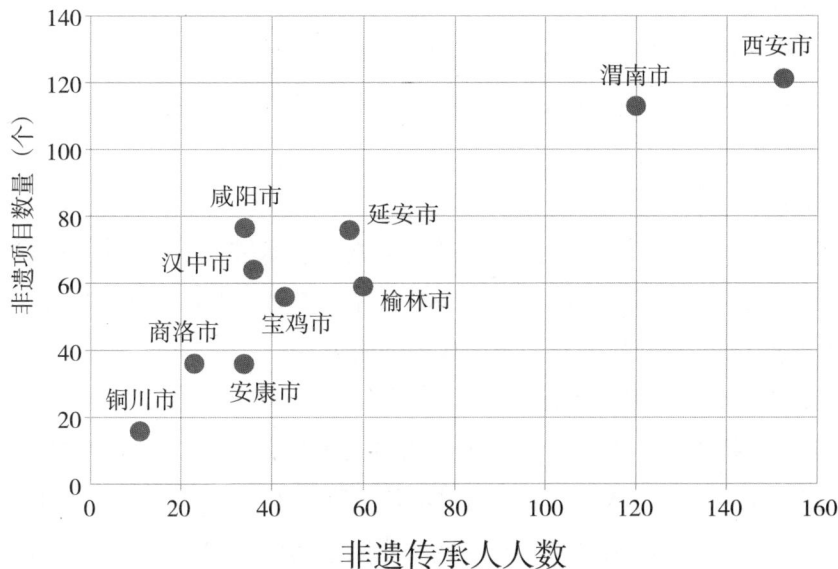

图 4 - 6　西安市非遗项目数量与传承人人数领跑全省①

第五节　互动作品设计与制作

一、动画与非遗创作实践

（一）动画概述

1. 动画的定义

　　动画是一种传播媒介技术，也是一种内容载体，以"逐格拍摄"为技术基础，并以特定的美术形式作为手段输出连续的画面。动画主要分为五个类别，分别是传统动画、矢量动画（2D 动画）、三维动画、MG（motion graphic）以及定格动画。

---

2. 动画的特征

（1）叙事性。

动画是一种具有时间属性的内容形态，能够按照文本故事架构具象的故事，成为人们叙事表意的一种方式。动画的主要叙事结构一般较为简单，主要选用直线式、散文式、循环式、悬念式四种结构展开叙述。

（2）艺术性。

动画不仅是一种叙事手段，也是一种动态视觉的艺术表现方式。动画将连续的图画、模型等输出为动态的精美画面，画面的建构需要有坚实的美术基础和审美要求，符合观众审美要求的动画能够让观众感受到一定的放松和愉悦。

3. 动画在非遗传承传播中的运用

动画作为一种技术和手段，凭借强大的表现力和情绪感染力，正在被越来越多的观众，尤其是被年轻人接受与认可。动画通过清晰、富有吸引力的表达可以向观众传播非遗文化相关信息，并对观众产生一种文化"软"影响。同时，动画富有想象力和创造力，而非遗文化具备独特的审美元素和深厚的传统文化意蕴，动画可以对非遗文化进行多样化、灵活化的表达，使得非遗文化能够通过动画的表现形式扩大传播范围。因此，动画是传达非遗信息、传递文化内涵的有效方式之一。

（二）动画的创作流程

1. 确立思想

规划定位、构思主题是动画制作的前期准备活动。在非遗动画中，创作者必须在创作剧本前明确具体的创作思路和详细的策划方案，例如明确动画所要制作的主题和题材、大致的时长、主要的故事框架、视觉风格等，否则会让后续的工作变得烦琐，浪费时间和人力成本。

2. 策划剧本

将思路延伸到完整的故事和明确的剧本是动画制作的必要内容。正式绘制前，需要根据前期确定的视觉风格，细化动画的主题造型、色调、美术风格等内容。剧本主要包括分镜、镜头内容、时长、台词、音效等基本内容，按照时间顺序将镜头标注出来，搭配故事文本进行细化。剧本越详细，动画师就能够在越短的时间内完成符合内容要求的作品，提高整体的创作效率。因此，在策划剧本时，应当明确故事的特定细节，保证关键信息能够实现有效呈现。

3. 绘制素材

确定剧本的下一步是中期创作活动，即制作视觉和听觉素材，包含画面、文案和声音。画面的绘制根据视觉风格而定，设计师需要有良好的绘画功底和审美水平，根据画面整体的视觉效果充分发挥创意。文案根据动画特定画面的具体需求而定，可以选择有声配音或无声字幕的形式进行呈现。声音也是动画的重要组成部分之一，主要包括背景音乐、音效和配音三种形式。背景音乐可以带动动画的节奏感，一般选择自创或已有的音乐进行搭配，但需要注意音乐与画面的适配度，否则会导致事倍功半的后果。音效能够加强画面的表现力，将音效加到动画上能够强化观众的沉浸感。配音主要指的是将文本以画外音的形式融入动画中去，有选择性地进行配音可以强化动画的视听体验。

4．制作成片

前期的素材绘制完毕后，开始进入后期的剪辑阶段。后期的剪辑师需要使用 PR、AE等剪辑软件，将人物、场景、音乐、文本等素材按照剧本进行组合，并对动画、配音等进行调整，使得整体动画更加流畅、有逻辑。后期剪辑师还需要把握整体动画的节奏感，恰当的节奏能够加强其中的视觉效果。制作完成初稿后，剪辑师需要与团队一起检查并对动画中的错误进行不断调整，确认无误后再将动画导出成为文件形式。

5．分发策略

动画导出后，创作者可以根据动画片的定位确定分发的传播渠道。若动画时长较短，且具有较强的冲击感，可以选择投放到短视频平台，例如抖音、快手等；若动画包含丰富、具体、有深度的知识，且时长相对较长，可以投放到哔哩哔哩、西瓜视频等中长视频平台。

（三）非遗动画的创作实践

《道喜》是湖南省首部以非遗为题材的原创二维手绘动画，以"侗锦非遗"传承为主线，将侗族风情完美呈现。历经两年时间，主创团队走遍了湖南省怀化市通道侗族自治县的主要侗寨，手绘了上万张原画，并且通过卡通人物的形式将侗寨的建筑、饮食、节庆、侗锦等串联起来，用动画的形式宣传旅游景区和侗族风情。该动画的名称《道喜》既能概括动画是一个关于婚礼的故事，又隐含着"通道迎来喜事"的寓意。

影片的主人公是向往大城市生活的侗族姑娘小喜，她的外婆是通道有名的织锦人，小喜并没有从外婆那里学习织锦技术，而是选择了从县城前往大城市，成为一名婚礼策划师。外出工作的时间里，小喜对家乡的思念愈加强烈。在了解到外婆的经历后，小喜也体会到了侗锦的艺术魅力，她产生了强烈的想要传承外婆手艺的意愿。于是，她回到了自己的家乡通道，传承外婆的织锦技艺，开启了人生的崭新阶段。

动画《道喜》作为湖南省第一部讲述非遗传承的动画作品，故事中的传承精神打动了许多观众的心，自上线播出以来就受到广大观众的喜爱，在咪咕视频、哔哩哔哩等平台的点击量超千万次，也曾多次被媒体关注和报道。

图 4 - 7　《道喜》动画影片①

二、H5 与非遗创作实践

（一）H5 概述

1. H5 的定义

H5 的全称为 HTML5，即超文本置标语言，H5 指的是 HTML 的第五个版本。HTML 是目前网络上广泛应用的语言，也是构成网页文档的主要语言。H5 页面包含文字、图片、音乐、视频、超链接等多种形式，页面中一般会添加丰富的控件和灵活的动画特效。H5 还有强大的交互应用和数据分析功能，使其能高效率、低成本地实现信息传播，适用于活动运营、品牌宣传、产品推广以及报告总结等。

2. H5 的特征

H5 的特征主要体现在跨平台性、交互性强、形式丰富、传播力强、成本低五个方面。

（1）跨平台性。

H5 可以兼容 PC、Pad、手机等各种电子设备，具有很强的兼容性和跨平台性。H5 极大地降低了开发和运营成本，能够实现"一对多"的跨平台传播，不同平台的用户能够轻易接收信息，因此 H5 形式的传播渠道为用户提供了极大的便捷性。

---

①　Yeedia 动画工作室：《讲述侗锦传承文化的非遗动画〈道喜〉，原创二维手绘动画，少数民族非物质文化遗产》，https：//b23.tv/ndmqsTU，2022 年 6 月 8 日。

（2）交互性强。

H5 具有很强的交互性，用户可以通过点击、滑动、摇一摇等方式进行互动并接收各种信息，适配的交互方式能够给用户留下深刻的印象。

（3）形式丰富。

设计人员通常会在 H5 中增加多种形式促进用户参与互动，例如投票、红包、抽奖等，也会通过各种个性化设置（铭牌、个性标签等）激发用户的分享欲望，提升 H5 的影响力。

（4）传播力强。

H5 具备跨平台性和多样性的特征，一般借助用户的社交网络进行分享和扩散，因此依靠用户社交链的 H5 具有很强的传播力。用户积极参与的内容能够引起更多用户的分享欲望，促使用户在各种社交平台进行传播。

（5）成本低。

H5 相对于其他形式的视听作品来说，开发、运营、传播的成本较低。设计人员可以通过 H5 制作网站进行创作，制作相对简单，传播成本较低。

3. H5 在非遗传承传播中的运用

将 H5 技术运用到非遗文化的传承传播实践中，增强用户与非遗文化的互动与交流，能够让非遗文化走进大众视野，吸引更多的人群去深入了解非遗技艺，参与到非遗传承传播的行列当中。H5 的多感官的场景交互设计，能够让用户更便捷地获取与非遗传承传播相关的信息，或直接与非遗传承人对话，在浏览时沉浸式体验非遗技艺，让非遗文化走进用户的视野。

（二）H5 的创作流程

在进行 H5 页面创作前，创作者必须先明确 H5 的定位与目标，然后根据前期的目标进行内容策划，接着制作 H5 页面和添加交互功能，最后生成和发布 H5。

1. 设计构思

H5 设计的前期创作内容是明确目标用户和设计目标。在进行 H5 创作前，创作者需要明确 H5 的制作目的、主要面向群体，以及需要表达什么内容、想要达成什么传播效果，再围绕目标用户和作品定位进行头脑风暴，将重点信息罗列出来，为之后的内容策划奠定基本方向。

2. 内容策划

确定好设计构思后，创作者需要对 H5 内容进行策划，将创意思路从 0 到 1 呈现出来。内容策划划分为内容、交互、视觉风格三个方面，具体指 H5 需要介绍的内容、页面需要添加的交互效果，以及所要呈现的视觉效果。^①选定以上三个方面的内容后，创作者需要完善策划内容，并绘制 H5 页面的原型图，细化并明确 H5 页面设计的文字、图片、视频、交互、音乐、音效、动效、链接等。值得注意的是，创作者在发挥创意的同时要遵循可行性的原则，即需要了解技术的可行性以及画面展示的限制性等，这样才能保证后续的创作过程能够顺利进行。

3. 页面制作

原型图的绘制完成后，设计者可以搜集素材或自行绘制，设计符合用户审美标准的界面。对于搜集素材方面，创作者可以通过网上搜索、录制拍摄的方式获取素材。在使用网上素材时，设计者需要注意版权问题。如自行绘制，创作者可依据前期的内容策划和确定的视觉风格进行发挥，尽可能地还原原型图。素材准备完毕后，设计者可以开始设计 H5 页面，一般可以通过套用模板或使用图像工具来绘制的方式进行设计。若使用模板进行设计，创作者可以使用 MAKA 官方网站、易企秀、木疙瘩、兔展等工具进行创作，在编辑器中选择适配的模板并将素材添加到对应位置，替换原本的模板内容；若使用图像工具进行绘制，创作者可以使用 Photoshop（PS）、Illustrator、可画等工具进行设计，绘制时需要注重内容的一致性，依据原型图的要求进行页面设计。

4. 交互设计

页面设计的套用模板一般包含了大部分交互功能。若使用图像工具进行设计，则创作者需要根据功能制作页面的交互方式。创作者将图像文件导入 H5 制作器后，根据内容策划添加音乐、音效、特效、按钮等内容。一般而言，可以使用 After Effects（AE）制作特效，用 Audition 制作音效。

5. 运营策略

完成 H5 的设计后，创作者可以对作品进行预览和发布。发布时，运营者需要基于定位制订合理的运营和传播计划。若发布到微信、QQ 等社交平台时，最好导成二维码或链接的形式，生成并发布 H5。若涉及抽奖、投票等活动时，运营者仍需要实时监控 H5 的传播数据。

（三）非遗 H5 的创作实践

《点亮非遗传承之光，守护中华文化不灭火种》是由中国非物质文化遗产保护中心设计并发布的作品，该作品的目的是普及太极拳和送王船亮相非遗项目，促进非遗文化的传承传播。该 H5 作品中，用户通过滑动和点击相关按钮的形式获取更多信息。展示内容主

---

① 邓嘉琳：《H5 页面创意设计》（全彩慕课版），北京：人民邮电出版社 2021 年版，第 14 页。

要包含太极拳、送王船两个项目的文字、图片以及视频资料，最后显示保护非遗传承的参与人数，希望通过观众的参与和互动，使更多用户了解中国列入联合国教科文组织人类非物质文化遗产代表作名录项目的情况，一起关注、热爱、传承、传播中华优秀传统文化，坚定文化自信，守护我们的文化遗产。

图 4-8 《点亮非遗传承之光，守护中华文化不灭火种》H5①

三、虚拟现实与非遗创作实践

（一）虚拟现实概述

1. 虚拟现实的定义

虚拟现实是学科高度交叉的科学领域，也是一项综合技术，融合了三维成像、三维建

---

① 中国非物质文化遗产保护中心：《点亮非遗传承之光，守护中华文化不灭火种》，https://www.ihchina.cn/shenyi，2020 年 12 月 23 日。

模、计算机制图、传感和测量以及人机交互等多种技术，"VR+非遗"已经成了当下中华优秀传统文化传播的新型产业之一。虚拟现实可以看作是对虚拟想象或真实三维世界的一种模拟方式，在对某个特定的场景进行还原和再现后，用户通过专业的配套装置接收和响应模拟场景的各种感官体验，与虚拟场景中的虚拟人及事物进行自然互动，让用户产生身临其境的感觉。① 总的来说，虚拟现实是以计算机技术为核心，借助各种尖端技术，生成在视觉、听觉、触觉等与真实三维世界高度相仿的数字化环境，用户借助装置，可以与场景内的一切进行互动和体验的沉浸式的虚拟世界。

虚拟现实基于真实世界创造了一个虚拟的三维互动场景，狭义上的虚拟现实技术一般指的是虚拟现实技术（virtual reality，VR），而广义的虚拟现实技术除了 VR 之外，还包含了增强现实技术（augmented reality，AR）、混合现实技术（mixed reality，MR）以及扩展现实技术（extend reality，XR）。其中，增强现实技术是以真实的三维世界为基础，将计算机所生成的图像、图形、数据等信息叠加到真实世界中，从而实现对现实世界信息的"增强"效果。混合现实技术是 VR 和 AR 的结合体，包含了真实三维世界、数字虚拟、数字化信息三种内容，不仅是对信息进行叠加，而且是将真实世界和虚拟世界进行结合，形成了新的三维世界，用户可以获得真实世界中目标对象的信息。扩展现实技术一般定义为以现实世界为基础，增加了对现实世界中事物和人的数据信息，从而扩展了现实世界的信息内容。

2. 虚拟现实的特征

虚拟现实一般可以概括为以下三个重要特征，分别是沉浸感（immersion）、交互性（interaction）和构想性（imagination），即"3I 特性"。

（1）沉浸感。

沉浸感即用户所能感受的临场感，这是判断一个虚拟现实系统理想与否的关键因素之一。虚拟现实建构了一个虚拟三维世界，让人产生一种身临其境的感觉。虚拟世界能够给人带来许多沉浸式体验，包括视觉、听觉、触觉等多种感官体验。使用者戴上配套的交互设备后，可以让自己置身于如同真实世界一样逼真的场景中，在虚拟世界进行沉浸式互动与全感式体验。

（2）交互性。

交互性即使用者与虚拟场景中的人或事物之间的自然互动，这也是判断虚拟现实系统好坏的关键指标之一。使用者借助输入设备和传感设备能够与虚拟世界里的人或事物进行自然的交互，通过自身的语言、动作等操作方式，可对虚拟世界产生影响。除此之外，虚

① 娄岩：《虚拟现实与增强现实实用教程》，北京：机械工业出版社 2020 年版，第 2 页。

拟现实系统的互动具有实时性，若使用者做出一个动作，虚拟场景会相应地进行反馈，使用者与虚拟世界之间相互影响。

（3）构想性。

构想性即想象力，虚拟世界里的所有人或事物都是由创作者想象并设计出来的，且具有一定的目的性和效用性。同时，在虚拟场景中，使用者也可以充分发挥想象力和创造力，借助虚拟现实技术，构思自身行为对虚拟世界所产生的影响，加深自身对虚拟现实技术的理解。

（二）虚拟现实的创作流程

随着文化产业的快速发展，VR 技术逐渐融入人们的日常生活中，为观众带来全新的沉浸式场景体验。在非遗文化传承传播方面，虚拟现实主要用于引导场馆游览、还原非遗技艺、增强非遗内容呈现等。例如，欧洲组织参与的 Archoguide 项目为游客提供了考古遗址的增强虚拟现实导览，借助个性化的 AR 导览，游客可以在考古遗迹现场看到古迹复原的效果。[1] 因此，了解虚拟现实的创作工作流程，扩大虚拟现实在文化产业的地位，对于非遗传承与传播来说具有重大意义。一般而言，虚拟现实的创作流程主要分为前期的主题定位及基础场景设计、中期的详细脚本设计和交互设置，以及后期的作品完善，最终导出合适的文件形式。

1. 作品定位

前期的作品定位的工作对于整个项目的构思和建构有着决定性的作用。在制作虚拟现实系统之前，创作者需要对整个流程进行细致的策划和设计，即创作者要在前期确定设计目标、目标用户、创意思路、虚拟场景的呈现方式等。创作者需要在创作前明确作品的功能和传播目的，并且围绕作品的目标用户构思创意思路。虚拟场景的呈现主要分为两种类型，分别是实景拍摄和3D建模场景制作。实景拍摄指的是通过虚拟现实全景拍摄设备所制作的360度全方位全景视频，而3D建模场景制作指的是通过三维建模和动画的技术和手段创造的虚拟场景。设计师根据已确定的需求进行头脑风暴，策划创意内容，包括场景内容、视角切换方式、美术风格、交互逻辑等，输出一份较完整的策划执行方案。

2. 场景设计

在确定策划方案后，团队可根据场景呈现方式输出场景设计。若选择实景拍摄的呈现手段，摄制人员前往确定的实景中利用虚拟现实全景摄像机进行全景视频拍摄或者是全景

---

① Vlahakis, Vassillios, Ioannidis et al., Archeoguide: An Augmented Reality Guide for Archaeological Sites, *IEEE Computer Graphics & Applications*, 2022, 22 (5): pp. 52–60.

图片拍摄，输出符合策划需求的全景视频或全景图，接着设计师使用 Premeire、Kolor Au-toPano Giga、PTGui（全景图拼接）、Kolor AutoPano Video Pro、VideoStitch 等工具对拍摄的素材进行后期缝合，之后输出用于最后 VR 制作的全景视频或全景图。

若选择 3D 建模场景制作的方式，设计师需要进行 2D 美术设计，输出场景示意草图或草模，包括角色、场景、道具、特效等。3D 建模人员再根据场景示意图，使用 Unity 搭建三维场景，必要时对 3D 模型的结构和细节进行下一步的雕刻，达到精致化的效果。模型制作完成后，可以运用 Unity 中的灯光效果、材质贴图系统等对场景模型进行进一步的设计和美化，即将 3D 模型、图片、视频、声音等素材导入并进行材质贴图，通过创建和调整灯光呈现场景效果，最后根据美观需求进行画面的调整。上述操作完成后，需要对 3D 模型和角色进行三维动画制作，即对角色进行骨骼绑定，以达到丰富角色动作的效果，保证最终呈现符合现实环境。

在场景设计过程中，需要注意色调和风格的统一性。一般前后拼接的两段视频或两张图片之间具有一定的色差，这时候就需要通过专业的调色工具对拼接的对象进行调整，保证整体呈现的视觉风格保持一致。

3. 设置摄像机

无论是实景拍摄还是 3D 建模场景制作，多视角呈现画面都能够提供更好的沉浸式体验。设计人员可以根据第一人称或第三人称的方式添加自主控制的摄像机，达成多个视角的切换，实现用户在场景中游览的效果。

4. 开发交互

设计师依据前期敲定的策划案编写用户与场景的交互以及 UI 功能脚本，然后根据交互脚本，使用 After Effects、AI、PS 等工具制作交互动画的 png 序列以及 2D 界面元素切图，再交由程序人员撰写代码实现交互逻辑输出可交互的 VR 内容。交互方式包含更换、添加、移动、切换镜头、进入及退出等 UI 控制方式，程序人员可根据具体操作创建交互脚本、设置参数，达成实时交互的效果。在交互开发时，程序人员需要根据用户体验效果选择适配的 UI 方式，且使用者能够实时接收交互所产生的场景反馈。

5. 丰富形式

后期设计和程序人员根据策划方案和实际的呈现效果添加特效、背景音乐、解说词等素材，可以丰富 VR 给用户所带来的视听体验。特效方面，主要包括各种自然特效、UI 特效以及人机交互特效，可借助 AE 等工具制作简单的 2D 特效，或使用专业的三维软件制作更为复杂的 3D 特效。背景音乐和解说等音乐素材方面，若使用 Unity 搭建场景，可以在摄像机添加场景相应的 Audio Source 控件，导入对应的音乐素材，摄像机存在的时候便会播放音乐。

6. 测试调优

最后，团队根据前期策略反复调整内容，确定终稿后选择所要发布的传播平台。程序人员、设计师、交互师需要进入 VR 场景进行体验、逻辑测试并不断找出存在的问题，针对问题进行调整和优化，反复测试和修改确定最终作品。此后，程序人员设置好参数并将文件打包导出，按照 VR 作品的定位投放到合适的传播平台。

（三）非遗虚拟现实的创作实践

"壮族三月三"系列活动是由广西壮族自治区文化和旅游厅、商务厅，南宁市人民政府主办的活动。在 2019 年的"壮族三月三·八桂嘉年华"系列活动中，广西云客户端和中国联通广西分公司联合独家推出"5G + VR"的视频直播，实时向全国人民传递"壮族三月三·八桂嘉年华"的精彩活动盛况。主办方采用实景拍摄的呈现方式，在观众席处设置了 360 度高清摄像机，用户不仅可以切换视角看到河对岸的精彩表演，还能观看观众席人们的互动，实现一种身临其境的体验效果。

图 4 - 9　"壮族三月三·八桂嘉年华"系列活动 VR 直播①

━━━━━━━━ 本章思考题 ━━━━━━━━

1. 结合案例，谈谈你对非遗微纪录片选题的价值标准。

---

① 广西日报新媒体：《"壮族三月三" 5G + VR 视频直播》，http：//h5. gxrb. com. cn/v2/manage/book/kuyxee/，2019 年 4 月 4 日。

2. 非遗类短视频应当更注重知识性还是娱乐性？

3. 非遗非虚构写作中如何凸显传统文化的魅力？

4. 直方图、折线图、饼状图以及散点图的数据分析作用分别有哪些？

5. 如果需要制作非遗传承动画，应当如何进行取材？

6. 优秀的非遗类 H5 作品应当具备哪些特点？

7. 虚拟现实在非遗传承与传播中的具体措施有哪些？

本章延伸阅读

[1] 查理德·威廉姆斯著，邓晓娥译：《原动画基础教程》，北京：中国青年出版社 2006 年版。

[2] 杰克·哈特著，叶青、曾轶峰译：《故事技巧——叙事性非虚构文学写作指南》，北京：中国人民大学出版社 2012 年版。

[3] 罗伯特·斯彭思著，陈雅茜译：《信息可视化：交互设计》（原书第 2 版），北京：机械工业出版社 2011 年版。

[4] 马克·克雷默、温迪·考尔著，王宇光等译：《哈佛非虚构写作课：怎样讲好一个故事》，长沙：湖南文艺出版社 2022 年版。

[5] 迈克尔·拉毕格著，喻溟、王亚维译：《纪录片创作完全手册》（第 5 版），成都：四川人民出版社 2019 年版。

[6] 南希·贝曼著，薛蕾译：《准备分镜图：动画编剧与角色设定》（第 2 版），北京：人民邮电出版社 2015 年版。

[7] 邱南森：《数据之美：一本书学会可视化设计》，北京：中国人民大学出版社 2014 年版。

[8] 威廉·津瑟著，朱源译：《写作法宝：非虚构写作指南》，北京：中国人民大学出版社 2013 年版。

[9] 威廉姆·R. 谢尔曼、阿兰·B. 克雷格著，黄静、叶梦杰译：《虚拟现实：接口、应用与设计》（原书第 2 版），北京：机械工业出版社 2021 年版。

[10] 陈昌辉：《虚拟现实技术与实践：IdeaVR 2021 操作实务》，上海：上海科学普及出版社 2022 年版。

[11] 邓嘉琳：《H5 页面创意设计》（全彩慕课版），北京：人民邮电出版社 2021 年版。

[12] 段蕾：《新媒体语境下微纪录片创作研究》，北京：新华出版社 2021 年版。

[13] 樊荣等：《H5 交互融媒体作品创作》，北京：中国人民大学出版社 2020 年版。

［14］李杰：《动画编导：短片创作》，北京：中国青年出版社 2015 年版。

［15］李梓新：《非虚构写作指南》，北京：中信出版社 2019 年版。

［16］刘跃军：《虚拟现实设计概论》，北京：中国国际广播出版社 2020 年版。

［17］刘跃军、王啸歌：《虚拟现实场景设计与制作》，北京：中国国际广播出版社 2022 年版。

［18］娄岩：《虚拟现实与增强现实实用教程》，北京：机械工业出版社 2020 年版。

［19］彭澎、姜旭：《可视化 H5 页面与交互动画设计制作：木疙瘩标准教程》，北京：人民邮电出版社 2022 年版。

［20］苏旺：《短视频红利：抢占移动互联网流量入口》，北京：人民邮电出版社 2018 年版。

［21］向登付：《短视频：内容设计 + 营销推广 + 流量变现》，北京：电子工业出版社 2018 年版。

［22］杨飞：《玩赚抖音短视频：入门定位 + 内容创作 + 品牌营销 + 引流变现》，北京：清华大学出版社 2019 年版。

［23］赵一飞等：《虚拟现实在设计中的应用》，武汉：武汉理工大学出版社 2022 年版。

［24］赵玉亮：《纪录片创作实训：纪录与微纪录》（第二版），广州：中山大学出版社 2022 年版。

［25］郑昊等：《短视频策划、制作与运营》，北京：人民邮电出版社 2019 年版。

［26］周苏等：《大数据可视化技术》，北京：清华大学出版社 2016 年版。

［27］朱景和：《纪录片创作》（第四版），北京：中国人民大学出版社 2019 年版。

［28］朱晓凯：《非虚构写作简明教程》，芜湖：安徽师范大学出版社 2022 年版。

［29］朱荣清、钟欣颖：《纪录片创作：理论与实践》，北京：中国国际广播出版社 2021 年版。

［30］Card, S. K., Mackinlay, J. D., Shneiderman, B., *Readings in Information Visualization: Using Vision to Think*, San Francisco: Morgan Kaufmann Publishers Inc, 1999.

［31］Vlahakis, Vassillios, Ioannidis, et al., Archeoguide: An Augmented Reality Guide for Archaeological Sites. *IEEE Computer Graphics & Applications*, 2002, 22（5）.

后 记

　　中华优秀传统文化是中华民族的精神命脉，也是维系全世界华人的精神纽带。文化遗产是中华优秀传统文化的具象载体，是向世界展现中国形象的重要支点。然而，在工业化、信息化以及全球化迅猛发展的当下，传统技艺、民俗、戏剧等非物质文化遗产的传承与发展正面临巨大的挑战。古老的非遗如何与现代社会对接，如何让年青一代继续传承创新，如何面向世界讲好中国非遗故事……研究这些与非遗传承传播相关的问题，积极开展非遗创新传播实践，具有重要的理论意义和迫切的现实价值。

　　作为华侨最高学府，暨南大学时刻牢记习近平总书记2018年视察学校时的殷殷嘱托——"把中华优秀传统文化传播到五湖四海"。秉承"用好文化遗产，讲好中国故事"的核心理念，暨南大学新闻与传播学院、暨南大学文化遗产创意产业研究院，在联合国教科文组织"世界传统手工艺：传承与创新"教席的指导下，由刘涛院长、支庭荣书记、陈平院长等领导共同组织策划，两院师生先后通过开放实验课"湾区视野下岭南非遗传承传播的田野调查"、专业选修课"传统文化创新传播训练营"以及暑期社会实践等多种形式，开展协同教学创新实践。

　　作为这些系列课程与社会实践的负责人和主要任课老师，我全程参与了课程的教学设计、具体教学工作以及传播作品的指导和发布。非遗传承传播是一个理论与实践紧密结合的领域，要求学生系统掌握并综合运用多种研究方法和实践工具。这些研究方法和实践工具，既包括文献研究、田野调查、口述史、民族志、深度访谈、个案研究、扎根理论等质化研究方法，又包括问卷调查、实验法、知识图谱、社会网络分析等量化研究方法，还包括微纪录片、短视频、非虚构写作、信息可视化、互动作品设计与制作等传播作品的创作方法。由于方法涵盖范围广，涉及领域跨度大，一本系统全面又简明扼要的方法教材，在实际教学中就显得必要且迫切。

　　本教材正是在这样的背景下应运而生。基于相关课程教学经验的积累，我拟定了教材的整体框架，从国内外海量的方法教程中选定了一百多本各领域优秀的方法教程作为参考书目。在写作过程中，我的研究生们提供了重要的协助，完成了资料搜集和初稿撰写，分工如下：第一章，张童谣、张晓慧；第二章，叶璐敏、傅宇；第三章，周春妍；第四章，何婉晴。在初稿的基础上，我全面编写了全书内容，进行了必要的修订完善以及细致的校对审核。

教材的编写过程，也是教材的使用过程。从 2022 年 3 月至 2023 年 8 月间，暨南大学新闻与传播学院和暨南大学文化遗产创意产业研究院的老师，带领新闻与传播学院本科生、硕士研究生和博士研究生，在广东、香港、澳门等地开展非遗传承传播课程教学与社会实践，共完成狮舞（澳、港）、广彩瓷烧制技艺（粤、港）、蔡李佛拳（港、澳）、粤剧（粤、澳）、造船（澳）、客家舞麒麟（港）、纸扎灯笼（港）、昆曲（澳）、传统扎作（港）、古琴斫制（粤）、龙舟制鼓（粤）、灰塑（粤）、广绣（粤）、广府婚俗（粤）、广式木作（粤）、广州剪纸（粤）、宋代点茶（粤）等 17 个国家级、省级非遗项目的田野调查及其代表性传承人的口述史访谈。教学实践共采集影像口述史史料 7 865 分钟，口述史转录抄本 49.76 万字，调研报告 12.2 万字，田野调查影像资料 3 059 分钟，音频资料 3 462 分钟，照片资料 6 832 幅。基于这些珍贵的史料和素材，制作出《岭南拾遗录》《湾区拾遗录》《遗想天开港澳行》等系列传播作品，通过青年学子与传承人面对面的交流对话，挖掘非遗传承背后的动人故事，梳理岭南非遗的湾区传承发展谱系，呈现"人文湾区"同源异流的独特内涵。通过非遗作品及其传统工艺的展示介绍，让湾区青年讲好岭南非遗故事，向世界展现中国的审美、人文与历史。中国文化与中国青年一样，充满时代朝气与蓬勃的生命力。同时，基于田野调查资料和网络大数据的挖掘分析，羊城晚报报业集团与暨南大学合作成立的岭南文化传播研究院（大湾区文化智库）发布《岭南非遗国际传播影响力》调研报告，对 188 项岭南非遗项目在国际传播的影响力进行评估，形成岭南非遗国际传播影响力榜单。

系列教学成果的取得，只是对本教材的初步检验。更重要的检验，留待出版后的时间和实践。

谷 虹

甲辰龙年正月十五于暨南园明湖畔